慢慢做教育

一所学校教师队伍建设的思考与行动

韩亚斌 著

浙江大学出版社
ZHEJIANG UNIVERSITY PRESS

总　序

学校教育质量改进是一个涉及诸多因素、极其复杂的过程。大学和中小学以合作的方式，结伴而行，共同致力于学校教育质量改进，能够在很大程度上保证学校教育的品质。秉持这样的信念，随着基础教育课程改革不断深化，在中国大地上大学教师与中小学教师合作研究已逐渐成为常态。

于我而言，自 2005 年进入华东师范大学课程与教学研究所师从胡惠闵教授以来，就一直跟随导师和其他教授深入中小学，通过观摩、反思这一典型的"合法的边缘性参与"方式学习如何与中小学教师合作。在这个过程中，我逐步感受到中小学实践的魅力，也感受到大学教师与中小学教师合作的魅力，并由衷地钦慕被称为"学校改进的外部变革能动者"的引领实践改进的大学研究者。在我看来，正是这样的一群人，从大学中走出来，将理论研究与实践经验进行了有机整合，带来了直观可感的学校教育质量的提升，也因而让研究具有了蓬勃的生命力。

2014 年我入职宁波大学以来，在领导和前辈的支持和带领下开始了以宁波这片热土为基地的、指向学校教育质量提升的大学、中小学教师合作研究。从学习者到学校变革的能动者，随着角色转变与合作的不断深入，除深切体会到属于能动者的艰辛外，也看到了更多的风景，对大学、中小学教师合作有了新的感悟。这些新的感悟也成为指导我们与中小学教师合作的基本思路。具体而言，在秉持尽量少折腾（尽量少地干扰正常教学，尽量多地带来些微帮助）的大前提下，主要遵循三个方面的基本准则。

第一，从实践上升到理论，找到中小学教师发展的独特理论。

理论与实践的转化是教育的永恒话题，学界也一直致力于如何消弭"理论—实践"的鸿沟。在诸多努力中，理论引领（联系）实践、理论应用于实践（实践对接理论）一直占据着主流地位。在很多人看来，理论工作者与实践者分属于两个互不相交的阵营，各有不同的任务：前者研究、开发理论；后者学习、应用理论。曾经我也认同这一主流观点。不过，随着对中小学教育教学工作了解的不断加深，我逐渐转变了自己的观点，觉得从实践出发，从实践上升到理论，也是消弭"理论—实践"鸿沟的一种路径。促使我的观念发生转变是因为一方面对中小学教师来说理论一直是个难题，在理论联系实际的过程中他们会遇到太多的阻力；另一方面我也深切地感受到中小学教育教学中蕴藏着太多的实践智慧。基于此，我意识到，转换思路，从中小学教育教学的实践出发，以此来对接理论未尝不是一种选择。

随着观念的转变，我也摸索出了"从实践上升到理论"这一沟通理论与实践的做法：在认识理论的重要性以及理论之于研究的重要性的基础上，对理论进行细分，找到属于中小学教师发展的独特理论——实践性知识，通过"三步走"的策略不断丰富教师的实践性知识。

首先，重视教师的实践，不断丰富教师的实践。教师在教学实践活动中会形成和积累一些行之有效的做法，我们称之为教学经验。这是真正原发性的东西，是教学的宝贵资源。

其次，唤醒教师的实践，不断发掘和提炼教师的实践，创造机会让教师能够把自己的所行、所见、所闻、所得和自己的经验加以提炼、加工，从而将实践理论化。

最后，让唤醒的实践与理论性知识对话，进一步巩固所形成的实践性知识并与已有的理论进行对照，不断反思、批判、充实自己的实践性知识。

通过这样的"三步走"，教师逐步从"实践"走向"实践性知识"，实现了理论与实践的转化。

正因为如此，在合作之初，我会尽可能多地了解学校的实践，了解校长、老师和学生们的想法及需求，了解发生在中小学教师身上的"芝麻绿豆"的小事，进而采取相应的行动。比如，在与宁波市镇海区实验小学达成合作意向以后，我通过访谈、观察、资料查阅等诸多途径了解学校，尤其是对校长展开系列访谈之后，我们对这所学校有了整体的认识，发现这是一所异地新建的百年老校，大量的教师也是刚刚走出大学校门、走上小学讲台的新教师。学生需要慢慢成长，年轻教师也需要慢慢进步，教师队伍建设成为关乎学校发展的重要议题。于是，将办学理念与教师队伍建设结合起来通盘考虑，成了我们共同的选择。

第二，基于办学理念，从整体上对学校进行系统改进。

办学理念在学校办学和学校内涵发展中的重要性不言而喻。《义务教育学校校长专业标准》特别强调校长要在"尊重学校传统和学校实际"的前提下"提炼学校办学理念"；《义务教育学校管理标准》明确指出要"立足学校实际和文化积淀，结合区域特点，建设体现学校办学理念和思想的学校文化，发展办学特色，引领学校内涵发展"。可见，办学理念是促进学校内涵发展的重要内容。

毋庸讳言，人们基于各自的角度对办学理念做出了各不相同的界定，但大体都认同办学理念是统领学校教育教学行为的总体指导思想，需要站在学校整体的高度来认识办学理念。与办学理念紧密相关的两个概念分别是育人目标和办学特色，若是这三者形成联动，就能从源头上保障办学理念对学校工作的整体指导。因此，办学理念一是指向对学校发展的定位以及学校发展思路的系统思考，主要回答"把学生培养成什么人"这一根本性问题。办学理念必须与育人目标相一致，基于办学理念细化学校的育人目标，进而转化为课程目标，打通"办学理念—育人目标—课程目标"这一链条。二是将学校办学特色进行高度概括，并将其具体化至学校教育教学的方方面面。简言之，围绕办学理念进行的课程、教学、师资、制度、评价、管理、校本教研等的整体改革，应成为学校特色办学的基本途径。

基于这样的考虑，我们尝试从整体上对学校进行系统改进。例如，宁波市江北区广厦小学提出"让每一个孩子获得最优发展"这一办学理念之后，为了让其能够真正统领学校的工作，我们基于学校实际，主要从社团活动、小班化教学以及智慧教室等方面予以贯彻落实。依据多元智能理论，为了发挥每一个孩子的智能优势，学校开设了丰富多样的社团活动，尽力满足每一个学生参与活动的需求。我们希望这一举措让学生都能有展示自我、发展兴趣、成就梦想的舞台。几年下来，从最初大规模开设社团到后来改为主题社团活动，乃至社团活动课程化，学校社团逐渐成为"让每一个孩子获得最优发展"的重要依托。借助浙江省试点小班化的东风，经过积极争取，该校成为试点学校，小班成了"让每一个孩子获得最优发展"这一办学理念与教学有机结合的载体。以 IRS 遥控器、HITEACH 软件、电子白板组成的"智慧教室"将智慧教室系统和小班化教学有机整合，提升了课堂互动性、主动性、生动性，老师能更加精准地关注到了每一个孩子的课堂生长。

第三，以课题研究为抓手，和老师们携起手来边做边改进。

要保证合作研究成效和质量，就有必要为两者提供相互理解和沟通的平台。否则，在讨论过程中，大家各说各的话，不仅难以进行实质性的沟通，更谈不上开展有效的交流活动了。我们了解到，不少的大学教师与中小学教师合作都倾向于以讲座为主的方式开展活动。这种方式既符合大学研究者的工作习惯，也以效率见长。受惠于师长的教导以及实践的触动，在我们看来，以课题研究为抓手，和老师们边做边改进，这种方式更容易与教师打成一片。所以，我们更愿意和老师们一起碰撞，携手完成一个又一个课题研究。

为了使我们与中小学教师之间建立起真正的合作，我们主张"教育研究自愿者组合"，以建立起一种真正的合作关系。在这种"自愿者组合"里面，参与研究的教师都是"研究自愿者"，都是有研究兴趣的，不是靠行政命令组织起来的。另外，研究的课题是由中小学教师提出来的，大学教师负责将纷杂的问题归结到一个概念之下，并负责将中小学教师的发现、尝试、体会和感悟用比较清晰的话语表达出来。就研究的全过程来说，包括问题的澄清与分析、研究计划的制订、研究方案的实施、研究结果的总结，"困惑—讨论—澄清——起做"成了我们惯常的合作方式。

在这个过程中，我们尤为关注那些中小学教师迫切需要解决的问题。我们认为，中小学的教育研究只有来自教育实践，与教育实践紧密结合，在教育实践中激发研究的灵感并解决教育实践中的问题，才是有生命力并符合中小学实际的研究。为此，我们在鼓励教师做研究时，十分注意从教师的基础和已有条件出发，不搞教师力所不能及的课题；选择那些教师感到迫切需要解决的问题为研究的方向，不选对教师实际工作意义不大的课题；要求课题就是教师正在做的日常工作中的问题，这样既不加重教师的负担，又有利于解决教师面对的困难。因此，我们非常注重大学研究者和中小学教师的直线交流。

对很多学校和教师而言，这种合作都是第一次尝试，我们是一起

"摸着石头过河"。因此，也特别感谢各个中小学的校领导给予我们足够的空间并为我们的合作营造了宽松的氛围。

在上述三个基本准则的指引下，我们的合作在有序推进。随着合作的不断开展，陆续产出了一些具体的合作成果，包括课题立项与获奖，在各级教学成果奖中脱颖而出，公开发表的论文，以及出版的著作，等等。在著作出版的过程中，通盘考虑各种因素，逐渐萌生了做成丛书的想法，这一想法也得到了合作学校和浙江大学出版社吴伟伟老师的鼎力支持。考虑到我们所进行的大学与中小学合作主要是探索基于大学与中小学合作基础上的中小学教育质量的提升，故而命名为"中小学研究与改进丛书"。需要说明的是，本丛书是一个开放式丛书，随着伙伴的不断增多，以及合作的不断深入，我们会不断丰富这套丛书。

我一直很喜欢"桥梁"这个词，也愿意将我们所做的事情称为在大学与中小学之间搭建桥梁。我们深知，承担起"桥梁"的功能，关键在于熟悉双边，突破边界，做好转化，这样，"桥梁"才能名副其实。我们团队会朝着这个目标不断努力。

是为序。

2021 年 5 月

自 序

2014 年 8 月，宁波市镇海区教育局把我调入庄市街道新学校筹建组；2015 年 5 月，新建的学校被正式定名为镇海区实验小学；6 月，我被任命为新镇海区实验小学的首任校长。这一年，我 44 周岁。从不满 18 周岁开始参加工作，除了担任过 3 年的团委书记和 3 年的澥浦中心学校校长，余下的 20 年我都是在镇海炼化小学这所出身于企业的学校里工作。在熟悉的环境里工作那么长时间，十分得心应手，惯性地工作着，似乎也少了点激情和冲劲儿。

我一直深刻地记得 2014 年 7 月 9 日那个上午，时任镇海区教育局党委书记、局长蒋士勇跟我长谈，问及我对任期届满后工作的想法。我表示服从组织安排：如果继续在炼化小学工作，我努力把这所学校继续管理好；如果要换一个工作岗位，我的意愿是到一所新建的学校重新开始，我想与一所新学校一起慢慢成长。新建的镇海区实验小学，其实是一所始建于 1912 年的百年老校，2012 年并入镇海区应行久外语实验学校，三年之后又异地重建，开启了新的历程，慢慢形成办学规模。

筹建镇海区实验小学的那一年，我们着手开展学校办学理念的设计。在与专家、教师和家长的一次次交流中，我进一步坚定地意识到，教育是慢的艺术。尤其是在小学阶段，更应该注重培养学生良好的学习习惯和浓厚的学习兴趣，为他们今后的可持续发展奠定基础。对镇海区实验小学这样一所学校来说，"教育是慢的艺术"同样适用于教师。我们的教师队伍是随着招生规模而不断壮大的，从最初的 6 名教师到 2021 学年的 119 名，形成了一个平均年龄不到 29 岁的年轻团队。教师的成长不是一蹴而就的，他们首先需要完成从学生到教师的身份转变，然后需要适应全新的环境，完成从站稳讲台到初步形成自己的教育教学风格，进而努力成为一名骨干教师，实现自己的专业成长，所以说这同样是一个逐渐积累、沉淀的过程，也需要慢慢地来。基于此，"慢教育"这一办学理念逐步清晰起来。经过 6 年的探索与实践，我们对"慢教育"的理解是：教师陪伴着孩子一起成长，为孩子们提供多种多样的活动，丰富他们的学习体验，让他们拥有幸福的回忆。

2015 年秋季，镇海区实验小学开始招收第一届学生，当时只有 3 个班级，且因校舍未完工而只能临时在附近的一所幼儿园里办学。也正是在这样的条件下，我们开始了"慢教育"的探索：每天上学放学时，我都在校门口，迎来送往，很快几乎认识了每一个孩子和接送他们的家长，这样就能在第一时间与家长进行面对面的交流；开学前，3 个班的"首、二导"（正、副班主任）对每个孩子进行一次家访，密切了家校沟通；借用的幼儿园园舍空间有限，在拓展性课程的实施策略上，年轻教师想出了"场馆课程"的思路，把课堂搬到了周边的博物馆、体育公园、文化公园、高校和科研机构等场所；"麻雀虽小，五脏俱全"，6 名教师承担起了管理方面的工作，刚走上工作岗位的新教师也开始承担中层干部的管理职责……

2016 年初，我们搬进了新建成的校园——一所设计规模为 42 个班级的学校，古色古香，青砖灰瓦，颇有传统江南水乡的建筑风格。偌大一所校园，从投用那年仅 3 个班级（下半年 9 个班级）时的空空荡荡，到如今已经达到 53 个班近 2400 名学生的熙熙攘攘。5 年里，学校还先后被街道内 3 家新建幼儿园借用过校舍，学生们和小弟弟、小妹妹相处也很和谐融洽。随着办学规模不断扩大，教师队伍也不断壮大，我们也愈来愈意识到，需要对前些年在"慢教育"理念下的一系列探索和实践进行系统的梳理，这既是为了做一个阶段性的总结和提炼，也是为了明确下一步前进的方向。同时，2022 年是镇海区实验小学建校 110 周年，这也算是一个献礼。

镇海区实验小学所在的庄市街道号称"教科文基地，宁波帮故里"，学校区位优势明显：毗邻宁波大学、中科院宁波材料所、宁波工程学院和浙江纺织服装职业技术学院，以及正在建设和筹建中的中国科学院大学宁波材料分院和一所新的理工大学。我们的学生有很大一部分是这"三校一所"的教职工子女，教育教学过程中的互动和联系十分紧密。借助宁波大学教师教育学院的专业力量，我们有条件对教师队伍建设进行系统的研究。2019 年 3 月，我们与宁波大学教师教育学院合作，由汪明帅博士领衔，开展了为期 3 年的"基于办学理念的教师队伍建设"研究。在研究过程中，我渐渐明晰了自己近 30 年教育生涯所秉持的教育观和学生观，尤其是在担任实验小学校长以来所做的工作背后的教育思想；坚定了"慢教育"的办学理念。我将这几年所做的工作理出了基本的框架，决定以一本书的形式进行总结和呈现，为今后的办学提供指引。本书共八章，以办学思想综述为起点，然后从德育导师制、校本教研、师徒结对、教育科研、课程开发、后备干部培养等六个维度阐述我们在教师队伍建设方面所做的一些探索和实践，最后是年轻教师在工作过程中与学校一起成长的感悟和体会。我认为，虽然我们的做法谈不上"高大上"，显得比较"草根"，但我们实实在在地将"慢教育"的理念渗透到了学校教育教学和管理服务过程的点点滴滴，抓住了教师队伍建设这个根本，促进了师生的全面发展。这些探索和尝试都是我们这个团队亲身经历或正在经历着的，显得特别亲切、有生命力。

感谢汪明帅博士和他的团队严谨扎实的学术作风，从他身上我深切体会到了做研究所应该具备的那种执着精神和专业态度。没有汪博士一以贯之的指导与点拨，我们很可能因为工作的事无巨细而耽误了整个研究的开展，人毕竟还是有惰性的。另外，感谢管理团队的20多位老师，他们以不同的方式参与其中。有个说法叫"赢在中层"，如果没有这支敬业奉献的团队，这所急速发展的学校从稳健迈出第一步到站稳脚跟，再到走上快速发展的轨道是不可想象的。这本书，也是他们各自负责一个专题，带领着年轻教师们反复撰写、修改，花了整整一年时间才完工的。我在统稿过程中，也深切感受到了这本书从稚嫩到成熟的每一步。感谢参与研究的全体老师，他们在繁忙的工作之余，不计报酬地承担研究任务，才使得这项工作能如期推进。可以说，本书是我们学校教师集体智慧的结晶。

这本书，没有邀请专家或领导作序，因为我自己本身也是一名没有任何头衔的教师、校长，我想还是以一种教育的朴实与本真把我们这些年的用心所为不加任何修饰地与读者分享。如果读者在阅读过程中能产生一点共鸣或者得到一点启发，我也就心满意足了。

韩五成

2022 年 3 月

目　录

第一章

基于办学理念的教师队伍建设

慢慢做教育

一所学校教师队伍建设的思考与行动

"国运兴衰，系于教育，根本在教师。"[①] 兴国必先强师，打造一支高素质、专业化的教师队伍是实现中华民族伟大复兴中国梦的根本保证。2018年1月20日，中共中央、国务院《关于全面深化新时代教师队伍建设改革的意见》就明确指出："（教师）是国家富强、民族振兴、人民幸福的重要基石"，要"形成优秀人才争相从教、教师人人尽展其才、好教师不断涌现的良好局面"。随着人们对教师职业性质、教师作用以及成长规律认识的深入，学校在教师培养中的地位日渐突出，学校本位的教师专业发展思想为越来越多的教育工作者所接受。对具体的学校而言，除了依靠政府的力量促进教师专业发展之外，如何立足学校进行教师队伍建设，提高整体师资水平，始终是一个绕不过的问题。我们学校也不例外。

一、基于办学理念进行教师队伍建设的必要性

对镇海区实验小学而言，将教师队伍建设作为一个核心议题提上学校的议事日程，主要是基于两个方面的考虑。一方面是出于对教师重要性的认识。在我们看来，对学校的发展而言，如何强调师资的重要性都不过分。师资是一所学校的第一生产力，是学校发展的第一资源，建设一支良好的教师队伍对一所学校的重要性不言而喻。如何整体规划教师队伍建设，如何发挥校本力量促进教师队伍建设，如何培养出一支满足学校发展需求、有着学校属性的教师队伍，对每一个学校而言都至关重要。另一方面我们学校教师普遍年轻，亟须不断发展。

有研究表明："在学校教师队伍建设这件事上，我们长期把希望

---

① 王定华.新时代我国中小学教师国培的进展与方略[J].全球教育展望，2020（1）：54-61.

寄托在教师个体的专业水平与工作动机上，对学校教师群体的运行规则和制度设计考虑不多，对教师专业自主权与学校行政管理权之间的冲突与协作缺少制度设计，从而导致学校在收获个别优秀教师的同时，却在整个师资队伍建设和运作上乏善可陈。"[①] 这一研究发现也能在学校日常管理实践中得到印证。因此，从教师群体的运作机制出发，站在制度层面来引领和规范教师个体的教学行为，激励教师自主参与到学校教师队伍建设过程中来，正是当下学校教师队伍治理面临的重大课题。

具体到提出"基于办学理念促进教师队伍建设"这一构想，还有以下几个方面的考虑。

（一）学校是培养教师的基地

就教师队伍建设而言，国内外各项研究越来越认同一个基本的思想：学校既是培养学生的场所，也是教师专业发展的基地，是教师队伍建设的第一现场。一方面，一个教师从不成熟的"新手"发展为一个成熟的"能手"，这一过程绝大多数是在学校中进行和完成的。教师的专业能力是在教学实践中逐步形成并提高的，教师正是在学校环境中并与环境的相互作用中走向成熟的，这些环境为教师专业发展提供了土壤。正如陈向明教授等人的研究揭示的那样：资深教师的成长主要是在学校的教学实践中完成的，他们的"妙招"（"套路""行家绝技"）来自自己长期的摸索、反思和提炼。[②] 另一方面，教师专业发展需要拥有共同的价值和经验。这些价值和经验包括对学生、对教师、对知识和实践的反思。随着研究的深入，我们日益相信，教师专

---

① 周彬.学校教师队伍治理：理论建构与运作策略[J].教师教育研究，2020（2）：13-19.

② 陈向明，张玉荣.教师专业发展和学习为何要走向"校本"[J].清华大学教育研究，2014（1）：36-43.

业存于所有促使实践与知识融合的关系中，教师不仅要关注教师专业需要有哪些特有的知识，而且要关注这些知识是如何助力教师完成专业任务的。以此推论，促进教师成长，进行教师队伍建设，教师不仅要具备必要的知识、技能等专业素质，而且要将其与具体的实践融于一体，并不断完善其实践。因此，教师专业发展无法脱离具体的实践场景。基于此，促进学校教师队伍建设，尤为重要的是充分发挥学校各方面的资源，为教师搭建合适的平台，促进教师整体水平提升。

（二）办学理念是学校办学的灵魂

"花开两朵，各表一枝。"近年来，办学理念逐渐成为中小学校和教育相关部门经常使用的术语，人们日益相信明确而独特的办学理念是一所学校成为品质学校的首要条件。2013 年颁布的《义务教育学校校长专业标准》也明确要求校长要在"尊重学校传统和学校实际"的基础上"提炼学校办学理念"。事实上，自 20 世纪 90 年代以来，办学理念在学校办学过程中的引领和指导作用就不断得到强调。很多研究者都明确表示校长应该从仰仗经验或者根据政令进行办学的思路中跳出来，用"办学理念武装头脑"，指导办学活动，规范办学行为。不少研究者对校长办学理念的诸多议题展开了研究，比如办学理念的内涵研究、办学理念形成和提炼路径研究、基于办学理念的办学实践研究，等等。[①]

办学理念是基于"办一所怎样的学校"和"怎样办好一所学校"的深层次思考的结晶，主要回答"把学生培养成什么人""如何处理好办学理念与学校实际之间关系"这两个根本问题，是引领学校发展的核心。可以说，学校办学已经从很长一段时间依据政策、经验转向更专业的办学，而专业办学的一个关键指标就是办学理念。需要说明

---

① 汪明帅，夏田豪.办学理念的"诞生"：一项质性研究 [J].全球教育展望，2017（5）：104-112.

的是，在现实中，是否按照办学理念进行规范办学则另当别论。为此，陈桂生的一番话发人深省：

> 尽管价值有层级之别，一所学校不论做出何种教育价值选择，说出来、道出来的，大都属于正当的选择。至于这所或那所学校是否把所谓"教育理念"真正当作一回事，把它落实在教育行动中，其中固然存在治校是否有方、办学能力如何的问题，如果只把所谓"理念"挂在嘴上，贴在墙上，那么不管说得多么堂皇，写得何等漂亮，在明眼人的眼中，不过是"伪观念"而已。

> 其实，识别一所学校价值追求的真伪并不困难。到一所学校，只要见到一堆又一堆头绪纷繁、互无内在关联的标语、口号，便可知该校无一定的价值追求和顺理成章的办学思路。[①]

因此，对我们学校来说，真正做到用办学理念引领学校的办学实践，关键在于学校如何提炼出适合本校的办学理念，并将其渗透到学校办学的诸多方面，形成从办学理念到具体实践之间内在联系。

（三）需要依据学校的办学理念建设教师队伍

基于"学校是培养教师的基地"，有研究指出："从学校管理的角度，立足学校促进教师专业发展的实践思路有：形成共同的价值观念体系；通过制度规范改变教师行为；形成促使教师自我发展的习俗。"[②]为了做好这些方面，对我们学校而言，既需要用规章制度规范教师，更要用办学理念引领教师。

具体而言，我们首先要明晰学校的办学理念，并不断对其进行提

---

① 陈桂生.一种有梦又有数的治校方略——读卞松泉编著《治一校若烹小鲜》[J].基础教育，2013（2）：111-112.

② 胡惠闵.走向学校本位的教师专业发展：问题与思路[J].开放教育研究，2007（3）：51-55.

炼和丰富。在此基础上，我们对学校教师队伍的整体情况进行摸底，了解学校教师队伍建设的优势、劣势、条件以及建设目标。接下来，我们要在逐步提炼学校办学理念的过程中，对所提炼的办学理念与学校教师队伍建设的理念及实践进行通盘考虑。我们期待通过这样的努力，不仅能够从整体上提升教师队伍的品质，而且能够反哺学校的办学理念，让办学理念与教师队伍建设比翼齐飞。

二、"慢教育"办学理念的形成

我的学校办学理念的形成，与我自身的成长经历、教育工作经验以及镇海区实验小学的实际情况都息息相关。

如何与学生相处，如何管理好一所学校，如何做一名合格的校长，是我在校长岗位上近 20 年工作中一直在求索的问题。对我而言，加入教育战线，成为小学教师，乃至后来成为学校管理者，有偶然因素，也可能是命运的安排。我小时候比较乖，学习成绩一直不错，深受老师的喜爱，这让我对教师职业有着一种天然的好感。同时，我也是一个"孩子王"，身边总围着一帮同学，和伙伴们在一起的时光大部分都是快乐的。正因为如此，到了初三这一升学的转折关头，为了确保"跳出农门"，我就自然而然地选择了更有保障的"中师"。事实上，这也是当时很多学习成绩优异的农家子弟共同的选择。后来，我如愿考上了宁波师范学校。三年的"中师"生活快乐而充实。毕业之后，我工作的第一站就是镇海石油化工（总）厂职工子弟小学①。自此绝大部分时间我一直在小学工作，天天和小学生在一起。与小学生接触

---

① 后为镇海炼化公司子弟小学，作为企业学校，学校实行"官校合一"的办学模式，即子弟小学和镇海炼化公司少年官实行两块牌子、一套班子的管理体制，校内外教育相互补充，协调发展。学校现更名为宁波市镇海区炼化小学。

日益增多，我逐渐意识到，即便是小学阶段的孩子，也已经形成了比较明确的是非观念：真心对他好的人，他能清楚地感受到；而对他有偏见的人，他也能很快察觉到。意识到这一点后，我对教师工作有了敬畏感，对如何与学生打交道这个问题有了更多的思考。我开始思考这样的问题：如何真心地对待每一个学生？如何让你的学生真正地接纳你？

在探索问题答案的过程中，我阅读了大量有关学校管理的书籍、杂志，奠定了理论基础。其中，苏霍姆林斯基的书籍就给了我很多启发，让我认识到学校是学生可以犯错误的地方，教师要允许学生犯错误，同时要帮助他们改正错误，寻求更好的发展。工作多年以后，当读到张文质先生关于"教育是慢的艺术"的论述时，我试着回顾自己的教学生涯，发现这个"慢"字道出了小学教育的本质。另外，在多年工作的过程中，我耳濡目染了很多堪称模范的师长和同行对教育的细心，对孩子的耐心，让我深刻体会到一个教育工作者应有的做派。当年一位数学特级教师就这样教导还是年轻教师的我："我们老师要琢磨更多的办法，要对学生有更多的耐心，要相信教育的力量。"我日益坚定，童年是一场旅行而不是一次赛跑。我们要在不疾不徐中，用心做好每一件事，并努力成为学生的守护者，宽容他们的错误，让他们在错误中学会成长，许他们一个充实而快乐的童年。

我现在工作的学校——宁波市镇海区实验小学——是一所异地新建的百年老校，从 2015 年 9 月恢复招生至今不过 6 年多的时间。由于是一所新建学校，每年招收一年级学生，6 年后才形成完整的学段。学生是新招的，大部分教师也是刚刚走出大学校门、走上小学讲台的新教师。2021 学年，119 名在编教师的平均年龄不到 29 岁，其中，82 名教师是 2015 学年之后参加工作的新教师。学生需要慢慢成长，年轻教师也需要慢慢进步。基于这样的思考，学校的办学理念——"慢教育"渐渐有了雏形。

（一）在错误中成长，是教育的题中之义

如何面对错误，背后折射出不同的教育观念，也是我们在提炼办学理念时需要考虑的重要面向。环顾四周，我们可以发现，人们日益习惯于用分等的方式去看待周围的人，教育工作者也日益习惯于用批评教育的方式去对待学生的错误。问题在于，这种做法合适吗？真的符合小学生的实际情况吗？真的有利于小学生的健康成长吗？

我的成长经历告诉我，每个孩子在成长中总会犯错。从某种意义上来说，犯错误是成长必经的一个过程。孩子只有在犯错误的过程中，才能不断改正，学会成长。在我的成长过程中，每每犯了错误，师长对我的理解和宽容，以及耐心地教导，都让我印象深刻，心生愧疚，我暗暗告诫自己以后不要再犯。就是在这样的过程中，我不断明白了很多道理。所以我一直在反思：如果一味以严厉的态度对待学生的错误，可能会让学生对周围的世界产生不安全感，甚至产生逆反心理。加拿大阿尔伯塔大学教育学教授范梅南这样提醒我们："社会可能会发生剧烈的后现代变化，但是孩子们的天性依然不变，这是教育学的事实：他们需要安全、稳定、指导、支持。"[①] 这种提醒与我的成长经历不谋而合。很难想象，一个对错误不宽容的学校，能够培养出一个宽容的成人？

很多人都说，教育像农业。可能是生长在农村的缘故，我对此很认同。从这个观点中，我看到了朴素的教育智慧：相信每一株庄稼都能生长，都能结出饱满的果实，而不会抱怨庄稼长得慢、结果少，一旦发现庄稼长得不好，也主要从自身寻找原因。因此，作为教育工作者，我们内心深处应该有这样的教育信念：每一个孩子都有做好孩子的愿

---

① 马克斯·范梅南.教学机智——教育智慧的意蕴[M].李树英译，北京：教育科学出版社，2001.

望，每一个孩子都有学好的可能。我们真正应该做的是，在可承受的范围内，允许孩子自己去体验，去试错，并抓住每一次机会及时教育，让孩子尽快意识到错误并改正。

秉持这样的观念，在教师岗位上，我告诫自己：学生难免会犯错，难免上课会走神、贪睡、做小动作，作为年长他们许多的老师，我对学生的错误既不能漠不关心，也不能紧抓不放。对于那些顽皮偷懒的孩子，我就采取"盯人"战术，帮助他们"削枝强干"；对于那些内向胆怯的孩子，我就创造机会让他们展示自我，树立自信。

我曾经教过一个孩子，他长得瘦小，性格也很内向、胆怯。我刚接手他所在的那个班级的时候，他上课几乎从不发言，交上来的作业本也是脏兮兮的，课间的时候只是自顾自地坐在课桌前，很少和同学们一起玩，就像个隐形人。我清楚地知道，这样的学生，太需要一个机会来展示他的优点，让他自信起来。通过一段时间仔细地观察，我发现他的口算不错。于是，在一次数学课上，我们举办了一次每一个同学都需要参加的口算比赛。结果不出所料，这位同学获得了第三名。借这个机会，我不吝言辞地对他大加表扬。这一次比赛之后，这个学生就像变了一个人似的，慢慢地开朗起来，很快融入班集体。我希望通过自身的努力，既可以保护学生幼小的自尊心，又能与学生建立友好的师生关系，让学生体会到老师对他们浓浓的爱意。

后来，我成为校长，如何对待学生的错误也成为引导全校教师都认真思考的问题，我们逐渐形成这样的共识：学校是一个允许学生犯错、会帮助学生认识错误并改正错误的地方。如何循序渐进地启发诱导学生，是一种实践的艺术。我们也在实践中摸索出种种经得起验证的做法。比如，学校专门开展相关活动，让老师们走进后进生的内心世界，体察后进生不知从哪里下手的茫然、无助，对老师评价的担心、焦虑，以及体验那些被称为"学渣"的孩子在遇到困难时内心的恐惧和煎熬。这样的活动，让很多教师学会了换位思考，以新的眼光重新审视后进生。另外，我们还会让学生学会为自己的错误负责。英国著名教育家斯宾塞认为，当孩子认识到自己错误的行为所产生的自然后果后，吸取这方面的经验，以后不再犯，就是自然惩罚。

学校教育越来越离不开家长的支持和关心，我们也想出各种办法让家长和学校一起为学生营造一个宽松的学习氛围。2019年6月9日，在发放新生录取通知书时，我们第一时间召开了一年级新生第一次家长会。按照常规，作为校长，我需要在家长会上对学校情况做一个整体介绍，包括学校概况、顶层设计、办学理念等内容。这一次，当着全体一年级新生家长的面，我在介绍我们"慢教育"这一办学理念的时候，特意说了这样一段话：

> 每个孩子都是种子，只不过每个人的花期不同。有的花，一开始就灿烂绽放；有的花，需要漫长的等待。不要看着别人的花怒放了，自己的花还没有动静就着急。相信是花都有自己的花期，细心地呵护自己的花，慢慢地看着它长大，陪着它沐浴阳光风雨，这何尝不是一种幸福。让我们一起相信孩子，静待花开。

这段话既是说给家长听的，也是说给学校老师听的，更是说给我自己听的。作为当时建校时间才4年的新学校，作为绝大多数教师是青年教师的学校，因为工作经验不足等原因，年轻教师也容易在工作中犯错误。我希望在我们实验小学能够营造出一种这样的氛围：我们既能够用善意的眼光看待学生的错误，也能够用善意的眼光看待年轻教师的失误，让我们这样一所新学校，和我们的学生一起在错误中汲取教训，茁壮成长。

（二）慢工细活做教育

允许学生犯错误是"慢教育"的第一步。此外，教育是慢的艺术，需要细致与耐心，对教师而言，需要对教育工作精雕细琢，要在慢工细活中做教育。

工作30多年来，我有一段时间在做学生工作。工作中，我深刻地体会到，学生工作乃至与学生相关的工作，都容不得半点马虎。我还清楚地记得20多年前的一件事。1996年9月，我离开镇海石油化工（总）厂职工子弟小学的讲台，来到镇海石油化工（总）厂的教育处①做团委书记。当时我虽然是团委书记，但属于"光杆司令"，所有的事情都必须自己做。有一次，团委制发下属团组织换届批复文件的时候出现了一处错误，把"××同志为书记"写成了"××同志任书记"，一字之差，意义截然不同，于是被当时的党委书记专门找去谈话："作为一级组织，下发的文件必须字斟句酌，绝不能有一个字的错误。"从此我就养成了不轻易放过任何一个细节的习惯。我参加教育工作这几十年来，所有的工作笔记、听课记录，都会用不同颜色笔进行标识。另外，自担任校长以来，每个工作日早上6点多我就来到学校，在校园里四处走走，很多问题都是这个时候发现的。只有每天都这样走过一遍，我的心里才踏实。

在实验小学，我也和老师们一起确定了"惟实惟小，成人成材"的校训，抓细节，重落实，努力将育人工作落到实处。

开展好德育工作，有利于良好校风的形成，有利于学生的养成教育，对学校各方面的工作都是重要的促进。围绕德育为首，我们率先在镇海区内实施"德育导师制"。所谓"德育导师制"，就是两位德育导师（首席导师和第二导师）团结合作，实质性地参与到一个班级的管理中去。这与传统的正、副班主任设置有相似之处。但在正、副班主任设置中，很多学校副班主任没有津贴，或者只是象征性地发一

---

① 后来改称"教育培训中心"。

点津贴，这使得所有人包括副班主任都觉得这个岗位可有可无、形同虚设。为了从根本上改变这一现状，我们以"德育导师制"为学校自主发展项目向镇海区教育局进行申报，明确了第二导师的责、权、利，为第二导师承担更多学生管理工作提供了基础。

"德育导师制"实施以来，我们做了许多具体的工作，文明礼仪养成教育就是其中之一。近年来，我们每年新招收 10 个班学生，大量一年级新生涌入，如何做好这些刚刚跨入小学校门的孩童的文明礼仪养成教育，是我们需要思考解决的问题。学校与德育导师们经过多次探讨、筹划，决定以"礼仪小剧场"为媒介，对全体学生进行文明礼仪养成教育。首先，学校德育处梳理了学生一天学校生活的日程，制定了"进门说声老师好""清晨读书好时候""课前准备做做好""安全活动齐遵守""文明如厕不玩耍"等拍摄主题。接着，由德育导师自主认领主题，招募小演员，拍摄"礼仪小剧场"短视频。每个短视频时长两分钟左右，以情景再现的方式，告诉学生"什么时候应该做什么"。然后，经德育处审稿通过后，在每周的升旗仪式上播放，然后在午间德育小课时间由德育导师带领学生温故，一周时间内通过不断训练、强化、巩固，引导学生养成一个文明礼仪小习惯。"礼仪小剧场"形式新颖、内容活泼、示范准确，与学生的日常生活息息相关，深受学生的喜爱。此外，德育导师们还通过专业而规范的"普访"工作，融洽了家校关系。所谓"普访"，就是每一届新生入学之前，即每年八月中旬前后，每个班级的两位德育导师会在家长空闲时间对班上每一位学生普遍展开一次一个小时左右的家访，无一遗漏。为了让"普访"工作专业而有效，德育处还专门编写了一本《新任德育导师手册》[①]，将"普访"的要求和做法进行了细致的规定，比如"普访记录表"的

---

① 《新任德育导师手册》会根据德育导师在实际工作中遇到的具体问题不断修订，即将进行的是第三版修订。

记录与整理等。

"德育导师制"实施 4 年多来，取得了显著的成效。学校不仅培养了年轻教师从事班级管理的能力，更是将"人人都是德育工作者"这一理念落到了实处——119 个在编教师，全校 6 个年级 53 个班级配备 106 名首导、二导，几乎做到德育工作者全覆盖。

教学始终是学校的中心工作，提高教学质量是学校永恒的追求。"教师发展学校"理念是镇海区教育局坚持倡导的理念之一，我非常认同——一所学校的未来在教师，只有教师发展得好，学校才能发展得好。对我们这样一所以青年教师为主体的新学校来说，提升学校办学质量，必须先提高教师的教学水平。而提高教师的教学水平，先要关注课堂 40 分钟的教学效率，转变教师的教学方式和学生的学习方式，将"以生为本"的教学思想真正落到实处。每学期初，学校都会举行师徒结对仪式，为每位工作未满三年的年轻教师配备一名教学经验丰富的导师，师徒相互学习，共同成长。学校要求每位年轻教师每月至少开两节"徒弟公开课"，师父则从教学设计、二次调整、试教磨课、课后反思等各个环节进行全方位指导。每个月，师父也要为徒弟上一节示范引领课，让徒弟在观摩中获得成长。除此之外，每个教研组每周会定点、定时开展教研活动，或公开教研课，或集体备课，或案例分析，在形式多样的活动中实现"抱团成长"。爱学习、求上进的青年教师还成立了学习共同体，在名师工作室导师的带领下，每月进行两次课堂诊断活动，邀请专家把脉课堂，实现教师精准发展。除此之外，学校还要求教导处建立预约听课制度，由学校领导带领教学经验丰富的教师组成"问诊团"，提前一天向青年教师发出邀约，并于第二天指定节次进行推门听课。课后"问诊团"进行评课与指导，帮助青年教师更快、更好地夯实教学基本功，提高处理教材、把握课堂的能力。所有这些公开课都由老师自主上报，教导处汇总后统一发布在教师工作群里，所有老师都可以前去听课观摩。青年教师的培养与发展不可一蹴而就，需要细水长流慢慢坚持。我相信，只要抓住常规、盯住课堂、稳步推进、不断打磨，年轻教师的专业素养就会不断提升，教学质量的提高也就落到了实处。

围绕教育就是服务的理念，将关心教师发展、学生成长落到实处，学校坚持实施"暖心工程"，比如办好食堂，搭建雨棚，教师生日祝福活动，等等。以"搭建雨棚"为例，由于宁波地处华东地区，属于典型的江南水乡兼海港城市，经常下雨。面对这一现状，学校决定建立一个遮风挡雨的雨棚，而且通过"连廊"的方式，实现全校覆盖。从此，每到下雨天，学校的大门口、食堂与教学楼等的连接处，都会架起一长排墨绿色的遮雨棚，构成一条长长的"连廊"。我们的学生，一旦走进学校的校门，不管下多大的雨，都可以在学校各个功能区无障碍走动。我们无法改变大自然的寒暑冷暖，但是愿意努力为孩子们遮风挡雨！对此，学生家长很是感动："学校注重细节，把学生放在心上。孩子在这样的学校里读书，我放心！"

（三）让教育在陪伴中悄然发生

教育要取得效果，首先要让小学生愿意接受教育，所谓"亲其师信其道"。我们都清楚，学生只要对学习产生了兴趣，自然就能够学好；学生学习的兴趣可能不会持续太久，但教师可以不断地鼓励学生。可见，"亲其师"是让教育取得成效的关键一环。多年的工作经验告诉我，学生愿意听老师的话，对老师有亲近感，前提是教师能够给予学生足够的陪伴。孩子的成长是一件细水长流的过程，需要教师耐心地陪伴，温柔地引导。我认为，好的教育，就是好的师生关系。如果孩子不喜欢教师，则教师所有的教育、教学行为都是无效的，起码是低效的。其实不光是教育，人与人之间的关系也是如此。就我自身而言，除非有硬性任务，我一般很少外出，能在学校里面待着就在学校里面待着，能跟学生在一起就跟学生在一起。

2014年9月，我参与学校筹建。因为这是一所新建的学校，家长对学校办学质量很关心，也有怀疑。学校从校舍建设到招第一届学生，镇海区网络问政平台上有很多关于学校办学的帖子。学校建设初期的网络舆论引发了我的思考。在2015年第一届新生的第一次家长会上，我向家长们发出了一个倡议："学校还在建设中，我们又是提前招生，借地办学，起步阶段事情繁多，难免有不周到的地方。开学后我会每天站在学校门口，家长对学校的意见、建议，可以第一时间向我提出，希望我们一起为学校营造一个良好的社会声誉。"就这样，我和家长达成了共识。站着站着，我就养成了天天站在门口迎接学生的习惯，家长们在网络上的意见和建议没有了，而在每天"迎来送往"的过程中，我就有了更多接触学生的机会，和学生们建立了更多的联系。

学校一般是8∶00后上课，学生7∶40左右陆续到校。我一般是7∶30就在校门口"执勤"了，一直持续到上课，下午放学的时候也是如此。学生到了校门口，我和值日教师、护校的家长一起，顺手为学生开车门，下雨的时候就护送他们进校门，这样做也是为了加快孩子下车的速度，避免拥堵。在这个过程中，有的小朋友鞋带散开了，红领巾系歪了，扣子没扣好，我都会提醒他们或帮忙整理好，也会和家长聊几句家常，以便更多地了解学生。有位家长曾经在"朋友圈"中发过一段小视频，视频的内容是下雨天校门口的情景，家长这样配文表扬了校长："我们孩子的校长真贴心，下这么大的雨，居然亲自站在校门口，和门卫一道，为学生开车门，撑伞。如果第一次来，还以为校长是门卫爷爷呢！"这样的"朋友圈"还不少，有一个学生家长这样说道："今天下雨了，为了尽量给学校减轻麻烦，我提前送女儿到校，没想到'门爷'（校长）早早就到了，给孩子开车门，撑伞。"就这样，"门爷"的外号不胫而走。

2019 年 3 月，为确保学校食堂的食品安全与营养健康，进一步提高食堂饭菜质量和服务水平，教育部联合国家市场监督管理总局、国家卫生健康委员会等部门制定了《学校食品安全与营养健康管理规定》（简称《规定》），要求"中小学、幼儿园应当建立集中用餐陪餐制度，每餐均应当有学校相关负责人与学生共同用餐，做好陪餐记录，及时发现和解决集中用餐过程中存在的问题"。也就是说，学生每次在学校食堂就餐的同时，校方都要指定一名负责人，校长、副校长或其他领导班子的成员进行陪餐。陪餐的学校领导不仅要陪着学生吃饭，还必须提前进入食堂察看环境设施、操作人员的卫生情况和饭菜质量，并在饭后记录下评价和整改意见。事实上，在《规定》出台之前，我们学校就有了陪餐制度，而且落实得更为彻底。我们没有专设的教师餐厅，一直以来，每个班级的两名德育导师天天陪着孩子用餐，剩下为数不多的行政和管理人员，就在学生邻近的餐桌就餐，既可以随时关注餐食的质量，也是一种陪伴与关怀。我希望通过这样的陪伴，让我们师生成为一个整体。可以说，从进校门开始，到中午在食堂吃饭，到大课间活动，再到下午放学，乃至平常的听课，每个学生每天都有不止一次的机会见到我。

我还有一个习惯，每年新生报到，新生的名字都由我亲自输入。通过这个举措，我希望我能够对每个学生的名字都有印象。现在，学校有 2000 多名学生，我很确定的是，虽然我没有办法叫出每一个学生的名字，但是我熟悉他们的名字，而且每一个学生都能认出我，因为学生天天都能看到我。我们学校也逐渐形成这样一种氛围，学生见到我，一般不会故意躲着我，而是主动与我打招呼："韩校长好！"有的学生甚至还会和我套近乎："您今天心情怎么样啊？"一个学生在日记里这样写道："韩校长每次见到我们，总是笑眯眯的，有时候摸摸我的头，说一些鼓励的话。这让我有一种说不出的幸福，甚至是骄傲。"教师节的时候，我会收到不少学生的贺卡，一般都是亲手做的。有一个二年级的小朋友送给我的贺卡上面画了三颗红心，据他妈妈解释，大的红心代表我，两颗小的红心，一颗是他自己，一颗是他的好朋友。他妈妈还说，贺卡上的祝福语，小家伙写了三遍：第一遍因为字迹不够好看，擦掉重来；第二遍因为将自己的名字写成我平时叫他的小名，妈妈觉得不够庄重，又擦掉了。

不知不觉中，学校的老师也特别注重和孩子们打成一片，师生关系变得十分密切。看到这种情形，让我特别欣慰。我们的老师虽然比较年轻，但成长的脚步都很快，作为校长的我，很多事情不需三令五申，只需身先士卒，他们就能够做到不用扬鞭自奋蹄！这是我特别乐意看到的现象。我由衷地希望在"慢教育"这一理念的引领下，学校的师生能够结伴成长，学生们有一个充实而快乐的童年。

三、基于"慢教育"的教师队伍建设

随着"慢教育"这一办学理念逐渐形成，学校教师队伍建设也有了依据，并逐渐摸索出属于我们学校的"教师队伍建设观"：

第一，赏识、容错以及不断打磨是贯穿学校教师队伍建设的基本原则。为此，学校需要想出各种办法为教师队伍建设搭建平台。

第二，重视团队在学校教师队伍建设中的重要性。在因人制宜、因时制宜、因"科"制宜地帮助教师专业发展的基础上，强调团队的力量，促进学校整体教师队伍建设，重视学校教师队伍建设的可持续发展。

第三，"培基"是学校教师队伍建设的切入点。我们学校的

教师普遍年轻，对我们学校而言，教师队伍建设的重要面向就是让这些年轻教师尽快站稳讲台，让有经验的教师与新手教师结伴成长。

第四，学校教师整体全面发展是我们的追求。让教师在"慢"与"快"，"基础"与"扬长"的辩证之间不断成长起来。基于学校的办学理念，我们逐渐意识到，好的教师队伍建设会让每一位教师有幸福感。这种幸福感来自自我价值的实现，即使是最平凡的岗位，也能与时代的使命和人生的意义连接。

在此基础上，我们通过长达5年多的行动研究，从教师队伍建设面临的问题出发，基于实践的逻辑，围绕德育导师制、校本教研、师徒结对、教科研等常规的校本教师专业发展，以及近几年兴起的基于课程开发的教师专业发展，乃至我们学校独特的基于中层助理制的教师专业发展，边行动边反思，边实践边改进，力促学校教师队伍建设，并反哺"慢教育"这一办学理念。本书就是这几年探索的结果，也是我们学校这几年教师队伍建设过程的浓缩。

"德育导师制"与教师专业发展

第二章

一所学校教师队伍建设的思考与行动

慢慢做教育

班主任是我国学校德育工作的核心力量，是班级建设的主导因素，是每个人学生时代的重要记忆，在学生个体成长过程中扮演着学习促进者、生活关注者、情感关怀者以及成长推进者等角色。"我国中小学班主任总量达 387 万人，占到中小学教师队伍的 1/3 以上，是中小学生思想道德教育和班级管理工作的主要实施者，是落实立德树人根本任务的执行者，对中小学生健康成长、全面发展有重要作用。"[①]班主任不仅承担着某一学科的教学任务，而且肩负着一个班级的管理使命。如果说前者能够彰显一位教师的教学水平，那么后者则充分体现一位教师的教育信念、教育情怀与教育担当。这正是教师"教书育人"职责的完整呈现。

　　班主任的重要性因班级而彰显。"在中国，天然的教育单元就是班级，最珍贵的教育过程就是班级建设。"[②]班级是学校教育、教学活动的基本组织形式。作为学生学习与生活单元的班级，既是教师和学生聚合的物理空间，也是一个独特的社会组织。"在班级中不仅有人际交往和组织生活，更有因为共同生活而需要面对的人的生活、丰富多元的关系、充满生成性的实践。其中，有共同利益的形成与实现，也有各类困难和问题。"[③]学校是由一个个具体的班集体组成，班主任是班集体的主要组织者和引导者，是连接班集体和学校的中介。

　　也正因为如此，在当前"择校热"稍有缓解的背景下，"择班热"悄然抬头，而择班的主要诉求无非是选一名好班主任，即所谓的"进对大门，还要进对小门"。很多毕业多年的学生关于母校的回忆，也常常具象到班主任身上，将班主任与母校紧密联系在一起，班主任的

---

① 李毅，等.重大疫情背景下中小学班主任作用发挥的调查研究 [J].教师教育研究，2020（3）：25-32.

② 李家成."新基础教育"的班级建设研究 [J].中国教育学刊，2017（6）：17-20.

③ 李家成."新基础教育"的班级建设研究 [J].中国教育学刊，2017（6）：17-20.

影响力可见一斑。在很多人看来，班主任是中国基础教育改革与发展的基础性、关键性力量。而班主任作为学生思想道德教育和学习生活管理的主要实施者，更应成为做好"四个引路人"的中坚力量。班主任的一言一行无声无息地影响着学生的行为表现，所谓"言传身教"正是在学习生活的日常相处中逐步达成的。身为班级沟通的重要枢纽，班主任还扮演着"桥梁"的角色，以一人之力，将学校、任课教师、学生、家长紧密相连。不仅如此，班主任还是班级建设的"总工程师"。无论是学习氛围的营造，还是班级活动的开展，抑或是班级凝聚力的培养，都离不开班主任对班级工作的统筹协调，班主任的重要性不言而喻。

与班主任工作重要性形成鲜明对比的是，当前很多中小学教师甚至优秀教师都不愿意当班主任，服从组织安排成为很多老师当班主任的主要原因。不同时期不同层面的调查都普遍表明，很多中小学教师只愿担任普通的学科教师，而不愿做班主任。针对四川成都地区中小学班主任状况的一项调查显示：班主任岗位缺乏吸引力和竞争力，56.7%的班主任主观上不愿意继续从事班主任工作。[1] 江苏省的一项调查显示：仅有18.62%的人主观上喜欢班主任工作。[2] 有调查甚至用"吸引力危机"来表征教师不愿做班主任这一现实："总体而言，教师担任班主任一职的总体意愿比较低，班主任岗位存在吸引力危机。"可以说，很长一段时间以来，班主任岗位吸引力不高已成普遍共识。

从班主任工作的内在因素来看，班主任的工作范围广、内容多。班主任每日常规工作包括管理班级纪律、完成每日健康上报、安排学生午休、开展思想教育、处理班级突发事件等。每逢活动、比赛，还

---

[1] 刘科.他们为何不愿当班主任[N].中国教育报，2015-04-01（005）.

[2] 刘琼.能将"烫手山芋"变成"香饽饽"吗？[J].教育界，2017（29）：107-108.

要精心组织、培训学生。班级管理消耗了班主任的大部分时间和精力，给班主任工作造成了较大的压力。班主任的这一头衔很容易让人忽视其本身的教师身份，其实班主任所承担的教学工作时间和其他科任教师基本相当，甚至略高。对于年轻教师来说，他们会担心自身工作经验不足，难以平衡班级管理与教学之间的关系。对于老教师来说，他们会担心自己一贯以来的教育教学方式是否适用于新的教材，是否适用于如今的孩子。年轻教师缺乏经验，老教师缺乏创新，这两块"短板"给班主任们带来了不小的心理压力。

班主任教育科研任务重、竞争强。班主任多为业内外人士眼中的"主科"老师，教学压力相对更重，教学质量相对更受关注，因此班主任需要花费更多的时间精力去打磨自己的业务水平。公开课、论文、课题研究、教学质量抽测等都是悬在班主任头上的"达摩克利斯宝剑"。同龄的教师间多多少少会存在竞争关系，在晋升的道路上不可否认会出现"僧多粥少"的情况，想要占据一席之地，就要付出比别人更多的努力。班主任在工作任务繁重的情况下，还要做到不忘自身专业发展，这会给班主任带来生理和心理上的双重压力。

班主任人际关系涉及范围广，关系复杂。教师在工作中避免不了和领导、同事打交道，在日常教学中，会出现任课教师与班主任对学生的任务安排相冲突等问题；在与领导沟通交流时，也需要再三斟酌。人际关系处理得当，有助于工作的开展；人际关系处理不当，对个人发展、日常交往和自我情绪等都会产生不利影响。

从班主任工作的外在因素来看，所谓"关心则乱"，家长的过分关注无形中增加了班主任的负担与压力。上海市针对中小学教师工作压力的调查显示：88.9% 的小学教师赞同"教师已尽心尽力了，但家长和社会还常有非议，感到心里委屈"。时代在不断发展，家长的素质也在不断提升，相应地，家长对班主任的期待值越来越高，既希望自己孩子的班主任年轻有为好沟通，又希望班主任资深威严有经验。如何获得家长的支持与认可，如何形成良性的家校沟通，成为班主任亟待解决的问题。

就现实情况而言，小学的班额较大也加剧了班主任的管理难度。中国的人口基数决定了小班化难以在大范围内普及，班级人数多会加大班级的管理难度。中小学标准班额为45人，56人以上的叫大班额，66人以上的叫超大班额。虽然我们所在地区的学校，学生人数基本都不会超过标准班额45人，但是与发达国家的班额相比已经是很大了，足够令班主任"焦头烂额"。一旦班级里调皮捣蛋的孩子数多一些，班主任往往就是顾得上这头，顾不了那头。每每走进教室，总能听到此起彼伏的"老师，我……""老师，他……""老师……"，还没把事情一件一件处理好，上课铃声便已经打响。这么多学生的学习、生活都需要班主任一手照料，难度可想而知。

小学班主任的工作是普通的、烦琐的，但同样也是意义非凡的。小学生正处于心智发展的重要阶段，班主任在其成长过程中起着关键性的指导作用，需要对其德、智、体、美、劳各个方面都细致地关心、认真地培养，而德育至关重要。教育家陶行知说："因为道德是做人的根本。根本一坏，纵使你有一些学问和本领，也无甚用处。"[①] 德育是教育的根本，但在高考指挥棒的引领下，社会、家长、老师在观念中仍以智育为重点，重视分数，忽视德育。一些任课老师认为德育只是班主任的事，或者是德育工作者的事，在教学中"只管教，不管导"。然而，德育并不只是班主任和德育工作者的事情，每一个任课老师都应该成为一名合格的德育工作者，学校应该充分发挥每位老师的优势，形成德育的合力。班主任作为学校德育工作的中坚力量，肩负着传达

---

① 陶行知.陶行知全集（第3卷）[M].长沙：湖南教育出版社，1985：471.

学校教育指令的重要任务,也是保证学校教学秩序正常化的基本力量。如何促进班主任队伍的专业发展,让更多老师参与到班级管理工作中去;如何减轻班主任的压力,让更多老师喜欢班级管理工作,如今已经成为一项特别重要的课题。

一、从班主任到德育导师

镇海区实验小学作为一所异地新建的百年老校,于2015年9月重新恢复招生,距今不过6年多时间。老校新建带来了新的领导层、新的思想、新的老师、新的学生,崭新的一切让这所百年老校焕发出全新的生机与活力。但不可避免地,我们也面临着一些新问题、新情况。2016年年初,学校正式搬入新的校舍,从表面看校舍虽然具有江南水乡风格、古朴得有点像博物馆,但其实是个"白坯房":只有3个班级,120余名学生,6名教师。要招满6个年级,就需要6年时间;要形成有特色的办学理念、学校文化也需要时间。所以,一切都得慢慢来。

学生从幼儿园来到小学,适应小学生的身份需要慢慢来;老师从大学踏入社会,适应教师的身份需要慢慢来。更何况,学校的很多老师刚开启职业生涯,就要成为教师岗位中最为重要且最为难做的班主任。这些"90后"的年轻教师,自己还是个大孩子,却要成为班级里45个孩子的"爸妈",哪怕是经过了新教师的岗前培训,面对那么多不同个性的孩子和家长,以及他们五花八门的要求,真是会"蒙圈"啊!如何给这些年轻的班主任一些支持,如何提高他们的班级管理能力呢?此时,德育导师制进入了我们的视线。导师制作为一种教育模式最早起源于英国,而我国的德育导师制最早出现在高校的德育工作中。浙江大学早在1995年就开始将原有研究生党支部书记、辅导员、小班班主任三个岗位合一，试行研究生德育导师制："德育导师由业务教师或管理干部担任，负责研究生的思想政治教育和日常的管理工作，学校给予适当的岗位津贴。"① 近年来，德育导师制逐渐被引入到中小学教育中来，产生了良好的效果，为我们提供了新的思路。

何为德育导师制？对于德育导师制内涵的研究，学者们进行了不懈的探索。朱玉林和沈轶群曾说："德育导师制是在促进每一个学生和谐健康成长的教育理念指导下，通过导师与迫切需要关心指导的学生建立一定的联系，及时进行个别指导的德育模式。按照'人人都是德育工作者'的理念，原则上每位教师都应成为学生的德育导师。"② 根据上述观点，结合学校实际情况，我们对德育导师制的本质内涵有了新的理解：德育导师制，是通过所有的教育工作者来整合并且优化德育资源，德育导师个体则在具体的德育工作中以知识或者活动的形式来传播道德理念和价值，并且注重满足不同学生的个性化需求。在这里，将德育的关系双方分为导师和学生：导师来自于全体教师，但分工要明确，对基础工作和深入工作进行有效区分；学生则更加强调个性化的特征。德育导师制的根本目标是为满足学生的个性化需求。学校经过深入调研与探讨后，基于学校"慢教育"的办学理念，以加强班主任队伍建设为目标，积极探索"全员育人"的实效性与创新性，在全区率先实施德育导师制。

建立德育导师制，是学校进一步加强学生思想品德教育、深入推进素质教育的一项重要举措，对促进学生个性发展和综合素质提高具有重要意义；建立德育导师制，是对当前班主任工作的丰富和发展，

---

① 方文军，蒋岳祥．对研究生德育导师工作的认识与实践 [J]．思想教育研究，1998（6）：47-52.

② 朱玉林，沈轶群．中小学德育导师制的内涵、特点与价值研究 [J]．基础教育研究，2013（8）：9-10.

有利于构建全员育人和个别辅导相结合的德育工作体系；建立德育导师制，是动员多方力量，整合多种资源，形成教育合力的重要抓手。

德育导师制是指向实践的产物，既要在实践中不断接受检验，同时也需要在实践中不断发展前进。如何将德育导师制嫁接到本校的实践中？学校领导班子和德育处经过研究，决定根据目前学校教师的人数，给每个班级配备两名德育导师，共同管理班级事务。其中一名教师为"首席导师"，简称"首导"；另一名为"第二导师"，简称"二导"。当然，如果今后条件成熟，教师人数增多，还可以为班级配备"第三导师"。

从班主任的身份转变为德育导师，这不仅是称呼的不同，更是观念的转变。要做到这一点，一方面要注重培养导师的生命关怀和情感成长的意识，另一方面要让德育导师认识到德育工作的过程性和发展性。卢勇等学者强调，"德育导师的工作以促进学生的可持续发展为指向，在全面了解受导学生的基础上，师生共同讨论协商确定符合学生实际的发展目标"，但是同时也应该认识到"生命的成长是一个漫长的过程，不可能一蹴而就。学生成长的过程，成绩有好坏、情绪有起伏、心理有变化、毛病有反复才是真实的生命成长过程。正视这一过程，我们才不会为学生的屡教不改、屡学不好而气恼。我们应该微笑着、静静地欣赏着他们的变化，帮助他们茁壮成长"。[①]

在制度的具体操作层面上，我们应需而变。第一，做好顶层设计。学校由分管德育的副校长牵头，成立德育导师制实施领导小组，统一认识，加强领导，统筹德育导师制的实施过程。只有学校领导班子和骨干教师在观念上都认识到德育导师制实施的重要意义，才能保障这一项新制度的实施。第二，建章立制。制度的制定是德育导师制的核

---

① 卢勇，何松毫，杨璐.德育导师制内涵探讨[J].现代教育科学，2007（2）：9-10.

心，这就需要将学校的德育工作进行新的安排。但是制度是要落实在实践中的，必须要切合实际，深入贯彻。我们制定了德育导师制的六大制度，包括《导师培训制度》《家访联络制度》《学生成长档案制度》《谈心与汇报制度》《德育导师教研组制度》《考核评价制度》，并根据这六大制度，制定了德育导师岗位职责，明确了"首导"与"二导"的分工职责。第三，做好保障。制度的保障是实施过程中的重要一环，我们也做出了相应的调整。以往兄弟学校所实施的正副班主任制，副班主任没有发挥应有的作用，很大程度上是责与权不明晰造成的，尤其是没有副班主任津贴。起先，学校通过申报区教育局的"自主发展项目"，为"二导"争取到了与"首导"1∶1配比的津贴。经过几年的实施，将"二导"的津贴在学校绩效工资考核和教师发展基金中逐步予以兑现。第四，要有考核。在实施中做好阶段性考核，要以考核来促进德育导师制的不断优化。这就需要制定考核细则，"首导"与"二导"的考核，既有挂钩，又有分离，每个学期末都进行考核。学校德育处会在每学期末考核后组织"首导""二导"座谈会，听取导师们的意见与建议，不断调整与优化考核细则。

关于德育导师制的实施，我们也是"摸着石头过河"，边实施边改进，慢慢地趋于规范与完善。"慢教育"的办学理念不是只体现在学生教育上，还应体现在教师培养上。学校通过德育导师制度，建立多主体协同合作机制，助力年轻导师共同成长；通过师徒结对、经验分享、德育导师培训等方式，提升班级管理水平，加强德育导师队伍建设；通过教师发展基金、评选优秀导师等方式，完善德育导师制的激励机制。我们力求解决德育工作中存在的种种问题，让每一位导师都能收获成长。

二、我们一起"搭班"过日子

高素质的德育导师队伍建设是实践学校"慢教育"理念的基础，也是各项德育工作顺利开展的保障。那么，现阶段作为德育导师队伍主体的"首导"与"二导"，是如何一起协作开展德育工作、一起"搭班"过日子的呢？

（一）搭档形式多样

开学前，老师们新学年的课务安排情况一公布，"首导"和"二导"就开始了热闹的"抢人大战"，寻找自己的搭档。

1.各取所需找搭档

我们的老师来自不同城市，有着迥然不同的爱好与特长。在德育导师搭档组合过程中，大家往往会各取所需，依据自身的需求去寻找搭档。

> "我要找个音乐老师当'二导'，音乐老师能歌善舞，庆六一和迎元旦的时候排节目就不用愁啦……"
>
> "我要找个体育老师当'二导'，希望把我们班同学身体锻炼得棒棒的，在体育竞赛和运动会的时候大放光彩……"
>
> "我要找个数学老师当'二导'，因为数学老师在班级时间多，我们可以相互交流这些孩子的学习情况，及时反馈给家长……"
>
> "我不擅长班级文化布置，找个美术老师是我的不二选择，把我们的教室点缀得美美的……"一些"首导"马上表达了自己的意愿。
>
> "我做事粗线条的，需要找个做事仔细的老师当'首导'，这样可以做到取长补短……"
>
> "我刚参加工作，迫切需要找个经验丰富的老师当'首导'，

我可以虚心请教，学到很多东西……"

"我喜欢跟周老师搭档，我相信我们会是黄金搭档，把班级管理得井井有条。"

短短一天，"首导""二导"的"自由恋爱"基本结束了。个别老师还成了大家的"抢手货"。

2. 牵线搭桥荐搭档

在尊重自主选择的同时，学校也会依据导师的学科背景、工作经验和能力、性格等多方因素，进行搭班德育导师的统筹调整。

部分德育导师个性有点内向，加上新到学校工作，大家彼此还不了解，一时之间不知该找谁做搭档。学校此时会牵线搭桥，让德育导师之间有个相互了解的过程：新学年开始前，开展"新任德育导师沙龙"，每位导师介绍自己的毕业学校、个性特长、兴趣爱好、育人理念等方面情况；召开一年级新任德育导师会议，就如何快速适应德育导师的工作、如何开展第一次家访、如何做好开学准备工作等内容进行培训；在暑期师德学习中，相互学习、相互交流。通过一段时间的培训活动，大家进一步增进了了解。

"顾老师，我想麻烦你一件事：经过这几天的培训，陈老师给我留下了深刻的印象。虽然她内向一点，但是做事仔细认真，对孩子很有耐心。我比较适合跟她做搭档，你帮我私下问问陈老师的意向，可以吗？"王老师悄悄地向分管领导说道。

"好啊，我也正有此意！"经过与陈老师的沟通，原来她也很乐意跟王老师做搭档，这一对就这样"水到渠成"。学校以类似方式成功地组合了一对又一对。

3. 默契老友再搭档

沈从文在《菜园》中写道："只能心印默契，不可言传。"默契是无形中的力量助推合作。说不清，道不明，但是需要时间培养。古有管鲍之交，今有熟悉老友建立在多交、相识、相知上的默契更能促进两位德育导师的合作，还能够省去互相了解、磨合的过程，管理配合得更加得心应手。在学校里，还有一些导师本来彼此间就比较了解，有的曾经是老搭档，有的是以前的同事、校友等，他们自然而然再次组合成为搭档。

> 一班的晨读时间，"首导"范老师正在组织同学们晨读，而"二导"吴老师正在指导值日生打扫卫生。
>
> "1，2，3，4，一班一班，非同一般！"这是冬季长跑时听到的铿锵有力的口号声。"首导"范老师和"二导"吴老师一前一后正带着同学们边跑边喊着口号，跑步秩序井然。
>
> "这几天你上课有点不专心，作业错误也较多，希望你端正态度，努力学习哦……""首导"范老师正在跟学生谈心。
>
> "今天，看到你上课积极发言，字也越写越棒，老师真的很开心，希望你一直保持哦！……""二导"吴老师也在鼓励班内一个学生。
>
> "首导""二导"密切合作，这样的"黄金组合"大大有利于班级的管理！

（二）搭档各司其职

学校的德育工作中，"首导"和"二导"就像班级大家庭的两位家长，双方有不同的学科知识、管理经验和脾气性格，在搭档初期需要经历磨合才能达到默契配合的效果。而二者各司其职，乐于交流，往往能营造较好的氛围。他们的合作互动很大程度上影响着班级的班风和学风。

1. 约法三章

"首导"和"二导"之间又是如何搭班的呢？"首席"和"第二"只是一个来修饰"导师"的前缀，两者都是班级的管理者与建设者，不过责任和分工不同罢了。没有规矩不成方圆，学校制定《镇海区实验小学德育导师职责》和《镇海区实验小学德育导师考核细则》，明确了"首导"和"二导"的职责。"首导"作为班级第一责任人，要更多关注学生的思想品德、身心健康和个性发展，统筹安排好班级各项活动等综合性事务，形成良好的班风班貌。例如，班级德育小课、班级特色文化建设、安全工作、心理辅导、班队课等由"首导"承担，而餐费收缴、学生出勤、协助"首导"处理突发事件等由"二导"负责。明确的分工将责任落实到个人，会使两位导师的工作事半功倍。

2. 紧密协作

"首导"和"二导"的工作有了制度保障，就为他们进行良好协作奠定了基础。在班级的日常管理中，如和学生家长沟通、午间活动、课间活动、中餐纪律管理、班级文艺活动、体育竞赛等都可以看到"首导"和"二导"相互配合、共同管理的身影，他们较好地发挥了导师团队的作用，形成了教育合力。"我和我的'二导'每天放学后要聊一聊学生当天的情况，若有孩子学习状态不佳会及时和家长沟通，一学期来已经成为习惯了。"董老师说道。不少"首导"和"二导"都会定期交流班级学生的学习、行为习惯等情况，并对个别学生进行个案分析、会诊与跟踪，与家长一起帮助孩子养成良好的学习习惯，学会为人处世的道理。"我们的'二导'比我有经验，帮我成功地处理了几起班级突发事件，我很感谢他。"一位年轻的"首导"感激地说。"首导"和"二导"相互协作的案例还有不少。

"加油！加油！"呐喊声、欢呼声此起彼伏。这是学校小型体育竞赛——"春播秋收"比赛现场。面对实力比其他班稍弱一些的情况，"首导"陈老师整理好班级队伍，激励学生一定要加油，不要放弃。"二导"小陈老师仔细观察了前几场比赛，再次对参赛学生面授机宜："跑步的时候不要去看其他班级，快接近目标物时，稍稍放慢速度，与下一个同学交接时不要掉包……"参赛学生听完小陈老师的"战术"分析，就像被注入了无穷的力量，信心满满地点了点头。最后，"二导"小陈老师还调整了学生出场的先后顺序，将选手的潜力挖掘到极致，将参赛的队伍打造得强悍。比赛正式开始，"首导"和"二导"各负责一半学生，三班学生出人意料地一路领先，并把领先结果保持到了最后。"胜利啦！""我们第一！"三班学生沸腾了。这次胜利，是参赛学生努力拼搏的结果，是"首导"和"二导"精诚合作、指挥有度的结果！

3. 主动担当

"首导"徐老师休产假，家长担心班级管理出现问题。然而，"二导"施老师欣然承担起"首导"职责，一边加紧向"首导"了解班级情况、家长和学生情况，一边深入了解每一个学生。晨读、大课间、午餐、德育小课、作业整理等时间段，都能看到施老师尽职尽责的身影。施老师还经常与学生谈心、聊天，走进学生的心田。班级并没有因为"首导"的暂时空缺出现任何问题，施老师不仅用实际行动证明家长的担心是多余的，还赢得了学生和家长的信任。

（三）搭档不断磨合

德育导师制在实施过程中，对于班级管理和德育导师队伍建设的作用不可小觑。但是德育导师制毕竟是一种新事物，任何新事物的发展过程不可避免地会有这样那样的缺点和不完善之处，我们的德育导师制也不例外。"首导"和"二导"一起"搭班过日子"，也难免会出现"柴米油盐"的问题。首先，目前学校的德育导师配置数量上还显不足，"首导"和"二导"比较辛苦。如果每个班级能配备第三名德育导师，育人力量将大大增强。其次，德育导师在学科配备上也存在不平衡。"首导"一般情况下由语文老师担任（也有少部分数学、英语老师），"二导"一般由其他任课老师担任，涵盖的学科比较多，比如英语、科学、音乐、美术、体育、信息技术等，这些导师往往在该班级每周的课时不多，对学生接触、了解也相对较少。再次，由于年龄、性格、兴趣、经验、经历等方面的不同，"首导"和"二导"有时会存在合作上的小问题，甚至由于极个别导师工作责任心不够强，也有管理不到位的情况发生。

上述这些问题，都需要导师们在实际工作过程中不断磨合。"众人拾柴火焰高"，"众人划桨开大船"，学校利用每月的德育集中学习时间，不断强化导师们的理论学习，同时通过各类班级活动、竞赛以及期末的考核来促进同一个班级"首导""二导"的凝聚力与合作能力的提升。"首导"和"二导"精诚合作会产生良好的共生效应，两者能够汲取他人的智慧，在思维上获得启发。我们要求德育导师们既要有"人人独善其身"的自觉，也要有"人人相善其群"的格局，在不断磨合中，逐步克服困难，不断锤炼一支优秀的德育导师队伍。

三、一个班就是一个"家"

"首导""二导"牵上线后，就开始组建一个拥有40多口人的大家庭，开始了"柴米油盐酱醋茶"的日子。而新家庭建立的第一步，就是从暑假那次新生"普访"开始。

（一）我是你的新"家人"

作为一年级的德育导师，亟须深入了解新生及其家庭状况，与正处于"学前焦虑"的家长尽快建立沟通桥梁。因此，学校特地安排一年级德育导师在入学前对新生进行普访。

学校的实际情况是，新任德育导师大部分都是刚毕业的新教师，教育教学经验相对不足；学区内的新生家长多属于知识分子，或多或少会质疑新教师的能力。因此，每年在新任德育导师正式上任之前，学校都会对他们开展暑期培训。学校遴选出优秀德育导师对新任德育导师进行有针对性的培训，包含了针对教师礼仪、家校沟通技巧、新生行为习惯养成、开学注意事项等多方面的详细指导内容。

第一课由学校德育处开讲，首先，说明新生普访的目的：树立德育导师形象，消除家长的焦虑；了解学生性格特点以及家庭背景，搭建沟通桥梁。这让即将冒着酷暑、日行万步的新任导师明确了行动目标，也缓解了教师自身的焦虑。其次，德育处下发各班学生的基本资料和《镇海区实验小学新任德育导师手册》，就"首导"和"二导"的分工进行解读，明确每个班级的导师应尽的职责。最后，叮嘱各位导师在家访前做好充分准备：调整自己心态，穿着得体，提前熟悉班级孩子的姓名及其父母的工作，事先预约家访时间，合理安排家访路线，等等。

第二课由刚带过一年级的优秀导师开讲，主要根据自己的经验进行总结归纳，向新任导师们介绍新生普访步骤。第一步，通过介绍自己、学校、班级等打开话题。第二步，"首导"与孩子聊天，询问小名、喜欢的游戏等，拉近彼此的距离；"二导"则与家长再次核对信息，提醒家长关注学校公众号，加班级群。第三步，重点和家长聊天，了解孩子性格特点、兴趣爱好、生活习惯，也可以在谈话中沟通双方的教育理念。第四步，交代开学前的注意事项。步骤看似简单，但其中的窍门还真不少。例如，可以用亲切的微笑、温柔的抚摸消除孩子的紧张情绪，对待家长亲切有礼，不卑不亢；若对家长提出的疑问和建议不太明确时，可以真诚地告诉家长"这个问题我咨询学校后再回复您"；总结时，可以对孩子提出期待，也可以把鼓励孩子的话写在小书签或者合影上，作为入学礼物送给孩子，留下美好的记忆……

第三课则集合了培训老师历年的实战经验，可以说是"压箱底"的小妙招，方便又实用。如在整个"普访"过程中，两位德育导师可以相互配合，一个提问一个记录，结束后双方可以总结归纳，各抒己见。这样不仅能多方面地了解孩子，也能使认识不久的搭班老师迅速熟悉起来，两人的教育教学观点也在碰撞中融合。也有导师分享了自制的家访小结表（见表2-1），每天的家访结束后，他会及时将家访中了解的情况进行回顾和整理，将孩子的脸和名字一一对应，备注在以后教育教学需要关注的事项中，以便开学后更快地熟悉孩子，且有针对性地进行观察与引导。

表2-1 家访小结表示例

名字	家庭情况	性格	兴趣爱好	学习习惯	备注
维维	父母皆医生，十分忙碌；和祖辈住	懂事，腼腆，善于倾听。做事磨蹭	钢琴（5岁开始学）、足球、跆拳道、画画	学习专注，有耐心，肯坚持，力求完美	弱视；不自信，多鼓励
CC	有个调皮的妹妹；和4位祖辈合住	怕生，有时固执（只有外婆劝得住）	古筝、跳舞、阅读	学习较为被动，注意力不集中，需要他人监督	比较听老师的话

最后一课，主要关于一年级的班级管理与家校沟通。刚进入小学的学生最需要得到的是归属感和安全感，最需要培养的是规则意识。家访时，导师们已经"预存"了一些亲和力与信任感，因此让新生获得归属感与安全感并不难，而规则意识则需要通过每日作息时间逐一

落实。经验丰富的德育导师按照作息时间表、地点转变两条线向学生说明了"什么时候／什么地方，可以做什么事"。与家长的沟通则需要细细揣摩，负责培训的导师出示家长给自己的留言截图，让新任导师们共同寻找家长真正的诉求。简单的一句话往往饱含深意，需要结合学生当时的情况才能明白其用意。如家长经常反馈道："老师，遇见你真是我们的幸运，我家孩子总说您好，每天一回家就说最喜欢您了。"此时的导师并不能因此而沾沾自喜，而是应该思考家长这样说的目的是什么，其实无非是让老师觉得："我们家的孩子是喜欢您的，希望老师您也能够喜欢我家的孩子。"导师们只有真正了解家长们的诉求，才能更好地进行家校沟通。家委会作为家长与学校沟通的桥梁，作用极大。德育导师在家访时就可以了解家长们工作性质与时间，询问家长是否有在家委会任职的经验与意愿，为之后组建家委会拟定人选。一般家委会可设立统筹、出纳、会计、采购、宣传、摄影等职务，以便之后开展活动。

"手把手地教，句句是干货。"一位新任导师用简短的话概括了这一系列的培训。虽然新生普访历时长、路程远，但导师们大都能有序、高效地完成任务。通过开学前的家访，开学第一天，德育导师能叫出大部分学生的姓名，对学生的性格特点与喜好能做到心中有数，为建立良好的师生关系打下了扎实的基础；通过面对面交流，加强了家长对两位德育导师的了解，缓解了他们对孩子入学的焦虑，建立了良好的家校关系；学生在开学前也做好了更为充分的准备，调整了状态，能有条不紊地开启小学生活。

孩子们第一次踏入新教室，对眼前这个"新家"感到陌生。当看到曾经家访过的两位老师出现在门口，亲切地挥着手说"嗨，××！我是你的新家人"时，孩子们紧张的脸瞬间洋溢着欣喜，这让新生普访工作更具意义。

（二）我们的"家"真漂亮

进入小学以后，孩子们生活最多的地方除了家，就是教室。教室相当于孩子们的第二个"家"。整洁漂亮的教室环境不仅能帮助他们专注学习，对其健康成长起着耳濡目染的作用，也是他们对外展示自己"家"的重要途径。

学校为方便各个班级发挥所长，凸显班级风格，在每个教室后都安置了整面的软木墙，除了必要的几个板块内容外，基调、主题、内容等都由各班自行设计。在"寸土寸金"的教室内，为了将东西摆放整齐，教室一侧设置了展示柜、作业角等，供学生们摆设所需品。教室外的墙面还贴有毛毡布，用于对外展示班级形象。

为了给学生营造一个整洁舒适的学习生活环境，德育导师们都会根据中队主题布置教室。德育导师与学生们为了布置这个"小家"，一起发散思维，积极创新，各显所长，打造独一无二又别具特色的教室环境。

美术老师当导师的班级大胆地打破了常规的板块化布局，以中队名"九色鹿"为主题，将整面软木墙布置成了敦煌壁画的风格，与学生一起用大篇幅的卡纸剪裁出了山顶的形状，让闪闪发光的九色鹿站立其上，充分体现班级追求善良、正义和美好的愿望。"扬帆中队"则以海洋为主体，利用渔网将全班学生的头像照片点缀其上，用各种废弃的塑料瓶、碎布等做成了帆船，意欲扬帆而上，乘风破浪。

教室一侧的展示柜面向全体学生开放，各班德育导师别出心裁：有些班级设置了"心语信箱"，供学生讲述心事，由导师或同学答疑解惑；有些导师则在班内设置了图书角，供学生课余休闲之用；也有班级将其装扮成了植物角，为班级打造了一个清新氧吧……

外墙的毛毡布虽小，但地处走廊，是对外展示班级的最佳地点。有些德育导师利用这不大的空间，用张贴画来展示中国传统文化；有些德育导师则将走廊文明礼仪一一罗列出来，提醒来往的学生轻声慢走，文明守礼；语、数老师担任德育导师的班级也充分利用了班级外墙的一亩三分地，将班级学生的学习作品展示出来，勾起了一众学生的自豪感和创作欲。

各班的教室环境布置真正将学习文化、交往文化、休闲娱乐文化融为一体，形成各具特色的班级文化符号。教室的布置是师生的一份心意，它通过文字和图案传递着导师们对孩子们的希望和期待。

每当一年级的孩子们第一次踏入校园，就会不自觉地被墙面上的精美版面吸引，开心地跟新朋友分享自己被展出的生活照；每次家长开放日，家长们总能从教室的展示柜上发现导师对孩子们的用心良苦，生活、休闲、心理、学习、健康等样样不落下；走廊上孩子们匆忙的脚步时常因为可爱的作品而慢下来，品读完会心一笑，轻快的步伐消失在走廊深处……

（三）"家"里的事有我一份

家，并非只是一座装修漂亮的房子，本质上是家人之间的联结，是在一起的亲密互动，彼此成就，共同成长。为了组成这样一个"家"，德育导师各尽所长，用心良苦。

1. "不以规矩，不能成方圆"

班级制度相当于班级里的一把"戒尺"，使每个学生时时都在一定的准则规范下自觉地约束自己的言行。但每个班的班级特点与文化属性不同，学校在制定《镇海区实验小学学生一日规范》的基础上，提倡各班级根据实际情况自行制定行之有效、被全班同学所认可的、具有本班特色、合理严谨向上的个性化班级公约或守则。

正因为学生才是班级真正的主人，建立班级常规制度时，德育导师们一改之前的"拿来主义"，而是立足于本班实际，和学生一起来规划制定。因为制定的是用来约束自己的规定，学生们的热情格外高涨。

不同年级段的班级公约都是学生参与或主持制定的，这更能让学生找到当家做主的感觉。对于低年级，班级公约一般由教师主导，家长引导学生一起参与讨论，学生共同遵守，内容往往比较具体翔实。如对于尚不具备较强观察能力和概括能力的一年级学生，"首导"为学生提供美国年度教师罗恩·克拉克的"55条班规"作为参考，和学生一起改编制定：从早上进校门前到放学回到家的每个时间点一条条梳理，将公约细化到与人交流时眼神的礼仪。在"二导"的配合下，班级公约逐一落实，渐入人心：每节德育小课，首导总会根据近期在班级中观察到的状况重点讲解其中两三条公约，与学生一起探讨如何更好地落实，逐渐养成良好习惯。对于中年级而言，班级公约可以由德育导师引导学生制定。由导师主导，制定初步的方案；再充分发挥班干部的作用，召开班干部会议，细化每条规定，协商对应的奖惩制度；最后召开班会，引导全体学生讨论并进行微调，最后定稿实施。高年级的德育导师则放手让班干部寻找日常学习与生活中的不足之处，收集同学们的意见与建议，经过整合后制订方案，德育导师审定后，由班会投票通过，最终成稿。

经过几次实践，学生对亲自参与制定的班级公约印象更加深刻，理解更为透彻，也更愿意遵守。德育导师们还将班级公约分发给家长，不仅使家长了解了班级的制度文化，加强了沟通，也让家长在家也能督促孩子的言行举止，促进孩子更好地成长。

2."众人拾柴火焰高"

两位德育导师，40多个学生，组成了一个庞大而又特殊的"家庭"。每个学生作为班级的一分子，都应该在其中发光发热，当好小主人。我国著名教育家魏书生是班级民主管理的倡导者和践行者，他主张学生民主自治的班级管理模式，将班级管理的主动权交给学生。

德育导师们通过学校搭建的"梧桐夜谈"微信平台进行线上交流，共同探讨学生小岗位的设置，明确职责，达成了一个共识：在安排班级小岗位时，根据每个学生不同的能力安排不同的岗位，从小培养责任意识。如"书包柜管理员"负责将所有书包正反面朝向一致，书包带无脱落在外，拉链统一拉上；"讲台管理员"需要每天早、中、晚三次整理教师讲台，将笔、橡皮等文具分类整理到文具盒中，作业本整理整齐后放到作业柜里，其他杂物都放到相应位置，做到台面上少放东西……

班级里"人人有事做，事事有人做"。清晨到校，有人开窗有人开灯，有人领读有人整理；午间及课间，自主自理，有人管理有人检查……学生们在这样的一日常规下，学习生活井然有序，对这一自主管理方式也从陌生到熟悉，再到自觉自治，学生们既锻炼了自己，又齐心协力将班级管理得井井有条。

为了规范日常管理，助力学生良好道德品行的养成，学校主张在班级管理中以"实现班级自主管理"为目标，在"七彩儿童"的奖励机制上，实行班级管理量化自主评价。量化考核管理可以对学生行为进行明确地针对性指引，也能让班级小助手们的监督工作简单、清晰地展示出来。以"海燕中队"为例："海燕中队"用班级自主设计的七彩卡，对接学校的"七彩儿童"学生评价体系，广设班级小岗位，招募班级小管家。在此基础上绘制"一日礼仪评价表"（见表2-2），开展"以值日班长为主，小管家为辅"的一日礼仪评价制来进行班级自我管理。十项礼仪涉及有书包礼、晨读礼、两操礼、就餐礼、路队礼、课间礼等，由专人监管和记录，值日班长定时反馈，"首导"适时补充。

小助手考核全班学生，小助手也可由全体学生来评价。如二年级的"微草中队"，德育导师考虑到学生能力有限，就利用每周五的德育小课时间让全体小助手进行口头述职，由在座学生进行考核投票，超过二分之一即为通过。而中、高年级可以形成班级内有序的一套监督体系，细致精准的量化评价有助于学生养成良好的道德品质和学习习惯。

表2-2 "海燕中队"日评价

学号	姓名	书包礼	晨读礼	两操礼	就餐礼	路队礼	课间礼	午间礼	作业礼	课桌礼	其他
（　　月　　日）日基础：美德卡一张											
监督员											
1											
2											
3											

为进一步激发学生们的自我管理热情，让学生充分感受到接受这个岗位就要有一定的担当。导师借助班会课为小助手颁发聘书，郑重其事的仪式感，为其做好领头雁角色进行了一次光荣的洗礼。

当然，小助手的培训是自助式班级管理的重要前提。学生毕竟年龄小，让小助手全权掌握住所有管理的细则是不可能的。所以德育导师每周或每两周定期集中开会培训。虽然培训内容涉及的都是日常生活中的杂事，不外乎排队纪律、作业质量、卫生难题、同桌矛盾等一些小事，但放到一周工作会议上讨论时，每个小助手都格外地郑重其事，用笔记本详细记录案例，分享观点，最后总结归纳处理流程。看似"过家家"似的会议，其实重点解决了一些共性问题，指导小助手明确工作职责与分工，为之后更高程度的班级自助管理"练兵"。

如果一个班级只有班级公约和对小助手的约束，就如同一潭死水，了无生趣。因此，"首导""二导"应寻找各种契机组织活动，使这个班级更加团结友爱；学生更加活泼开朗，并在此过程中学有所得。

（四）"我们家"的活动真有趣

在学校教育中，良好的班集体对学生健康成长是非常重要的。如何才能让这个班级融洽起来？如何才能让学生的心慢慢凝聚起来，逐渐成为真正意义上的集体？这就需要德育导师们去开展一系列的班级活动，在活动中培养学生的集体意识，让班级"活"起来。

1."家族"活动，合着办

学期伊始，学校会开展许多校级大型活动，比如板报评比、运动会、艺术节"三独"比赛，等等。由于学校班级较多，我们通常以年级部为单位，将一个大活动拆分成多个子活动，分配给各个年级部，由年级部主任负责组织、安排活动的开展，这无异于举办家族活动。为了拓展参与面，便于活动开展，年级部又会将活动落实到各个班级，成为各个班级的集体性活动。因此，一个大型活动，说到底是从最基础的班级活动开始的。

比如每年4月，学校照例会举行田径运动会。学校体育组根据年级高低安排不同的比赛项目，以年级部为单位进行比赛。这样的比赛在学期初就早有铺垫：每月安排一项体育趣味竞赛。德育导师们十分注重学生日常的锻炼，利用大课间与体育课来训练全体学生，并从中选拔竞赛选手。这不仅能锻炼学生的体魄，激发拼搏意识，而且能提升团队协作能力。

每年运动会正式开始之前，德育导师们就针对比赛项目进行分工训练。

"我跟'首导'一直配合得很好。她负责教学生动作，我负责记录每个学生的数据和训练情况，向她反馈，帮她确定比赛人选。每次训练我都全程在场，即使有几次不需要我帮什么忙，我也会在场，至少要让学生明白，你们的'首导'和'二导'一直和你们在一起，我们是个集体。有时候'首导'没空给学生训练，我就直接顶上她的位置，无缝衔接。"许老师说道。

2. "家" 里活动，学着办

刚参加工作的新任德育导师对于开展班级活动往往是力不从心的。为此，学校邀请了多位区内外专家、名师来校开展讲座，就年轻的德育导师们如何有效地组织开展班级活动进行培训指导。

这些年，学校多次邀请宁波市骨干班主任胡老师来给新任德育导师们分享自己的教育方法，每一次的讲座都是"干货满满"，年轻的德育导师们听了跃跃欲试，对班级建设更有信心了。

一年级的俞老师和周老师都是刚毕业参加工作的新任德育导师，一个语文老师，一个音乐老师，作为这个班级的"首导""二导"，她们齐心协力，一心想把班级带好。入职几个月以来，她们已经组织了亲子拓展活动、假期实践活动、班级公益活动等诸多有趣的活动。如组织班级公益活动时，"首导"俞老师负责策划活动方案，"二导"周老师负责调度后勤工作，两人搭配，"干活不累"。

"我是个急性子，在培训课上学来的班级管理方法总想马上试一试。第一次组织班级外出参与公益的时候，我心里还挺慌张的，总怕自己做不好，好在我还有个能干的'二导'，可以帮我分担！"在一次垃圾分类公益活动中，学生在附近几个社区进行口头宣讲，张贴手绘海报，分发传单，桶边督导等活动，受到了社区工作人员的夸奖。"好多家长都说我们班特别有凝聚力，因为孩子们很团结，互相之间的关系都很好，还说想要每年寒暑假都组织一起去旅游呢！"俞老师和周老师如是说道。

3. 个性活动，试着办

我们常说每个孩子都是不一样的花朵，其实老师们也是一样，每位老师都是独一无二的个体。如果每位老师各显所长，集思广益，充分调动身边的资源，将会为班级发展提供更为广阔的平台，创设更为丰富的活动。

曾在大学时期担任广播站站长的李老师在班里举办了"超级演说家大赛"。

> "当时想'超级演说家'方案时，其实挺头疼的，也怕中间过程会出错，但是我'二导'是个很有规划的人，在她的帮助下，活动开展得很顺利。学生一开始就很感兴趣，都积极地进行了准备，活动效果很不错。其实重要的并不是结果，而是准备的这个过程，学生从中学到了很多。"

业余时间加入市级合唱团的"二导"姚老师也借助合唱团的平台，为学生提供高品质的艺术鉴赏活动。还有一个班，在"首导"袁老师的牵线搭桥下，家长自发组织了一个小型乐队，让学生们在后台感受了艺术家们的辛苦与敬业，也有幸现场欣赏了一场难得的音乐盛宴。

当然也有些导师充分发挥了家长的资源优势，为孩子提供更为广阔的天空。如三年级的"首导"金老师在每个学期初制定安排表，由家长们自主报名，利用班会课和线上平台开设了"燕爸燕妈课堂"。家长把自己生活和工作领域擅长的内容搬进课堂，带给学生丰富的体验：感受化学之美、瑜伽小讲堂、跟着歌曲学党史……家长们还创办了公众号，分享自己的教育心得。

班级活动种类繁多，导师们在"惟实惟小，成人成材"校训的引导下，取其精华，在精诚合作、精心组织中，不断提高自己的班级管理能力，从而加强了班集体建设。

四、特别的爱给特别的你

世间万物，各具特色，正是这种差异性构成了丰富多彩、色彩斑斓的世界。儿童因先天因素和后天环境的不同，在发展中存在着各种差异。而那些在智力、感官、情绪等方面与正常情况有明显差异的、在学校需要特殊教育帮助的学生，便是我们口中常常提到的特殊学生。

特殊学生，之所以特殊，原因是多方面的。可能是因为家庭教育的缺失导致孩子产生了行为偏差，可能是因为家庭或周边环境出现了重大变故导致孩子的身心受到了创伤，也有可能孩子一出生就在身心上表现出与众不同……随着教育的发展，特别是全纳教育的兴起和发展，普通学校中需要特殊帮助的学生越来越多，特殊学生的范畴越来越广，这意味着德育导师们遇到的考验也会越来越大。而面对各种各样的特别的孩子，德育导师们应该怎么做呢？在德育导师们的积极努力下，学校已形成了较为完善的特殊学生教育机制。

1. 重大疾病帮扶机制

对于因遭受意外疾病，在身心、经济方面需要帮助的学生，德育导师会将情况及时上报学校，学校经讨论后将制定个性化帮扶方案，对其家庭进行精准帮扶。

2. 心理援助帮扶机制

针对个别在情绪、行为能力上有偏差的特殊学生，由德育导师综合日常观察，总结上报学校，学校会邀请专家给学生做引导并提供相应心理援助，同时由德育导师联系家长，与家长形成合力，对其进行精准帮扶。

3. 突发变故帮扶机制

对于因家庭或周围环境突发变故而导致身心状态异常的学生，德育导师会在充分了解情况的基础上，制定个性化的陪伴、帮扶方案，并视情况上报给学校。

（一）我们一起战胜病魔

2021 年初，电影《送你一朵小红花》正在全国热映，电影讲述了两个抗癌家庭的生活故事，而与此同时，我校也有一个五年级孩子的家庭正在经历着同样的遭遇。

2020年9月，当孩子们还沉浸在开学初的欣喜欢愉中时，五年级一班徐同学的身体开始出现异样，先是视力模糊，后是嗜睡无力，最终确诊为"头部腺区肿瘤"。随后孩子开始住院化疗，先后放疗25次，化疗4次。看着肿瘤一点点变小，本以为能够躲过一劫，可不承想又复发了。这无疑是一次更沉重的打击，也使这个本不富裕的家庭雪上加霜。在前期的诊断和治疗中，他们已经花去近20万元，因孩子年龄尚小，各项治疗还需看接下来的化疗情况来制定，若是情况不佳，还需要进一步做脑部手术，但后期治疗和康复的巨额费用让一家人陷入了深深的绝望之中……

小小的年纪，经受了这么大的苦难，全校师生都对徐同学给予了深深的关心。"首导"王老师与"二导"沙老师第一时间赶去医院慰问，并立即将此事告知学校。在得知孩子的情况不容乐观后，学校通过进一步商讨，希望可以帮助徐同学。

2021年3月5日，镇海区实验小学"梧桐叶"红领巾公益基金为徐同学开通了爱心捐款通道，在校内组织全校捐款活动，同时呼吁社会各界爱心人士关注徐同学的病情，希望大家齐心协力，帮助她渡过难关。

3月8日上午，学校开展了现场捐款活动，全校2000余名师生纷纷解囊，献出了自己的爱心。短短三天时间，镇海区实验小学"梧桐叶"红领巾公益基金为徐同学筹得善款近30万元。

"众人拾柴火焰高"，当学生家庭遇到困难时，我们的导师和学生齐心协力，用责任为其护航，用爱心伴其成长。

（二）心的救赎

二年级有一个叫"星星的孩子"，天真可爱的他时常沉浸在自己的"小天地"里，仿佛身边的声音都销声匿迹了。由于注意力障碍，他的作业空白是家常便饭。面对这个"星星的孩子"，这个班的"首导"和"二导"深感同情，对他倾注了许多的关爱。因为经常完不成作业，家中父母也没有能力辅导，两位导师每天自愿延迟自己的下班时间，陪着他一个字一个字地把作业写完，每写完一项作业，就奖励他一张小奖卡。有时候写得晚了，两位导师就带着他一起吃晚饭，就像妈妈一样。白天做45个学生的德育导师，晚上做"星星"的启蒙老师，她们已经坚持了两年。

> "我觉得我就像他半个妈妈，这孩子太可怜，如果我放弃了对他的教育，那他们一家都会陷入痛苦，我不愿看到悲剧的发生。""自从为人母之后，看到这样的孩子，心会很痛。孩子是无辜的，我想尽力去维护他弱小的内心世界。"两位老师如是说。

学校里有一幢美丽的小房子，叫作"快乐小屋"，这是建校时配备的一间小教室，同时也是学校的心理咨询室，里面有许多心理辅导设备和书籍，供师生使用和阅览。学校也曾多次邀请校外的专业儿童心理学家给不同年段的学生做心理知识讲座。针对个别行为上有偏差的学生，学校会请专家来做一对一的引导，提供针对性的帮助。德育导师们会根据专家的建议充分发挥家校双方的作用，将心理教育融入学校教育和家庭教育之中。

（三）陪伴与爱

六年级有一位脾气暴躁、性情不稳定的少年，这个孩子并不是一年级时就这样，而是因为几年前家中发生的种种变故促使他性情大变。这一切，他的"首导"和"二导"都看在眼里，全班孩子也看在眼里。如今孩子已经到了青春期，又是所谓的"叛逆期"，内心敏感、自尊又强的他，变得不愿意与人接近，成绩也一落千丈。"首导"和"二导"

实在不忍心看到他再这样颓废下去，两人共同商议，要在他越陷越深前拉他一把。"首导"无疑是最了解这孩子心性的人，她放下老师的身份，以朋友的姿态与之倾心交谈。

"其实他是个懂事的孩子，只是他对自己已经没有任何要求了，开始自暴自弃，他现在最需要的就是外界对他的一个肯定，肯定他存在的价值。""首导"说道。

而"二导"则是利用自己的性别和年龄优势，先以篮球为媒介，与孩子成为"球友"，再以游泳为契机，与孩子成为"泳友"。两人都是热爱运动的"大男孩"，"二导"常常利用双休日带孩子参加各类运动，体验生命的快乐。

"这世界上还有许多有趣的事，我要带他去体验。'首导'是他心灵的导师，我作为'二导'要做他的朋友。我相信我们能影响他的！"这个班的"二导"说道。

三年级有一位活泼可爱的女孩子叫小涵，能歌善舞，成绩优异，但有一段时间，这个班的"首导"发现这个女孩子好像变了，变得有点自卑，不愿意与同学交流，上课时也经常神情涣散，交作业也不及时了，甚至有时候拒绝与老师交流。根据种种迹象，"首导"和"二导"留心观察，时常沟通讨论，他们猜测可能是小涵的家里出了事，打破了原本平衡的生活状态，才导致她情绪有些异常。于是两位导师先是在微信上和孩子的父母进行试探性对话，以孩子近期的学习状态不佳为切入口，分别与父母进行沟通。"首导"是女老师，和孩子的妈妈进行沟通，"二导"是男老师，与孩子的爸爸聊天。通过双向沟通后，两位老师进行了"情报"交换，他们初步推断是这个孩子的父母感情不和，导致家庭关系紧张，从而影响了孩子的身心状态。之后，两位老师始终保持着与其父母的沟通，定期交换"情报"。针对小涵的情况，"首导"和"二导"两位先是对孩子进行了家访，这次家访主要是为了让孩子感受到老师对她的关心。在学校，"首导"对小涵倾注了更多的关爱，如关心她的一日三餐、关心她参加每一次活动的心理状态，向所有的任课老师打探情况，并告知他们小涵的情况。而"二导"则利用每天的托管时间来教室询问小涵的作业完成情况。因"首导"要统筹管理班级，时间比较宽裕的"二导"老师就会尽自己所能对小涵的功课进行一对一辅导，为了不被其他孩子发现老师的"特殊关照"，"二导"常常连带其他几个孩子的作业也一起辅导了。每天的中餐，"二导"也把自己的座位搬到了小涵的桌前，与她面对面进餐，边吃边与她谈天说地，氛围轻松又平和，帮助她重拾自信与开朗。一段时间后，两位导师欣喜地发现，小涵慢慢变回那个活泼开朗的小女孩了。虽然家里的事情依旧没有解决，但孩子的心态已经有所转变，这对这个年龄段的孩子来说是非常难得的转变。两位导师也承诺不管发生什么事，都会一直陪伴着她，不会让她感到孤独。

五、让我们慢慢想到一起

按照场所或空间标准划分，教育主要可以分为在校内由德育导师管理的学校教育和在校外由家长陪伴的家庭教育。学校教育是德育导师根据一定的德育方针，有组织、有计划、有目的地培养人的教育活动，而由家长主导的家庭教育则是在"润物细无声"中，对孩子的生活习惯、学习习惯和待人处事起到教化作用的教育活动。原生家庭对孩子影响的重要性，近几年不断地被提出。不管是家庭教育还是学校教育，在学生的成长过程中都发挥着重要的教育作用，不管哪一方出现了缺位，教育成效必然会大打折扣。苏霍姆林斯基说过："若只有学校而没有家庭，或只有家庭而没有学校，都不能单独地承担起塑造人的细致、复杂的任务。"由此可见，家庭教育与学校教育就像拉动马车的两匹骏马，合力共建才能让教育的马车疾驰。这就要求德育导师与家长密切配合，站在家长的角度思考问题，练好与家长沟通的基本功，争取家长的理解和全力配合，家校慢慢想到一起，做到一起，才能更好地促进学生的全面发展。

（一）练好沟通基本功

在我国家庭特点不断变化的今天，家长能否积极参与学校教育，在很大程度上取决于教师的态度及其与家长交往的能力。在交往态度上，教师要做到两点：一是以关心孩子的态度同家长保持经常性接触；二是要表现出与家长合作的真诚愿望。如何增强家校沟通效果，是沟通双方共同关注的问题。因此，学校的德育导师经常在一起商讨与家长沟通的基本功，注重克服沟通障碍，避免产生不必要的冲突。

1. 观察询问，及时反馈

沟通出现的很多问题是理解有误或信息的不准确造成的。如果导师在沟通过程中经常了解并且及时反馈信息，则会减少这些问题的发生。导师们经常会在与家长的沟通中确认家长是否明白了自己传达的信息，或者询问有关该信息的一系列问题，以核实信息是否按原有意图被接受。在与家长口头沟通时，导师们则要学会观察家长的眼睛及其他非言语线索，以了解他们是否在接受自己的信息。

2. 注意措辞，简化语言

不确切的语言可能会成为沟通中的障碍，因此导师要十分注意措辞，谨慎地组织语言，使信息能够得到清楚明确地表达，易于被家长理解。导师不仅要简化语言，还要考虑到信息所指向的听众，使所有的语言适合听者。很多德育导师都觉得与学生的祖辈沟通比较困难，他们不能理解自己的意思。这是因为学生的祖辈与"90后"的导师们在人生阅历、文化背景、思想观念等方面存在一定差距，而且双方语言表达方式也有不同。因此面对这样的听众，德育导师则要尽可能简化语言，适时改变自己的语言表达方式和习惯，以对方能理解的方式表达，才能使双方的沟通障碍尽可能减少。

3. 积极倾听，换位思考

听和倾听是不一样的。单纯的听是被动的，而倾听是对信息进行积极主动的搜索。不管是教师还是家长，在倾听对方说话时，都应注意进行"角色换位"，一方面从他人角度来考虑分析说话者的意图；另一方面从他人角度来考虑自己的反应可能会让家长怎么理解，提前进行一个预判，提高沟通的效率。

4. 抑制情绪，避免冲突

当沟通双方处于不良情绪中，德育导师需要知道适时暂停，直至恢复平静后再进行沟通。当家长为了孩子的事情对学校的某种做法有意见，怒气冲冲地找上门时，德育导师必然是该状况下沉着冷静的一方。因为他们深知在这种情绪不快的情况下，沟通是不会顺畅的，有时不但不会解决问题，还会引起冲突。

德育导师们也可以通过一些语言艺术来消减家长的负面情绪。因为在繁忙的工作中接到电话时，家长难免有抵触情绪，很难客观地看待事情本身，更不用说做到理性沟通了。导师们可以先用亲切的语气"话家常"，关心家长自身的工作与生活，再点赞孩子近期的点滴进步，或者询问孩子在家的表现，由家长自己铺垫展开，在家长保持积极正面的心态之后，再就重点问题深入探讨。这样一来，哪怕是棘手的问题，也会在平和愉快的氛围中解决。所以，对沟通双方来说，德育导师在沟通过程中抑制自己的情绪，更容易取得与家长沟通的良好效果。

（二）想家长之所想，解家长之所难

当遇到家校矛盾冲突时，会出现家长与老师各执一词、各自委屈的现象。德育导师在与家长的沟通中遇到了诸多阻力，大多是由于家长与德育导师之间相互不理解造成的。

我们深深地认识到，德育导师能理解家长，是与家长有效沟通的基础，因此学校无论是管理层还是德育导师都十分重视理解家长，积极走好"家庭路线"，站在家长的角度去思考问题，打开大门来办学。具体分为"两步走"。

就学校层面，主要通过多渠道建立家校互动平台。一方面，成立各级家委会。为了促成最有效的家校合力，德育导师要运用多种渠道充分了解家长需求，并协调好家校之间的沟通与合作。学校要为二者的良好沟通提供平台，其中一项重要做法便是成立班级、年级、校级各个层面的家委会，和家长一起商讨家校共建方案。学校与德育导师在向家长提出学生培养方案时，也要认真考虑家长提出的意见和建议，可以通过班级调查、电话联系、家长学校讲座、家校座谈会等方式进行了解，创建良好的家校共建氛围。这不仅有利于帮助学生和家长客观、有效地参与家校合作，还可以促进德育导师与学生、德育导师与家长之间的情感交流。另一方面，定期举办家长学校。学校持续关注家长们的现实需求，坚持提供多方教育资源，携手共助孩子健康成长。因此，学校定期举行家长学校活动，邀请不同领域的专家来校开展不同主题的讲座，如"关注生长发育""带给孩子一个怎样的世界""孩子的学习'密码'""人人争当法律小卫士"等，为孩子们的成长奠基。家长学校讲座结束后，导师们会把家长聚集在教室，将班级的近期情况进行反馈，肯定孩子们的进步，也会就存在的问题进行分析，与家长共同商议解决方案。会后，总有家长会留下来与老师进行更加深入细致的交流，老师也乐于为家长们答疑解惑，分享经验。逐渐地，家校沟通的桥梁被构建得更加稳固。不仅如此，家长们之间也常在会后踊跃交流自己孩子的情况，相互学习教育方法。时常能看到两位家长因为两个孩子存在类似问题，一下子就能打开话匣子，分享自己的心得体会，商讨着解决方案。家长们之间的感情也因为有了这一平台而得以升华。

就德育导师而言，我们主要是走"家庭路线"，将导师之力与家长之意拧成一股绳。家庭是孩子成长的土壤，"家庭路线"就是要依靠学生的家庭，和家长形成教育合力，一切做法为了学生，一切成果依靠学生，想法从学生的家庭情况中来，并把做法融入学生的家庭中去。这就要求德育导师必须要了解每个学生家庭的情况，了解其父母的工作情况、家庭氛围、家庭公约等，这样才能够站在家长的角度去思考。

家庭的教育理念和教育方式是德育导师们关心的重点之一。与家长充分沟通，能增加德育导师对受导学生的了解。父母是最懂孩子的人之一，家长的教育方式往往更具针对性，能帮助导师发现家庭教育的成效，更有助于导师们因材施教，制定切实有效的教育方案。在我们学校，每位德育导师在开学前便开始着手和家庭沟通。每年的8月底，全校性的普访便正式拉开帷幕，顶着炎炎烈日，"首导"和"二导"走入每一户家庭，和每一位孩子面对面，和每一位家长心连心。在普访过程中，导师们及时解答学生家长的疑惑，沉着应对；交流双方的教育理念，获得理解；展现专业技能，收获信任……每一次普访都会取得积极的效果，家长们对学校、班级以及德育导师有了深入的了解，对学校也更有信心。同时，德育导师们也得到了想要的信息，如每个家庭的学前教育情况、生活环境，家长的工作情况、处事方式、教育方式等，这些信息能让导师们更加理解家长和孩子，是走"家庭路线"的基石。可以说还未正式开学，就已经在家校之间建立起了一座隐形的桥梁。

德育导师努力地去理解每一位家长，认识到每一个孩子都是家里的"小太阳"，他们对老师来说可能只是四十五分之一，但是对家长来说则是家庭的希望、家庭的全部。孩子对家庭来说太重要了，孩子的一举一动牵动着家庭，孩子的教育卓有成效，往往会使整个家庭和谐美满；而孩子的教育"鸡飞狗跳"，家庭往往难以"母慈子孝"。德育导师们只有认识了这一点，学习一些家庭教育的方式、家庭教育的艺术，才能更有效地换位思考，更好地理解家长。

（三）争取家长理解

在充分理解家长的基础上，如何反过来让家长也来理解老师、理解学校呢？我们的德育导师们想了不少"金点子"。

1. "温水煮青蛙"式陪聊

在学生的个别教育中，绝不能单靠德育导师的力量，而要想形成教育合力，德育导师首先要做的便是取得家长的信任与合作支持。要是遇上一位熊孩子，那就真的很令人头痛了。直接和那位家长说"XX家长，你的孩子这不好，那也不好，你们怎么回事啊"，那肯定不行！如果你这样和家长说，那你们的谈话肯定是不愉快的，甚至还会起到反作用。那怎么办呢？其实很简单——"温水煮青蛙"式陪聊。

为什么要陪聊呢？因为家长焦虑。大部分的家长是第一次做小学生的家长，对学校的一切是充满期待却又充满疑问的。"学校课程是怎么样的？""我们班老师不知道好不好？""我家娃不知道能不能适应？""中午饭不知道吃得怎么样？"……一连串的问号充斥在他们的脑海中，让他们无比焦虑。我们往往会发现，开学初的问题其实更多的是在于家长，而不是孩子。因此，这时候，适当抚慰他们焦躁的心是多么的重要，家长内心平静了，孩子自然而然就平静了。

陪谁聊呢？怎么聊呢？可以选择和家委会的家长在微信群或QQ群里聊。一来，因为人数不多不少，聊得过来，也不会冷场。二来，这些家长比较积极主动，善于沟通。当然，我们也需要和个别特别不适应小学生活的学生家长聊，做好重点辅导。

最后，聊什么？"温水煮青蛙"，就是要把德育导师的教育理念慢慢地、不经意地渗透进去，逐渐拉近彼此的关系。在班级群聊天时，多聊聊孩子们白天的优秀表现，夸奖的话是每个父母都愿意听的。单独电话私聊时也可以"先扬后抑"，肯定孩子的优点后，聊一聊对孩子的建议，家长也是非常乐于接受的。面对家长的难处，适时地表达理解与感同身受，家长就更觉得老师特别能理解他了。有了相互理解的情感基础，家长与德育导师之间就能更好地沟通配合了。

在三年级某班中，一位心直口快的妈妈在和德育导师聊了几句后就在群里问："老师，我们家孩子在上幼儿园的时候，我都是放养的，不知道现在情况怎么样？"这时候导师们知道，机会来了！要赶紧加点"心灵鸡汤"，顺带加一些教育理念，很快家长就能和德育导师达成"统一战线"了。

而一些"特殊"孩子的家长也在群里，他们虽然基本不说话，但是每天"喝"着德育导师的"鸡汤"，看着孩子的表现，渐渐地也会转变观念。"亲其师，信其道"，当一个家长认同德育导师的教育魅力，他一定会想方设法、竭尽全力地理解并配合德育导师的工作。

2. 零距离体验老师的一天

俗话说："养儿方知父母恩。"家庭教育与学校教育在环境上截然不同，受教育对象在数量上也有着较大的差异，家长如果不从事教育行业，很少有机会作为教育者感受学校教育的氛围。这时候若是让家长换位感受一下教师的教育环境，那会产生怎样的火花呢？我们经常利用一些特殊的节日与活动，邀请家长与德育导师共同管理班级，让他们也来当一天德育导师，如教师节、运动会、研学、家长开放日等。大家有想法一起商量，很多事情大家都在一起做，在合作中家长更能换位思考，体会导师一天的辛劳。

我们学校每学年都会至少开展一次"家长开放日"活动，父母可以在当天进入校园，和孩子一起上课，一起出操，一起尝尝食堂的饭菜，一起体验孩子参与的兴趣社团。

一年级家长开放日之后，四班的某位学生家长给自己的孩子信中这样写道：

> 今天妈妈受学校邀请，参加了你们班级的开放日活动。我回到了久违的课堂，陪着你感受了半天的小学生活，感慨良多。今天的语文课还带给我一些不一样的感受。俞老师有很多小妙招，比如"跟老师一起书空""当当小老师""开开小火车""同桌评一评"。这些小技巧既活跃了课堂氛围，又提高了学习效率。在举手提问的环节，基本上兼顾到了班级中的每一位小朋友。俞老师一定花了很多心思，运用了这些新颖实用的小妙招。每天置身于这么有趣高效的课堂，你这颗小麦苗一定能迎风生长，越来越苗壮。
>
> 半天的开放日活动，虽然你的表现不是最完美的，但在妈妈的心里，你很棒。你是妈妈的骄傲，希望妈妈也能成为你的骄傲。通过公开课，我更加觉得你们的老师很辛苦，需要关注每一颗小麦苗，真的很不容易。我们所有的小麦苗和爸爸妈妈今后一定会更加支持老师的工作，共同努力，一起进步。

字里行间，情真意切，让我们深深明白：家长开放日是一个窗口，可以让家长们领略精彩课堂，感受学子风采，体验学校文化；家长开放日是一份答卷，呈现的是大气包容、持续发展、多元文化的综合素养；家长开放日更是一道桥梁，孩子的成长离不开家长和学校的共同努力，家校相知、相伴、相助，才能让每个孩子在自己的成长道路上走得更远更长。

在日复一日的实践与交流中，我们的德育导师们在与家长的沟通中勤学苦练基本功，团结协作，相互"搭台"，注重语言艺术的培养，在家长面前做到不卑不亢，彬彬有礼；在家长有所不解时晓之以理，动之以情；在实践中学会与每一位家长交流，让每位家长都能感受到德育导师们对孩子的重视与关爱。

六、德育导师制：师生共同成长的平台

学校实施的德育导师制，以"每一个教育工作者首先是德育工作者"的理念，形成了全员育人、全科育人、全程育人的良好育人模式。德育导师制的实施，对于我们这样一个以新教师为主的学校来说，显示了强大的生命力。

（一）提升教师的岗位责任意识

德育是每个教师的责任和义务，通过实施德育导师制，每位教师都要与二十几名学生结对辅导，而且辅导效果直接纳入教师的考核，关乎教师的待遇和职务晋升。因此，对于教师而言，不仅要做好教学工作，还要认真地在德育工作中扮演好导师的角色，提升自己的责任意识。我们一改过去任课老师很少关注学生思想，很少去了解学生心理状况的做法，开展德育导师制，促使每个教师都承担起德育的职责，在工作中能够主动去关心学生，了解学生，并非将学生思想道德方面的问题全权推给"首导"，而是积极想办法，多渠道、多方式、多角度去引导学生，帮助学生树立正确的思想道德观念。

已有20多年教龄的信息技术教师禹老师在担任了"二导"后感慨道："以往我们信息技术学科就是一个边缘学科，我作为信息技术教师，只需要上好每一节课就可以了，学校里我熟悉的学生不多。但是自从实施了德育导师制后，我会有意识地想要对我班级里指导的20

多名学生了解更多，关心他们上其他课时的纪律、成绩、心理健康等。这大大增强了我作为人民教师的责任意识。与此同时，走在校园里，经常有学生在路上与我打招呼，热情地喊着'禹老师好'，我心里也是充满了作为人民教师的自豪感。"

（二）提高教师的班级管理水平

教师的班级管理水平高，也是学校稳定发展的大前提。通过实施德育导师制，众多年轻教师大大增加了与学生接触、交流的机会，提升了自己德育工作能力。现在的孩子都讨厌说教，却喜欢你跟他说一些和他们生活相贴近的事情。德育导师能时刻掌握学生的心态，对于学生的喜好进行最大限度的支持，用自身的人格魅力来引导学生，张弛有度地对学生进行管理，形成一套自己的班级管理方法。班级稳定则学校稳定，导师发展则学校发展。通过德育导师制，学生与老师之间建立一对一"导学"关系，学生在导师的引导下慢慢成长，而导师也在实践中不断提高。

作为新教师的崔老师，她刚参加工作就担任"首导"，与她搭班的"二导"则是拥有20多年教龄、经验丰富的顾老师。在担任"首导"之前，崔老师心里是没有底的，因为自己性格内向，很怕自己镇不住孩子们。学校实施的德育导师制，让崔老师不再是一个人战战兢兢地面对一群孩子，在顾老师的指导与亲身示范下，崔老师逐渐熟悉班级事务，学会了严慈并济地与孩子们相处，无障碍地与家长们沟通，提高了自己的班级管理水平。在工作了4年后，崔老师被评选为优秀德育导师，还考上了教育局后备年轻干部。

（三）建立师生之间的良好关系

人与人之间只有通过不断地沟通才能建立起亲密无间的关系，老师和学生之间也是如此。过去，往往只有班主任关心学生的生活和心理，与学生经常沟通交流，因此班主任与学生的关系往往最为密切。

而对任课老师而言，工作中只负责教学，忽视了与学生的沟通交流，所以与学生关系往往并不亲密，尤其是对于一些学习较差的学生，任课老师关注得更少。德育导师制，一方面增进了师生感情，融洽了师生关系，德育导师与受导学生的关系亦师亦友，德育不再是居高临下的"说教式"，而是平等民主的"引领式"；另一方面也培养了学生良好的人格，提高了学业成绩，在导师人文关怀下，受导学生学习此门功课的兴趣日益浓厚。"兴趣是最好的老师"，在导师的鼓励之下，受导学生的自我效能感增强，学习成绩逐步提高。

二年级的"首导"金老师，在开学前与自己的学生约定，认真遵守班级公约的孩子，期末将有机会受邀到老师家中，与老师共进晚餐。一个学期以来所有学生都铆着一股劲儿努力表现，到了期末，胜出的孩子们收获了全班同学羡慕的眼神。他们来到金老师家里，享受着金老师亲自做的晚饭，心中充满了自豪感。德育导师与学生之间的距离一下子拉近了，孩子们也更愿意听金老师的教导了。

学校实施德育导师制后，首先学生和教师之间的联系得到了前所未有的加强，双方更融洽地相处在一起了；其次这种融洽的关系并不只是表征在双方较为紧密的联系上，在学生的学业成绩和教师的教学成果上也得到了很好的体现。导师密切关心学生的生活和学习，关心他们的心理和思想，竭尽全力帮助学生解决问题，赢得了学生的信任，师生之间建立了深厚的情谊。

（四）联动德育与教学的融合

教学是学校的核心业务，学校的发展往往与教学水平直接挂钩。而德育工作虽然看似和教学无关，但实际上同样也起着重要的支撑作用。从传统意义上来看，德育和教学是分开的，甚至德育常常为教学让路，变得虚无化了，抑或分散了教学的精力，成了教学的负担。德育导师制的推行有效地改善了这一状况。德育导师制从表象上看是完成德育工作，但其衍生了一个重要的副产品，那就是良好的师生关系。众所周知，学生是教学的最终"购买者"，教学的评判最终还是依赖于学生的接受程度。当前，随着社会的快速发展，学校的教学工作也处在不断改革的氛围之中，如果没有构建一个良好的反馈体系，教学改革是难以成功的。而德育导师制对师生关系的有效突破则是为教学与改革这两个主体之间的互联和互动提供了充分的支持和反馈。因此可以说，德育导师制为教学改革提供了动力。

五年级一班的"首导"王老师和"二导"沙老师，是两位配合默契、尽心尽责的德育导师，整个班级都呈现出积极向上的面貌。德育导师与学生打成一片，学校各项竞赛、活动也都能获得较好的名次。良好的师生关系，为班级的教学质量打下了坚实的基础。无论是平时的课堂表现，还是在期末测试、飞行抽测中，这个班级考得最好的学科，往往都是"首导"王老师所教授的语文学科和"二导"沙老师所教授的音乐学科。古语所云"亲其师，信其道"就是这个道理。

校本教研与教师专业发展

第三章

一所学校教师队伍建设的思考与行动

慢慢做教育

有人说，教师想给学生一碗水，自己就要先有一桶水。这水，还必须得是"活水"。因此，自走上教师工作岗位起，"专业发展"就成了不断被提及的高频词之一，即所谓学无止境。除了教师的自身追求，外界对教师的要求也在不断变化和提高。在这样的背景下，学校一般会通过各个途径来提升教师的各项能力，尤其是教学能力。所以，我们就不得不聊聊各校都在开展的"校本教研"了。

其实，早在20世纪90年代末，我国中小学就有了一套教研组织系统与运作模式。这样的教学研究组织被称为教学研究组织，简称"教研组"，通常为同一学科或相近学科教师组成一个教研组。在教研组的建立与发展中，逐步形成了相对固定的教研内容和教研方式。其研究内容主要集中在教学观、教学模式、教学评价、教师专业发展、教师培训等方面，更多关注教师"教"的行为，习惯以一篇篇课文（课题）、一个个单元为线索开展活动，由于一篇篇课文、一节节课都是个别的，所以，教师所获得的也是关于这篇或那篇课文怎么教，这节或那节课怎么上的经验或感悟。[①] 一旦教学内容发生变化，抑或教学情境发生差异后，教师就会显得极不适应，所以说"教研组"课题活动缺乏普适性。由此，当"校本"思潮被引入我国之后，由于它所倡导的思想与实践指向与学校的变革需求相一致，在教育界特别是对中小学产生了广泛的影响。[②]

2001年，教育部启动了新一轮基础教育课程改革，并于当年颁发了《基础教育课程改革纲要（试行）》等一系列政策文件，初步构建了符合时代要求、具有中国特色的基础教育课程体系。第二年，《教

---

① 胡惠闵. 在传统的学校教研基础上发展校本教研 [J]. 全球教育展望, 2008（2）：78-81.

② 胡惠闵. 从区域推进到以校为本：校本研修实践范式研究 [J]. 教育发展研究, 2010（24）：61-65.

育部关于积极推进中小学评价与考试制度改革的通知》则要求学校建立以校为本、自下而上的教学研究制度。这是教育部首次以国家文件的形式对校本教研做出规定，表明开展校本教研是促进教师专业发展的有效途径。简单言之，校本教研就是基于学校，帮助学校切实解决教师教育教学中遇到的疑难问题。

在政策文件的推动下，许多中小学都在如火如荼地开展校本教研。然而，对一些中小学展开深入调研时发现，有些学校在探索校本教研的过程中都不同程度地进入了一些误区。比如，校本教研形式化，其表现主要概括为"假""大""空"。"假"主要表现为侧重校本教研对象的虚假设置。教研活动让教师看似忙忙碌碌，实际上教师只是承担了"撑场面"的任务，校本教研变成了外请的专家、教研组长、学科带头人以及骨干教师主导下的"一人或少数人教研"的活动，自上而下限定教研次数、教研形式导致教师间缺少平等交流、共同探讨的机会。"大"和"空"表现为侧重教研主题选取的范围大、脱离实际，不能针对性地解决本校存在的实际问题，只是为了教研而教研。譬如，以单一的听评课作为教研活动的主要内容，上课教师往往是独自备课、单兵作战，听课教师推门即听、评完即走。你上你的、我听我的，各说各的，双方之间缺少研讨，教研活动流于形式，没能充分发挥集体教研的作用和优势。这样的教研空有其表，而鲜有成效。又如，校本教研被动化。教师作为校本教研的主体力量，是教育变革的关键点。但多数教师对校本教研的认识存在偏差，仅把自己当成一名"教书匠"，把校本教研当作学校规定的工作，忽视了自己"研究者"的身份，同时也缺乏深度思考，只是被动接受，不愿意主动充电。他们没有真正认识到自己在校本教研中的地位与作用，不能以"主人翁"的姿态参与校本教研，更无从认识到校本教研实乃促进自身专业发展的有效措施。因此，"教书匠"比比皆是，而"教育家"凤毛麟角。[①]再如，教研活动无序化。学校教导处、教研组作为教研活动的组织引领者，缺少整体规划与制度保障。教研主题说来就来，今天"研讨"这个，明天"研讨"那个，"研"到哪儿算到哪儿；教研时间随意选择，什么时候有空就什么时候"教研"。从教研内容到教研时间，都未经详细规划，杂乱无章。

这些仅仅是各中小学在开展校本教研过程中出现的较为突出的问题，校本教研资源投入不足、缺少专业人员的指导、教研评价体系不科学等因素也都阻碍着校本教研的真正落地和有效开展。中小学在开展校本教研之后，的确取得了一些成绩，但是，由于从根本上很难判断这些"提高""促进""提升"等成绩是不是由校本教研带来的，导致学校对校本教研的认识模糊不清。实际上，这些中小学还没有真正感受到校本教研的价值和意义。[②]因此，变革校本教研，丰富教研内涵，使其真正有益于学校形成自我发展、自我创新的环境氛围，以满足学校与教师双向发展的需求，全面提升教师教研水平就成了大势所趋。

一、校本教研的探索之路

2015年9月，实验小学异地重建，从最初招生三个班到第二年的六个班。彼时学校正处于创建初期，班级少、老师少，许多规章制度也都有待完善。然而"麻雀"虽小，"五脏"却得俱全，这些为数不

① 吴立宝，栗肖飞.中小学校本教研的困境、成因与突破路径[J].课程·教材·教法，2019（6）：125-130.
② 吴刚平，余闻婧.论基于教师改变的校本教研[J].河北师范大学学报（教育科学版），2011（2）：41-47.

多的老师不仅要积极配合上级部门完成学校各项年度工作任务，还要做好班级管理工作，当时的教研活动仅限于简单的听评课，无暇开展规范的教研活动，也就无从谈起建立校本教研的各项规章制度，更别说符合校情的校本教研模式了。一切都是未知的，一切都是变化着的，一切都要从头开始规划。与此同时，随着学校的不断扩招，大量新教师的持续涌入，我们越发意识到校本教研的开展迫在眉睫。然而这一条探究之路却也面临着前所未有的挑战。

首先，学校的常规教学很难满足"解决不同发展水平教师面临的不同问题"。随着学校规模的急速扩张，教职工人数不断攀升。2015学年，在编教师仅6人，到2021学年，在编教师已达到119人。单单一个语文学科，就有53位语文老师。不同年段、不同学科、不同年龄层次的教师汇成了一支庞大的教师队伍，这使得学校教师的发展水平呈现多层次性。各类教师面临的教育教学问题多种多样，处于不同发展水平的教师面对同一个问题时，其感受也是不同的。而单一性的教研组织、教研活动就像煮大锅饭，各种问题杂糅在一起，注重形式，忽略内容。一成不变的教研活动很难满足"解决不同发展水平教师面临的不同问题"这一需求，也就谈不上对教师的分层培养了。

其次，学校的常规教学很难满足"解决不同学科教师面临的共同问题"。作为一所异地新建的学校，随着每年新鲜血液的不断注入，学校年轻教师非常多，"90后"教师占比高达72%。毫无疑问，我们拥有一支充满活力、充满希望的教师队伍，可如何让这支队伍发挥出强有力的后劲儿，使之成为学校发展的中坚力量，这是我们不断思考的，也是校本教研亟须解决的问题。新教师群体庞大，又来自各个学科，这些初出茅庐的教师，面对如何站稳讲台，存在一些共性的问题，如何解决这些共性问题？如何授之以渔，教给老师们成长的秘籍也是我们校本教研所要解决的问题之一。

最后，学校的常规教学很难满足"不同家长对教师的个性化要求"。随着社会的发展，社会、家长对教育的要求越来越高。党的十八大提出"办好人民满意的教育"，代表了党和政府对教育的殷切希望，反映了广大群众对教育的热切期盼。我们学校所在学区内的家长学历普遍较高，高知家庭的父母往往有着较为先进的教育理念，对教育有着自己独特的看法和主张，也更注重孩子的长远发展。这些给学校教师的教育教学带来极大的挑战，因此，我们更加迫切地需要用好"校本教研"这把利刃，真正推动教学改革，提高教学实效。

在这样的背景下，做好校本教研，促进教师发展，助力学校发展，已成为学校教师的共识。

那么，如何做好学校的校本教研工作？我们将目标聚焦到了学校的核心办学理念——"慢教育"上来。"慢教育"理念讲求的是遵循教育教学和学生身心发展的规律，采用灵活多样的教学方法，在师生间营造出良好的学习环境与氛围，培养学生自主、合作、探究的能力。基于"慢教育"办学理念，我们开始进行了一次次的头脑风暴。逐渐认识到我们未来的教学研讨，需要遵循这样的原则。

首先，从教师自身发展的需要出发，了解每一位教师在教学中遇到的困难，在专业成长中遇到的瓶颈。我们是一所极具新生代力量的学校，许多青年教师都是通过自主招聘，从各大师范院校走出来的佼佼者，他们足够优秀，足够努力，也乐于进取，但普遍存在"经验不足"。有的老师在备课时奉行"拿来主义"，或者只一味地简单模仿名师教案，知其然而不知其所以然；有的老师急于在课中完成既定教学流程，而忽略了学生的实际学情、课堂生成等；还有的老师课后缺少有效的反思与改进措施，未能将课堂教学的实践价值发挥到最大化……这些问题几乎是每一位新教师都会遇到的，也是我们教学研讨中的痛点。所以校本教研应该放慢脚步，去倾听老师们在教学过程中产生的疑问，并答疑解惑，切实帮助他们探索课堂，化解难题。

其次，规范教学研讨，通过传帮带的方式引领老师们逐步了解课堂各项常规，探索好课的秘密。课堂是教学的主阵地，所有能引领教师专业成长的，一定是来自课堂教学的实践。那就需要我们重视课堂，提高效率。然而，面对新教师数量远大于中青年骨干教师的状况，如何发挥为数不多的老教师的力量带领新教师快速成长则显得至关重要。因此，我们需要制定行之有效的教研制度、规范的教研体系，以及相应的评价、管理模式，以最大限度调动每一位教师的教研积极性。首先便是向课堂40分钟要效率。从课堂导入到环节铺开，从重难点突破到方法的引领，都是有待于教师们仔细琢磨和思考的。那么，我们就精打细磨，从探索一堂好课开始做起。

然后，一研一得，带领老师们在每一次的教学研讨中提升自己的教育教学能力。课堂往往讲究让学生"一课一得，人人有得"，老师们教研水平的提高又何尝不是如此？如果缺少规划，急于求成，那么能力的培养就会在"眉毛胡子一把抓"中顾此失彼。但如果少而精，慢而细，严格遵循教师专业发展的特点，尊重其成长的轨迹，以循序渐进的方式予以培养、推进，那么，无论是教师还是孩子，他们的各项能力都会呈现螺旋式上升。

这些对于"慢教育"理念的思考为我们的校本教研指明了方向：着眼于学生的学习能力，服务于教师的专业发展，切实解决教师教育教学实践中存在的问题，慢慢做教育，慢慢做教研。由此，我们走上了一条属于我们实验小学校本教研特色的探索之路。

二、校本教研在实践中的发展

随着我国基础教育改革不断向纵深发展，"课程改革""教师发展"

等理念逐步在中小学得到认可，校本教研已成为提高中小学教师专业素养和教育教学质量的重要途径。2015年，学校第一届招生后，规模不断扩大，随之而来的是大量新教师的招录。如何让一支平均年龄只有28岁的教师队伍逐渐成长起来，有效推进学校的教育教学工作，我们在尝试中思变，在思变中求新，逐渐实现了校本教研"从有到优"的稳步推进。

（一）校本教研，走上正轨

考虑到学校重建后，新教师数量多，教学经验欠缺，我们不得不通过"传帮带"的形式来实现新教师的稳步入门，通过"分科教研"让校本教研逐步走上正轨。

一方面，"老"带"新"让年轻教师稳步入门。2015年9月，学校迎来了第一批新生，共三个班级。编内教师6名，语文3名，数学3名，一个老师身兼数门学科的教学任务，人手紧、任务重。在这样的背景下，开展校本教研面临着极大的困难。可对于一所刚成立的新学校，我们深知教师是学校发展的根本，课堂是教师的主阵地，教学质量是学校发展的生命线。所以，培养好新教师，开展课堂教学研讨势在必行。根据现实情况，大张旗鼓地进行师资培训显然不可取，我们遵循"慢教育"理念，从实际出发，主要以"传帮带"模式来落实我们的校本教研。首先，我们要求组内老教师每月至少听两节新教师的课，并给予指导，每位新教师每周至少听一节老教师的课，进行学习。这样的常规课研讨，借用"手把手"的方式有效提高了新教师对课堂常规教学的把控能力。其次，组内三年教龄以上的教师全程参与新教师的定级课、公开课、汇报课等备课、磨课，帮助新教师积极探索怎样上好一堂课的路径。2015—2016学年中，"传帮带"模式在教师队伍发展过程中起着举足轻重的作用，虽说这是我们在新教师比例过大情况下的无奈之举，但有效帮助了新教师快速进入角色，站稳讲台，提升教学基本技能，为他们的后续发展打下了扎实的基础。

另一方面，"分科教研"让我们目标更加明确。2016 年 9 月，学校教职工总人数上升至 17 人，其中语文老师 9 名，数学老师 6 名，体育老师 1 名，计算机老师 1 名。虽然小学科人数依然很少，可是语文、数学两个大学科教师人数已经初具规模。我们马上意识到：随着教师队伍的壮大，原有的"传帮带"模式已经满足不了教师长远发展的需要，我们需要给年轻教师搭建更广阔的展示、交流、学习的平台。于是，学校开始分学科开展教研活动。学期初，教导处要求各个教研组制定一学期的教研计划，明确一学期教研活动的次数、类型，并量化每位教师所需承担的教研任务，让每位教师明确自己的发展目标。如果说，"老"带"新"，是牵着年轻教师在院内学走，那么分科教研，就是为全体教师解开绳索，让他们试跑。一节节别开生面的教研课，承载着教师们对教材的独到理解，折射出对教法、学法的努力探究，在思想的碰撞中、在激烈的讨论中，我们感受到了教研所带来的无限精彩。

（二）双管齐下，逐步规范

"传帮带"模式的落实、分学科教研活动的开展，让学校的校本教研初具雏形。但是随着年级的不断增多，作为区内的一所大学校，我们也看到校本教研不能止步于组织开展一系列的教研活动，应该将其作为一种基本的教师学习制度确立下来，成为学校组织管理的一种重要形式，从而促进学校的发展。

1. 健全管理体系

2017 学年，教职工人数已经从最初的 6 人，增加到了 33 人。从学校发展看，我们正以一种前所未有的速度在急速扩张。随着规模的不断扩大，教师人数不断增加，教师队伍过于庞大，如果还是按照分学科进行教研，像语文、数学这样的大学科将面临两个问题：其一，年轻教师多，公开课的授课机会少，部分教师势必会缺少锻炼机会；

其二，年级跨度大，教研活动的内容并不是指向每位教师所教的学段，有可能出现一年级数学老师去听六年级数学老师上课的情形，那么教研的针对性和实效性就会大打折扣。为了让学校的校本教研更具实效性，教导处开始着手组织架构相对科学的教研体系，根据学科教师的发展细分教研组（见图 3-1）。

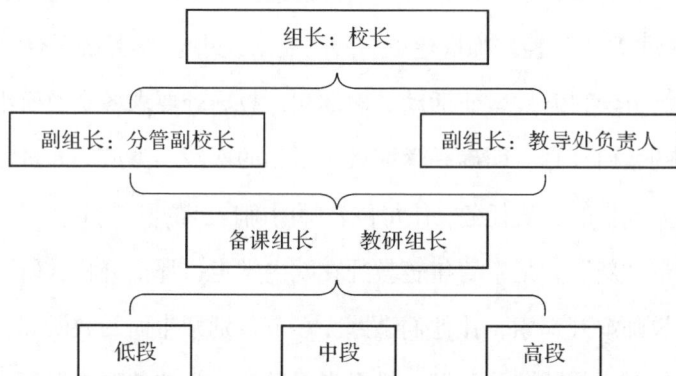

图 3-1　镇海区实验小学校本教研活动组织架构

图 3-1 为学校校本教研活动组织架构，校长任领导小组组长，执行上级教育行政部门的指令，结合学校实际领导制订和实施学校的校本教研活动。分管副校长和教导处负责人任副组长，齐抓共管，负责组织和管理学校的校本教研活动。每个学科分为低、中、高三个学段，每个学段又细分教研组、备课组，由备课组长和教研组长来落实常规课和展示课的各项具体工作。为促进不同年龄段教师的发展，学校还制定了"教师个人职业规划分层目标"，即入门级、骨干级、中坚级、领雁级教师在校本教研中所要承担的任务，达成的目标都有明显的差异性。应该说，在一次次的实践、探索中，学校的校本教研逐步走向了规范化。

2. 完善规章制度

对于一个学校的发展来说，不断更新完善规章制度，遵守共同的工作约定，是提高工作效率的前提，也是达到学校发展预期效果的保障。因此，建立健全相应的规章制度，在校本教研的推进过程中显得尤为重要。为了保证校本教研目标高效落实，调动教师参与教研的积极性，学校从工作制度、保障制度、激励制度三方面着手来完善规章制度。以校本教研常规管理考核制度为例，该制度主要从队伍建设、教学常规、教研过程、教研成效等方面设立考评内容（见表3-1）。

表3-1 镇海区实验小学校本教研考核制度

类别	考评内容
队伍建设	1. 教研组长有威信，组织协调能力强；组内教师团结协作，相互支持，研讨氛围浓厚
	2. 组内教师无违反师德规范行为并获得区级以上荣誉称号（优秀教师、红烛奖等）
	3. 组内教师中有市名师、市骨干、区名师、区学科带头人、区骨干教师
	4. 积极参加各级教研培训活动
教学常规	1. 组内教师备课认真，教学设计目标明确，过程完整，有配套的ppt，有二次调整
	2. 认真上课，组织课堂秩序，教案和课件配套，上课时不做与教学无关的事情
	3. 积极撰写教学反思，实现三分之二的课有反思
教研过程	1. 按规定时间开展校本研训活动，完成校本研修记录本
	2. 积极参加组内外的听、评课活动以及学校集体展示活动，每学期不少于12节
	3. 每学期上交教学案例（论文）各1篇
	4. 积极承担校、区级公开课
教研成效	1. 积极撰写教研通讯报道，并被区级以上网络媒体转载
	2. 教研组承担区级以上教研活动
	3. 参与校、区教学"比武"并获奖（优质课、录像课、教坛新秀等）
	4. 认真撰写本学科论文，在区级及以上获奖或在正规刊物上发表
	5. 积极参与校本教材编写或课程开发

应该说，常规工作制度的不断完善，极大地增强了全体教师奋发向上、锐意进取的意识，极大地鼓励了教师深入学习理论、研读教材、探究教法，有效提升了课堂教学实效。如果说校本教研常规工作制度是校本教研有序、高效开展必不可少的重要措施，那么，坚实有力的保障制度就是教师放开手脚，努力探究校本教研新路径的底气；逐步完善的激励制度就是有效调动教师积极性的不二法宝。学校的工作制度、保障制度、激励制度在教研实践的路途中不断地完善了起来。

三、有主题的校本教研

历时三年，我们逐步形成了相对完整的校本教研管理体系，也探索出了一套适合自己学校的教研模式和奖励机制，但是在教师队伍发展的过程中我们又发现了新的问题。学校的校本研修以教研组为主阵地，以各个教研组的课例研讨为主要活动内容，以"上课—磨课"，"听课—评课"为主要方式，它对促进学校教师专业发展确实发挥着不可替代的作用，特别是对刚入职的新教师在规范教学常规方面起了至关重要的作用。但是，随着年轻教师课堂调控能力的提升，教师队伍中 2 ~ 5 年期教师逐渐占主导地位时，我们再来反观教研活动，发现常规的教研已经满足不了我们的教师专业发展的需求，且常规的教研活动也存在一些需要改进的地方。通过学校层面的调查可知，问题主要表现在以下几个方面。

一是教研活动没有长远的规划，无法实现螺旋式的稳步推进。每个教研组教研计划的制定都是以学期为单位，没有一个系统的规划。

二是教研内容单一，教研效率没有达到预期效果。老师们光聚焦于研磨一节课，却无法从一节课推广到一类课，教研辐射范围比较窄。

三是教研活动大多采用听课、评课的形式。很多时候评课局限于经验交流，教师得不到前沿的理论培训和实践引领，所以他们的研究和交流也就仅限于经验的层次，难以逾越自身的局限，校本教研陷于低水平重复的状态，失去可持续发展的动力。同时，参与活动的其他听课老师也不能很好地发挥出参与者的作用，更多时候扮演的是被动接受、随声附和的角色。这样的校本教研不能真正满足一线教师的需求。

于是，我们开始思变。我们深刻地认识到，只有突破常规，寻求教研的新路径，才能在教师专业化发展的道路上走得更好、更远。基于上述思考，在考察、学习了南京、杭州等地中小学优秀教研活动开展的具体做法后，为推进课堂教学改革，进一步提高学校教师的专业素养和教学能力，学校确定了以"主题教研"为抓手，探求学校教师培训的专业化道路。

（一）问计于民，确定研究主题

随着"以人为本"理念的兴起，解决教学实践过程中的问题已逐渐成为教研主题生成最重要的来源。我们也在逐步尝试教研内容的选取从以往的"自上而下"转向"自下而上"。学校的教研主题主要来源有二。一是来源于一线教师。日常教育教学实践过程中会产生不少值得研究的现象与问题，经过梳理、筛选与分类后，既有普遍存在的共性问题，也有个别存在的个性问题。经过甄选、整合等方式我们将这些问题转化成教研主题。二是通过问卷调查、访谈了解、测试分析等方式，做好学情分析工作，从而了解学生的实际需求，梳理出一些共性现象；通过成长档案等方式，梳理出一些个性现象。最终将这些共性和个性现象分类，形成各教研组的教研小主题，如图3-2所示。

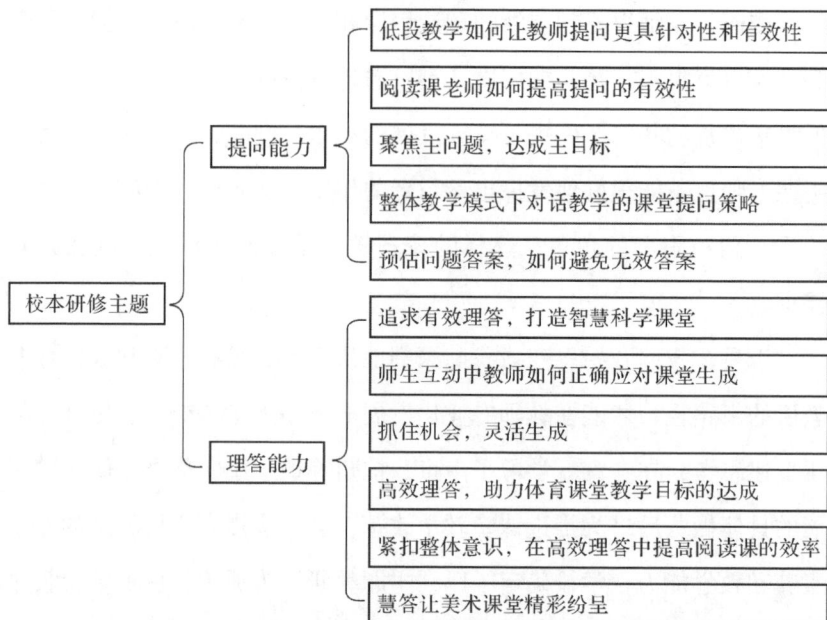

图 3-2　镇海区实验小学校本教研主题示例

（二）集中培训，加强教研力量

2018 学年第一学期，我们把"合作学习"引入课堂，运用于教育教学中。在做了充分的调查之后，我们根据一线教师的需求，确立了"'合作学习'模式下教师课堂提问能力的提升"的教研主题，在各个教研组全面铺开。为了让主题教研少走弯路，走得更快更好，我们邀请区内外名优专家进校做专题讲座，参与听评课，手把手地指导一线教师如何开展主题教研。例如，浙江省特级教师刘善娜在"合作中探究，探究中成长"讲座中指出，要让学生有能力展现小组合作探究的过程，教师就需要在课堂教学中多让学生经历知识形成的过程，在合作中关注知识技能的学习和运用，促进学生高级思维的发展。道德与法治名师俞英老师借"合作学习"，细述项目化学习的操作流程。她倡导老师们在课堂中运用"合作探究与实践活动，目标指向与学习成果"两大学习体系共同推进教学进程。

有了专家的指引，我们明确了前进的方向。与此同时，我们还积极组织教师阅读《教师怎样提问才有效——课堂提问的艺术》《有效课堂提问的 22 条策略》《有效合作学习的原理与策略》等与教研主题相关的理论书籍并组织举办论坛，让教师们交流所思所想……在一次次的培训、交流中，学校的年轻教师逐步成熟起来。

（三）专题研究，深化教研水平

"纸上得来终觉浅，绝知此事要躬行。"为了让主题教研落实起来更有抓手，我们又通过一个个专题研究，将经验总结汇编成一套套实操手册，供一线教师参考，实现了从点到面的辐射。如为了推进合作学习，我们专门在研讨后编写了一套《镇海区实验小学"实学"指南》，从实学第一步、第二步、第三步，分别进行独学、合作学、展示学三个过程铺开，给青年教师提供了完整的操作攻略，帮他们实现了理论到实践的快速过渡。

继"'合作学习'模式下教师课堂提问能力提升"主题教研后，我们又开展了指向"教师理答能力提升"等主题教研。应该说，主题教研开展以来，我们进行了很多探索，虽然遇到了许多困惑，但也取得了一些成绩。从教师角度看，学校在教师理论培训的基础上搭建平台，通过名师工作室团队引领、疑难问题课堂诊断、师徒汇报课展演等多种形式开展了丰富多彩的课堂实践活动，引领着教师们从理论逐步走向实践，教师的问题意识有所加强、课堂教学更加规范、教学步骤更加细致。从学生角度看，学生的学习兴趣提高了，在课堂上的发言次数和发言质量有所提升，活跃了课堂气氛，同时，孩子的学科素养、知识运用能力也得到了展现和发展。

但是，教研无止境，在主题教研的推进过程中我们又有了新的思考：老师提问能力的提升到底需要落实在哪些方面？是提问的形式、次数，还是普及面？这些都没有一个量化的标准，在40分钟的课堂中，教师提问的实效性很难客观地去评定。这就意味着要想把主题式教研活动做实做深，就需要一个可以量化评价的载体、一个可以遵循的目标和导向，以便更有的放矢地审视老师们的课堂教学能力。经过讨论，我们决定依托课堂观察量表来深化主题式教研。

四、量表与主题的碰撞，让校本教研新起来

课堂观察是教学实践和教学理论之间的桥梁，为教师的专业发展提供了一条很好的途径。通过课堂观察，教师借助合作的力量在实践性知识、反省能力等方面将获得新的发展，进而提高课堂效率。"工欲善其事，必先利其器"，要想把课堂观察这项工作做"善"，利"器"是关键。于是，我们选择了"观察量表"作为利"器"的工具。只有"精准化"地设计和运用课堂观察量表，才能推进主题教研活动深入而有实效地开展。

（一）结合主题，确定精准化方向

为了深化主题式教研，教师们开始研发制作指向教研主题的"精准化"课堂观察量表，一场场热烈的研讨会拉开帷幕，老师们在各抒己见中碰撞出了火花。"精准化"观察量表是以特定的主题为出发点，首先要确定主题观察属于课堂四个维度（学生学习、教师教学、课程性质、课堂文化）中的哪一个维度，之后再从维度中定位一个更加具体精准的方向进行观察，确定清晰的目标指向，最后结合具体的课以及观察者的特点开发量表。

通过分析，我们发现近年来学校教研活动的主题，如"教师提问能力的提升""教师理答能力的提升"等，都是从"教师教学"这个维度延伸开来的。于是学校从教师教学这个维度着手，立足于教学目标，从观察教师教学呈现、对话、指导、机智等教学元素入手，围绕

特定主题确定观察点的多个方面，从而来观察教师的行为是否服务于教学目标的达成，是否改善了学生课堂学习的面貌。在量表的设计中，我们把一些抽象的目标设计成可分解的任务，设计成一个个观察点，在量表上体现出来，让每一个参与的老师都有特定的方向和任务，能对所观察的点进行深入有针对性地研究和思考。学校一位老师曾说："拿着量表听课，这不仅是要完成任务，更是自身对这个观察点的自我反思。"如果学校设计的量表不仅让被观察者反思，也让观察者反思，那么，我们课堂观察量表的研制工作就没白费。

（二）自主研发，付诸实践

明确课堂观察量表主题式精准化方向后，以教研组为单位的研发工作就开始了。教研组长和备课组长组织集体研讨，立足本学科，读懂教学维度，在理解课程标准、教材、学生和教师的情况下，抓住课程的核心，紧扣研讨的大主题选择关键点，然后组内分配量表任务，做到心中有数。只有完成前期工作后，量表才能进入设计环节，才能避免量表设计的随意性，避免"观察平面化"，进而更具针对性（见图3-3）。

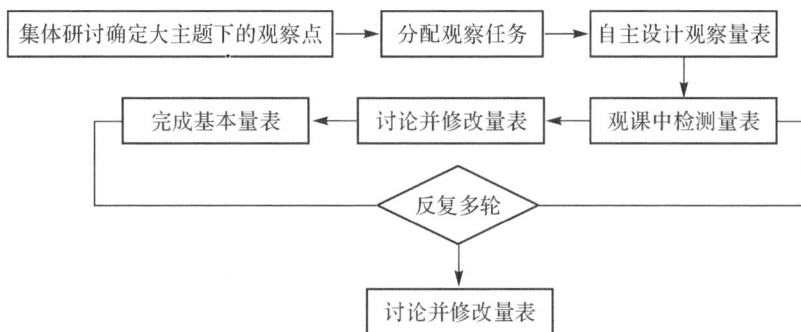

图 3-3　镇海区实验小学量表制作流程

图3-3是各教研组在统筹的基础上经过实践研讨形成的一份课堂观察量表的流程：首先是集体研讨确定观察点，然后组内分工设计量

表，再各自在课堂中实践量表，感悟得失，为量表的完善提出切实可行的建议。最后再汇总个人的实践感悟和修改建议，集体研讨修改后，一份可有效操作的课堂观察量表就形成了。

从一定的教学维度、学校的整体和学科的层面设计出来的课堂观察量表，能够体现课堂教学在某一个特定主题层面上的基本要求，每位教师也能通过量表找准自己的定位和奋斗的目标。量表虽小，却是课堂教学的指南针，为打造"校本特色"课堂，促进教学效率提高，提高教师水平奠定了基础。

（三）实践应用，多轮优化

1. 第一张量表应运而生

我们的第一张课堂观察量表是以"教师课堂提问能力"为观察内容，针对提问的不同要素进行开发的。为了设计出一张可观察、可记录、可解释的以"教师课堂提问"为观察点的观察量表，学校各学科教研组的老师们通过集体研讨、分工、设计、检测、修改等一系列操作，最终定稿完成。2019学年，学校就开始使用这份以"教师提问能力"为主题的课堂观察量表，如表3-2所示。

这张量表，我们是从定量和定性两个方面考量制作而成的。"教师课堂提问"的主题包含着很大的信息量，可探究的角度很多，为了多面多向地观察"课堂提问"，我们从"问题呈现的方式""提问的层次性""问题的类型""问题的目的指向性"等方面进行了分析研究。量表中的定量（频次）比较客观精确，便于观察者记录数据，也便于客观分析，直接发现问题。课堂是个"横看成岭侧成峰"的场所，量表可以让我们更直观地看到课堂提问不同指标的量化情况，但数据反映不出课堂提问的价值与意义，课堂提问的内涵不都能用。所以量表还需要定性的方式来完善，比如"问题的类型"，我们要细分问题的不同类型，对问题的性质进行说明。

表 3-2　镇海区实验小学教师课堂提问观察量表

提出的问题	候答时间	问题的指向		问题的呈现方式			问题的类型				提问的层次		
		清晰	模糊	教师口述	教师板书	多媒体展示	闭合性问题	记忆性问题	描述性问题	开放探究性问题	一般性	高层次	探寻性
问题 1													
问题 2													
问题 3													
……													
频次（数据）													
分析诊断													

2. 实践后的优化

在不断使用和分析过程中，我们发现，观察量表更多的是从教师维度的视角进行对话，仅仅关注教师课堂上的提问能力，反倒削弱了对提问对象的关注度。我们在实践中还发现，观察量表忽略了教师的理答，教师理答本身就是教师提问的一个有机组成部分，学生作答完毕并不是教师提问的结束，教师的理答才使这一过程告一段落，并起到画龙点睛的作用。教师的理答方式和态度又直接影响学生的学习兴趣、自信心构成。在任何一个班级，学生对问题的理解能力以及他们的性格特点不尽相同，教师的提问是否顾及全班同学？对于学生的回答，教师又该如何理答？这些需要从量表上体现出来。

发现量表的问题后，学校开始着手优化量表。首先把学生的元素放进了量表，观察教师提问后学生的回答方式，然后从学生的回答方式中分析学生参与课堂的主体性是否得到体现、思维是否被激活。为了更全面地观察教师课堂提问能力，我们在新的量表里还加入了"教师理答"项，理答是课堂提问不可缺少的一部分，教师理答是教师提问的后续。同时为了使表单更直观清晰，我们还去掉了"问题层次"项，表3-3是优化后的"教师提问能力"课堂观察量表。

表3-3　镇海区实验小学教师课堂提问观察量表

提出的问题	候答时间	问题的指向		问题的呈现方式			问题的类型				学生应答方式				教师理答		
		清晰	模糊	教师口述	教师板书	多媒体展示	闭合性问题	记忆性问题	描述性问题	开放探究性问题	无应答	集体回答	个别回答	讨论汇报	打断或代答	鼓励或表扬	追问式引导
问题1																	
问题2																	
问题3																	
……																	
频次（数据）																	
分析诊断																	

　　优化后的量表不仅能直接记录教师提问的相关数据也记录了学生们的互动情况，同时还能反映出不同的学生对不同问题做出反应的速度及表达能力的不尽相同。不同的问题，学生回答的方式也不一样，比如，有些问题适合集体回答，而有些问题经常性的集体回答会让学生失去独立思考的习惯，不利于思维的开发。另外，在新表单的操作中，我们重点观察记录教师的理答方式，观察教师理答的合理性。教师的课堂提问不再是单边的行为，我们可以以更多的视角，多元客观地分

析教师提问的有效性。

3.根据学科和课型特征，创新量表

经过一轮轮的实践与优化，目前我们使用的课堂提问的观察量表已相对完善，既能比较客观地观察到跟课堂提问相关的一些要素，也能通过定量与定性相结合的方式，合理科学地分析教师提问的有效性。但是每个学科都有本学科的独有特性，比如音乐课重情感，英语课重听说，科学课重操作，美术课重鉴赏等。同样是以"课堂提问"为主题的观察，不同学科侧重的点是不一样的，就算是同一个学科，不同的课型也存在不同的侧重点。所以，这就要求每门学科根据不同的课型对这份基础性量表进行有个性地创新，增强使用性。表3-4是英语学科语篇课教学"教师提问能力"的课堂观察量表。

针对英语学科中的语篇课型，我们在原表上加入"提问的时机"这一项，根据语篇课教学的特征将其分为阅读前（pre-reading）、阅读中（while-reading）和阅读后（post-reading）三个时机，分析被观察教师在这三个提问时机中分别提了哪些性质的问题，以便观察教师语篇课教学中的有效提问能力。另外，为了更好地对提问的各项指标进行分析诊断，英语学科对量表的排版也进行了创新，竖版的板式能让诊断分析更为直观。其他各学科亦是如此，根据本学科的不同课型特点做出适当的创新调整，优化出更直观、更适合有效操作的课堂观察量表。总之，兼顾共性和个性的量表才能让课堂观察有实效。

主题式课堂观察量表的设计和使用一直在进行中，到目前为止，我们花了三个学年持续在"教师教学"这个维度上开发设计。后续我们将会继续深入"教师教学"这个维度，从更多方面设计课堂观察量表，从而促进教师的专业发展。当然，我们不会只停留在一个维度上开发量表，未来我们还将从课堂的"学生学习""课程性质""课堂文化"等维度进行挖掘，最大限度地促进学生在课堂中的有效学习。

表 3-4　镇海区实验小学教师课堂提问观察量表（英语语篇课）

观察内容		问题	候答时间	频次	分析诊断
课堂观察	问题的指向	清晰				
		模糊				
	问题的呈现方式	教师口述				
		教师板书				
		多媒体展示				
	问题的类型	闭合性问题				
		记忆性问题				
		描述性问题				
		开放探究性问题				
	提问的时机	Pre-reading				
		While-reading				
		Post-reading				
	学生应答方式	无应答				
		集体回答				
		个别回答				
		讨论汇报				
	教师理答	打断或代答				
		重复答案				
		鼓励或表扬				
		追问				

五、量表孕育出的团队气质

回首来时路，我们经历了一次从传统校本教研迈向主题式校本教研的变革，为提高课堂教学效益，我们又将主题式校本教研与课堂观察量表相融合。在一次低学段语文组的教研活动中，我们有幸邀请到镇海区教师进修学校副校长朱老师来校指导，学校两位青年教师通过多次的磨课试教之后，展示了自己扎实的课堂教学能力，呈现了高效优质的课堂。在随后的教研活动中，语文组的老师们立足课堂观察量表的记录情况，从教师的目标达成度、理答方式、教师提问技巧等方面展开讨论，提出了自己的思考与疑问。朱校长在参与了我们的校本教研活动后充分肯定了青年教师们积极、认真的态度，还表示仅工作两年的两位老师教态亲切自然且具有很强的课堂把控能力，确实不容易。除此之外，朱校长更是对我们利用课堂观察量表进行评课的方式连连称赞，她在"朋友圈"里写道："实验小学校本教研抓住关键点，促进年轻教师成长。赞！"

基于课堂观察量表的主题式校本教研，聚焦于教师提问、教师理答、目标达成等不同主题，经过深入探索，充分实践，不断历练，教师的教研能力日益攀升，个人专业素养大大提高。我们受益于教研组的帮助，进而积极投身于教研组的建设，正是这一点一滴的积累为课堂改革带来了可能，为打造优质有效的"实小课堂"提供了有力保障。

（一）激发教师的教研潜能

叶澜教授认为，教师专业发展就是教师的专业成长或教师内在专业结构不断更新、演进和丰富的过程。[1] 在教学目标量表的指引下，年轻老师不再只想着怎么模仿优秀教案里的精妙环节，而是在每一次动笔之前就揣摩这节课的教学目标是什么？针对这一教学目标该用怎样的环节去落实？在自我钻研和团队的专业引领下，新教师不仅主动去深入学习学科课程标准及教材解读方法，同时也在客观分析中重新审视自己的教学。我们通过梳理课堂理答观察量表中教师提问的内容和次数，对教师理答情况进行分类评价，引导教师更用心地去关注教室里发生的每一次对话。正如学校的一位年轻老师在参加教师论坛时

---

① 叶澜.教师角色和教师发展新探[M].北京：教育科学出版社，2001：222.

所言："为教研课准备的"蜘蛛开店"一课，历经四次试教磨课，经历了不少内心震荡和'大脑短路'的尴尬时刻，逐渐感受到了对新手教师而言，关注'理答'起着决定课堂成效的重要作用。"所以我们聚焦学生课堂参与度，制作学生发言的分布图，记录学生倾听、合作的情况。渐渐地，老师们也会更有意识地关注和鼓励所有学生，为他们创造机会，促进课堂实效性的提高。这样的校本教研不在于通过一节课的打磨带给教师多少办法或结论，而是将着眼点放在理论指导和实践上，切入点放在教师的自我反思上，生长点放在促进教师自我提升上，最终推动教师的专业成长。

在学校主题式校本教研推动下，老师们不断发现自己的课堂缺陷，探寻有效的教学策略，更新自己的教育理念，从教书匠向教学研究者转型。结合课堂观察量表，我们用切片诊断的方式找到教师自身亟待解决的问题，通过组内探讨、名师引领，在短时间内提升了全校教师的专业素养。

自 2017 年我们初次踏上校本研修的探索之路起，老师们在日常教研活动的有效开展下、在课堂观察量表的量化反馈下，教研能力急速提高，即便是教龄不长的新教师，也能在区级比赛及活动中崭露头角。学校新增"教坛新秀"7 人次，区级骨干教师 2 人次，学科带头人 2 人次。获奖的教师中也不乏教龄只有短短几年的年轻老师，一个个荣誉的获得不仅开阔了新教师的眼界和思路，更重要的是培养了新教师在教研中不断探索、不断反思的专业发展态度和寻求自我专业发展的意识，激发了新教师专业成长的潜能。

（二）形成了一支团结协作的教研团队

"独木不成林，单丝不成线。"一所学校有一两位教师投身校本教研并不难，难的是这所学校的所有教师都能自觉参与校本教研。三年来，我们定时、定点开展以课堂观察量表为载体的主题教研，区别于以往的听评课，基于课堂观察量表的主题式校本教研活动一改传统校本教研流于形式的弊端。在每一次的教研活动中，每位老师都有各自特定的任务，有课堂观察量表记录者、课堂实录整理者、评课记录者，还有承担评课、磨课等任务，真正做到听课"人人有事做"，评课"人人有话说"，改变了原来单兵作战的教学方式，在教学上从孤立的个人主义走向合作的集体主义。

因为团队的合作与创新，学校涌现了一个个优秀的团体。由学校教导处牵头联合全体教研组共同完成的"核心素养下提升教师作业开发与实施的能力探究"获宁波市基础教育教研课题一等奖，不论是日常的探究性作业还是寒暑假的个性化作业，各个教研组结合自身的学科特色为学生打造了一个个有趣、好玩的作业清单。"群策群力"的数学教研组，为了崔老师参加区优质课评比，组内老师分为教具组、课件组、课堂实录组，全程跟进；在顾老师参加课堂论坛时，教研组又忙着帮忙收集资料，提供修改意见，模拟听众。在一次次的教研活动中，每一位教师不止于接受到教育理论，不止于集体观课后的评议，不止于参与体验后的感悟，也不止于公开课后的反思，更会在群体互助中，做学结合，知行合一，增长专业知识、能力和智慧，凝聚情谊，分享群体研究的快乐，进而使教研组变成合作的共同体。

除此之外，体育教研组的成员们充分发挥自己的专项特长，将足球教学融入小学课堂教学，2019年学校被选为全国青少年校园足球特色学校；语文中段教研组为促进学生培养良好的阅读习惯，通过分类阅读、家庭"集赞"阅读、趣味阅读演绎等活动激发孩子的阅读兴趣，引导孩子养成多元化阅读习惯，这一阅读推广活动获得了宁波市阅读推广案例二等奖。正是因为有这样一个个勤奋踏实、勇于创新团队，我们的校本教研助力教师成长才发挥了它最大的价值。

（三）打造了富有学校特色的教研模式

近年来，我们一直不停地在校本教研之路上探寻，在切实做好本校校本教研活动的同时，逐渐探索并形成了基于课堂观察量表的主题式校本教研这一特色教研模式。基于主题让每一次教研活动目标明确，为课堂教学改革起到了示范引领作用，借助量表则让教研活动于量化考察中彰显细节。

在"慢教育"核心理念引领下，在秉承校训"惟实惟小，成人成材"的实践探索下，在"努力培养具有崇高品德、拥有多元能力，享有幸福童年的现代合格小公民"育人目标的践行中，学校倡导实学新理念，探究实践新体验的课堂文化慢慢凸显。

2020年11月11日至24日，学校举办了首届"梧桐之秋"课堂文化节。文化节围绕"打造实小课堂，推进绿色教学"的主题，通过"主题＋量表"的教研模式，现场分享教育教学智慧，展示青年教师的课堂教学能力。各学科名师荟萃、专家云集，镇海教师进修学校领导，特级教师、市名师等分别对我校年轻老师的课堂进行了点评，宁波市教科所副所长对学校推行绿色课堂及"主题＋量表"的教研模式给予了高度肯定。

随着教师专业素养的不断提升，学校教研氛围日益浓厚，我们进一步深化和推进了课堂教学改革，"主题＋量表"的教研模式在学校生根发芽。通过一次次教研活动的开展，教师切实感受到专业技能的提升，教育视野的开拓，先进教育理念的完善，这使其在专业之路成长伊始就树立并笃定教育理想。专家的好评、同行的肯定，让我们的积累迎来了丰收时刻。课堂是教师的主阵地，也是学校立德树人的主阵地，我们会始终把课堂教学放在首位，把教学质量作为学校发展的生命线，让校本教研继续扬帆远航，老师们也将继续乘风破浪……

"有梯度的师徒结对"与教师专业发展

"在现代学校中，初任教师（新教师）入职辅导常常采用有经验的教师与新教师结成对子的办法，对新教师进行个别辅导。"① 师徒结对是我国中小学较为常规的一种校本教师培训模式，不同学校的称呼有所差异，有的称"师徒制"，有的称"青年教师带教"，有的称"师徒帮带"，有的称"青蓝工程"，不一而足，不过其内涵大致相同，通常都是指由学校安排经验丰富的优秀教师来担任新手教师的指导老师（师父），与新手教师（徒弟）结成对子，通过"传帮带"帮助新手教师适应学校教育教学工作，尽快成长起来。

　　作为一种经验形式，师徒结对已在教育实践中得到广泛运用，人们对师徒结对的作用一般也都是褒大于贬。人们通常认为师徒结对是一举两得，新教师变得成熟起来，完成从新手教师到合格教师的转化；老教师也完成了再学习、再思考、再研究、再提高的过程。香港教育统筹委员会 2002 年 1 月发布的《教育改革进展报告（一）》认为，师徒结对是一项专业支援，让资深教师成为新入职教师的伙伴，并为他们提供辅导，协助新入职者尽快适应工作环境和促进专业发展。② 帕尔默指出，基于实践的教师成长，一个不可或缺的去处就是"由教师同行所组成的实践共同体，从同事那里教师可以更多地了解我们自己和我们的教学"③。

　　不过，近年来，随着教师专业发展理论与实践研究的深入，有学者对师徒结对这种方式提出了质疑，认为这种模式依然是手工业经济方式在教师教育领域的延伸，其实质是把教师职业视为一门手艺，需要师徒之间个别化地口耳相传，言传身教。确实，教师的工作是存在

---

① 陈桂生.且说初任教师入职辅导中的"师徒制"[J].湖南师范大学教育科学学报，2006(5)：38.

② 胡惠闵.校本管理[M].成都：四川教育出版社，2005：177-178.

③ 帕克·帕尔默.教学勇气——漫步教师心灵[M].吴国珍，等译.上海：华东师范大学出版社，2005：142-144.

许多技艺性的成分，经验至今仍是许多老教师、名教师成功的真正法宝。但是，教育毕竟是一门科学，需要更多思想的笼罩、理性的反思，师父在传经验的同时，也可能窒息了徒弟思考的空间。随着这样的研究越来越多，人们开始系统反思师徒结对存在的问题以及可改进的空间。

首先，师徒结对的形式有一定的改进空间。师徒结对最常见的形式是一对一配对，即一个老教师（师父）带教一个新教师（徒弟）。问题在于，这种以"一对一"的形式确立的"师徒关系"存在一个很大的局限："正规的师徒关系，因为潜在地增加了对新教师的威胁，反而往往并不是新教师在专业上的求助首选，相比之下，他们更乐意求助于与自己年龄相仿的教师、同一办公室距离相近的教师或其他在心理距离上更相近的教师。"① 另外，"一对一"师徒结对是一种完全依赖于个人力量的形式，这种形式能否取得预期的效果，主要取决于带教老师的专业能力、责任心以及个人影响力。因此，如何构建一种新型的师徒结对方式，以确保为新教师和指导教师的专业发展营造一个更有可能具有合作性，并更有可能进行专业上的交流的环境也就十分必要了。

其次，师徒结对的实际效果受师徒双方的教学水平、教学方式、个人性格影响而存在很大差异，尤其是受指导教师的影响，如何确保师徒结对的成效，也需要思考。"新教师能否从这种合作关系中确有所获，以及能够有多大的收获，受到指导教师个人因素的影响太多。"② 师父要教给徒弟什么，师父应该怎样带教青年教师，教育行政机构并没有统一的规定，一般各校有各校的做法。举例来说，指导教师的责任感也影响到"师""徒"双方在合作中的收获：如果一位新教师不

---

① 王建军.课程变革与教师专业发展 [M].成都：四川教育出版社，2004：129-130.
② 王建军.课程变革与教师专业发展 [M].成都：四川教育出版社，2004：129-130.

幸被分配给一位并不热心的指导教师，他从师父那里获得的指导可能就大打折扣。

最后，师徒结对中师父的成长往往被忽视。在现有师徒结对的体制下，如果师父是胜任的，徒弟往往能够如愿以偿地从师父那里获得专业"营养"。问题在于，师父能从徒弟那里获得东西却少得可怜，因此，如何在现有条件下，将师父的专业再发展渗透到师徒结对中去，让师徒结对成为一个"双赢"的活动，这不但能够极大地促进师父的专业成长，也能够激发师父的带教热情。

因此，从学校的角度来说，一方面必须承认师徒结对这种形式对新教师成长所具有的实践价值，另一方面还应该正视其存在的不足。换言之，如何在学校具体工作开展的过程中，结合学校的实际情况，不断优化师徒结对，从而充分发挥师徒结对在教师专业发展中的不可或缺的作用，对很多学校来说都是绕不过的命题。

一、构建"有梯度的师徒结对"的必要性

从我们学校的实际情况来看，如何构建合理的师徒结对模式尤为重要，主要原因有两方面。一是学校新教师多、老教师少，资源难以平衡。学校自选址新建至今不到 7 年，正处于一个摸索发展的时期。现有的 119 名在编教师的平均年龄只有 28 岁多，其中 80 位 2015 年后才开始参加工作，教龄未满 5 年的教师占了很大的比重，形成了"徒弟多、师父少"的局面。二是学校中青年骨干教师少，亟须不断培养。至 2021 年，学校拥有区级以上名师 2 人、区学科带头人 4 人、区骨干教师 4 人，区级以上名优教师数量远远低于区内其他小学。因此，从教师队伍建设以及学校长远发展的角度看，要注重教师的成长，不光要重视作为学校新鲜血液的初任教师的培养，同时要重视作为学校

中坚力量的骨干教师的发展。如何让一个刚走出师范院校的学生尽快实现身份转变，能站稳讲台，获得师生和家长的认可；如何让青年教师得到持续有效的专业化发展，成为教师队伍中的骨干力量，使学校形成稳固的、可持续的金字塔教师结构，对学校来说是一个重大挑战。因此，我们需要思考师徒结对的新策略，走一条适合本校发展的师徒结对之路。

学校历来非常重视青年教师的培养，也想为每位新教师配备了师德高尚、专业过硬的骨干教师作为师父，但由于学校教师队伍结构年轻化，青年教师众多，为构建适合学校特质的"师徒结对"的模式，发挥"师徒结对"的最大效能，我们基于近几年学校的实际情况，逐步摸索形成了"有梯度的师徒结对"，把"师徒结对"分为三个层次，即"一对一"适应性师徒结对，"一对多"发展性师徒结对，"多对多"个性化师徒结对。

青年教师的培养是个漫长的过程，不可能一蹴而就，青年教师的发展有其自身的规律。通过"有梯度的师徒结对"，为不同教龄阶段、不同层次的青年教师配备合适的师父，让他们在每个发展阶段都能得到师父的悉心指导：犯错了，有人细心指正；迷茫了，有人耐心点拨；情绪低落时，有人暖心鼓励；取得进步时，有人可以分享。正如我们所倡导的"慢教育"理念，教师的成长也是循序渐进的，在每个成长阶段都有父的专业引领、保驾护航，年轻教师就能不断激发内生力，快速成长，在不同阶段都能实现符合自身的发展目标。

具体而言，"有梯度的师徒结对"主要经历了以下几个阶段，如图 4-1 所示。

2015 年 9 月，学校异地重建后，招收了 3 个班级新生。2016 年 9 月招收 6 个班级新生，此时共有教师 17 人，其中 30 岁以上教师 9 人且均为区名优教师或有经验的骨干教师，一年教龄的教师 3 人，其余

5人为新教师，教师的年龄结构比较合理。为帮助新教师尽快适应教育教学工作，成为一名合格的教师，学校开展"一对一"适应性师徒结对，为2年以下教龄的年轻教师指派了一位学科师父。为便于日常性的指导、交流，师父由同年级组或同办公室的骨干教师担任，结对期限为3年。在这3年中，师徒两人几乎同进同出，师父在师德修养、职业规划、教学常规、课堂教学、教学评价、教育科研等方面手把手细致地对徒弟进行指导，徒弟有问题随时可以请教师父。因此，年轻教师进步迅速，新教师在一年后就能站稳讲台，成为一名合格的教育工作者。

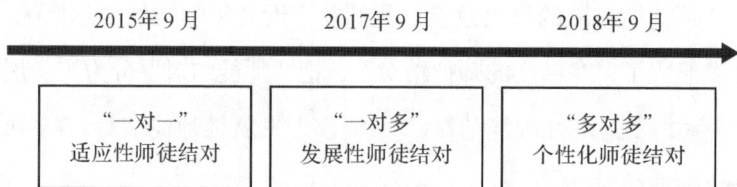

2015年9月	2017年9月	2018年9月
"一对一"适应性师徒结对	"一对多"发展性师徒结对	"多对多"个性化师徒结对

图4-1 "有梯度的师徒结对"构建时间轴

2017年9月，学校招收7个班级新生，新增教师14人，9人为新教师；2018年9月开始，学校每年招收10个班级新生，每年新增教师25人左右，新教师占了近80%。换言之，从2017年开始，随着大量新教师涌入，学校教师结构比例逐步失调，教师队伍逐年年轻化，有经验的、能担任师父的教师极度缺乏，此时，要实现师徒"一对一"结对已是不可能。面对这样的现状，学校几次召开专题会议商讨对策，征求教师意见。最后大家一致认为，把"一对一"适应性师徒结对时间缩短为2年，3年教龄的年轻教师从原来的"一对一"师徒结对中脱离出来，按照同一学科、同一年段结为"共同体"，由教研组长担任师父，结对期限为3年，即"一对多"发展性师徒结对。在师父指导下，徒弟们开展有效合作，每学期至少推出2节教研组研讨课。大家从课前共同解读教材，集体备课，到课堂上分工协作，从不同角度进行课堂观察，到课后集体议课，反思交流，年轻教师间总是不断地碰撞出思维火花，而师父又能提纲挈领，把握方向。因此，对于有几年教龄的青年教师来说，这样的师徒结对形式更有助于他们结伴成长。通过几年的实践，我们发现"一对多"发展性师徒结对优势有三。其一，解决了徒弟多、师父少的问题，一名骨干教师同时指导几名年轻教师，师父配备不再捉襟见肘。其二，有利于徒弟能力的提升。在一个师父带教多个徒弟的情况下，徒弟相互的讨论机会大大增加。显然，相对于顺从模仿，主动参与讨论更有利于他们提高自己的反思水平，增强自我成长的能力。其三，徒弟之间可以互为发展资源。如果徒弟与徒弟之间在水平上有"落差"，那么他们之间就更容易形成"最近发展区"。同时，与面对师父不同，徒弟之间的交流通常更加无拘无束，共同尝试新办法的积极性更高，更有利于他们创造性地发挥。

2018年9月，部分年轻教师"师徒结对"满3年，通过"一对一"适应性师徒结对的帮扶和"一对多"发展性师徒结对的实践，3年以上教龄中的部分年轻教师已经崭露头角。另外，在调入我们学校的教师中，有一些教龄5年以上、30岁左右的青年教师表现出扎实的教育教学基本功和较高的专业素养，这些年轻人迫切需要更高层次的引领。因此，学校遵循"惟实惟小，成人成材"的校训，从2018年9月开始，先后成立了"章燕君语文名师工作室""郑建伟数学名师工作室"，由名优教师引领，骨干教师协助，组建了实力强大的"导师团"，选拔3～8年教龄的优秀青年教师为学员，通过"多对多"个性化师徒结对形式，引领年轻教师学习探讨前沿教育教学理念，帮助他们细致打磨课堂教学各个环节，使年轻教师在专业能力上有长足进步，形成个性化教学风格，在青年教师中发挥"领头雁"的作用。同时，也为市、区名优教师评选储备力量。虽然实施"多对多"个性化师徒结对时间还不长，但崔莉佳、徐燕南等四五位年轻教师已有显著成长，在区级比赛课、展示课中崭露头角。

通过几年的实践探索，三个层次的"有梯度的师徒结对"在教师培养上初见成效，"一对一"结对面向新教师，帮助初任教师夯实基础，站稳讲台；"一对多"结对面向2年以上教龄的年轻教师，指导青年教师结伴发展，共同成长；"多对多"结对面向少数的优秀年轻教师，引领这些年轻骨干力量个性化发展，努力成为专业领域的佼佼者。由此，学校逐渐形成了比较合理、稳固的教师发展梯队。

二、"有梯度的师徒结对"运作指南

要使师徒结对发挥其应有的效能，必须要有一套有效的运作机制。对于一支庞大的年轻教师队伍，要求他们都在短时间内快速成长是不现实的。因此，在师徒结对运作过程中，我们不但要关注结果，更要关注过程、细节。学校的"慢教育"理念不仅适用于学生培养，同样也体现在教师发展上。年轻教师的培养需要一个较长的过程，期间他们可能会困惑，会彷徨，会不知所措，甚至可能会犯一些错误，这就需要师父耐心细致地引导，需要学校创设宽容和谐的氛围，用积极正面的评价引发教师成长的温暖内驱力，让年轻教师在自身发展的轨道上向着梦想不断前行。脚步或许有快有慢，但在师父的保驾护航下，他们终会到达梦想的彼岸。

（一）规范化制度要求

为了让"有梯度的师徒结对"有序开展，学校建立了严谨而又温暖的师徒结对制度。每学年初制定师徒结对方案，明确目标、任务。在每年教师节举行的"师徒结对仪式"上，师父会暖心叮嘱徒弟，徒弟向师父献上美丽的鲜花，和乐融融。师徒还签订了结对协议书，建立师徒关系，明确各自的职责。平时加强过程管理，例如：制定"师徒工作常规"，对师徒合作备课、徒弟上课、师父听课、评课等都做了具体说明；建立"师徒档案袋"，详细记录和整理、收集师徒之间活动情况和活动成果资料；举行"徒弟汇报课"，课后由师父点评。在这样规范的制度要求下，师徒结对工作开展得有声有色，青年教师的专业能力也得到了较大的提升。

（二）激励性评价方式

为了检测师徒结对的成效，了解徒弟专业成长情况，学校建立了"师徒结对考核"制度，制定了"师徒考核细则"，师徒双方根据一年来的带教情况，分别从课堂教学、听课评课、常规指导、论文撰写、试卷编制等方面进行总结，师父既要肯定徒弟的进步，也要指出不足之处；徒弟则要整理一年的收获，反思存在的问题。

为保证师徒结对持续发展，拥有一支稳定的指导教师队伍，学校专门建立了师父"人才系统"，选择爱岗敬业、业务能力突出的教师进入，并将其作为一种荣誉身份，在各类评优评先中给予加分。

此外，学校还设置了师父考核奖，对优秀师父给予相应的奖励，提供更多的外出学习、培训机会。虽然带徒弟很辛苦，但许多老师乐于承担，认为做师父是一种荣誉，既是学校对自己专业技能的一种认可，同时也可以不断更新自己的教学理念与方法，促进自身专业发展。

"一对一"适应性结对和"一对多"发展性师徒结对中的优秀徒弟，不仅能在教师节受到表彰，而且有机会被师父推荐，进入名师工作室得到更高层次的培养与指导。

"名师工作室"的优秀学员，则有机会晋升为师父，进入师父"人才系统"，成为学校师父队伍中的新鲜血液：一方面在名师工作室中不断历练，提升自身专业修养；另一方面向更年轻的教师输送自己积累的经验，帮助更年轻教师成长。

（三）问诊式帮扶提升

青年教师由于缺乏经验，在教学中会暴露出一些问题，学校不会过多地指责他们。如果我们一味地批评指责，会使他们感到焦虑、迷茫，甚至对自己的职业生涯失去信心。因此，每学年学校会在充分了解师徒结对情况的基础上，对每个徒弟的专业发展进行诊断，肯定优秀的表现，提出改进的建议，帮助年轻人解决问题，完善自我。这种宽容和谐、积极向上的氛围有助于青年教师成长。

三、"一对一"，引领专业起航

"一对一"适应性师徒结对面向两年内教龄的新教师。刚入职的新教师往往满怀教育抱负，但对于教育教学更多地停留在理论阶段，实践经验缺乏。他们就像蹒跚学步的小孩，需要大人们在旁小心搀扶；若是不管不顾，任其自己琢磨，只会事倍功半。因此，我们在新教师入职之初，就为其配备师父"手把手"传授经验，帮助新教师们落实教学常规，站稳课堂，快速地成长为一名合格的教师。

（一）多维选择，优化师徒配对

一名优秀的学科师父需要化解与徒弟之间的沟通障碍，灵活处理各种问题与冲突，利用自己丰富的教学经验带领徒弟快速成长，所以，学校在学科师父的选择上也有一定的考量：学科师父不仅要有乐于带教的意愿，而且还必须熟知教师职业发展阶段、课堂教学的有效策略，了解徒弟需求，帮助徒弟解决教学困惑，成为徒弟学习的榜样。

1.科学配对，高效沟通

对于"一对一"师徒结对而言，师徒搭配是很重要的一个环节。在理想的状况下，徒弟应有机会选择适合自己的学科师父。但是，由于新教师刚进入学校，他们和学科师父间互不了解，此时的师徒结对需由学校主导，学校根据双方任教年级、任教学科以及教学风格合理安排结对。相同的任教年级，更有利于徒弟学习师父在教学方面的经验与细节；相近的教学风格，也更能够引起师徒双方的共鸣与探讨，便于师父有针对性地进行指导。在搭配过程中，学校也会考虑双方班级、办公室的距离，尽可能将师徒双方安排在同一办公室相邻的位置办公，双方的班级也尽可能相邻。物理空间相近，能够让师徒之间进行更加高效的交流与沟通，便于师徒双方互相听课、探讨，徒弟在教学上遇到的困惑也能够及时向师父寻求帮助，在师父的潜移默化中快速成长。

2. 双向选择，博采众长

经过一年的师徒结对后，个别徒弟可能心仪某位师父，或是觉得自己某方面不足，希望有这方面特长的师父来指导帮助。因此，学校适时推出师徒双向选择，征求师父、徒弟的意见，让他们自主选择，既可以继续结对，也可以选择和别的师（徒）结对；徒弟若想弥补自己教学科研的不足，可以选择教学科研能力较为突出的师父；若想接触、吸收不同的教育教学理念与方法，可以选择持有不同教育教学理念的师父。同时，一位徒弟由几位师父带教，有助于徒弟博采众长，接触更多的教学理念与方法，拓展思维方式，更好地发挥创造性。

小沈老师为初任教师，陈老师是她的师父，第一年"一对一"师徒结对结束后，师徒双方都进行了小结。

师父带教小结

取得进步：

小沈非常虚心好学，每节课都能备详案，做预设。课后能及时总结，对于课堂上遇到的问题也总能虚心求教。经过一年的锻炼，其教材的解读能力、课堂把控能力都有了长足进步，课堂教学大方自然，有亲和力，能调动学生学习积极性。在徒弟汇报课上表现出色，获得了一等奖。她平时注重反思积累，还积极探索课堂教学的规律，撰写了一篇专业论文。

有待提升：

课堂教学上，对于理答有时还不够智慧，对学生的回答不能只是肯定或否定，而应加以启发引导，激发学生思维，激活学习氛围。论文撰写态度很认真，但在选题的新颖、观点表达的层次性等方面还有进步空间。

徒弟学习体会

成长心得：

我感到非常幸运，获益匪浅，在职业生涯的第一年就遇到这么好的师父，让我能顺利完成从学生到教师的角色转变。我非常感谢陈老师为我搭建教学发展平台，在师父的指导关爱下，我学到了很多教育教学方面的知识，使自己在教学方面一步步地走向成熟，业务水平不断提高。此外，陈老师的为人处世，经验心得，她的热情、真诚、严谨、敬业，常常让我在感动之余，获得了更多的学习、工作动力，使自己能更好地投入到这份事业中去。

存在问题：

教学理念还有待更新，业务能力还有待提高，特别是在课堂教学中，理答能力较弱，教学机智不够，今后还需更加努力。希望能把平时教学中的一些思考通过论文总结表达，但论文撰写能力较弱，希望在这方面能得到师父更多指点。

由此，学校教导处对小沈老师的"一对一"师徒结对情况进行了诊断并提出了结对建议（见表4-1）。

表 4-1　"一对一"适应性师徒结对情况诊断表

徒弟姓名	沈 *	师父姓名	陈 **	学科	语文	结对时间	2019.9
具备优势	虚心好学，善于反思，有一定的教材解读、课堂把控能力。课堂教学大方自然，有亲和力，能调动学生学习积极性。平时注重积累，能积极撰写论文						
存在问题	课堂教学评价语比较单一，理答能力较弱。撰写论文积极性较高，但写作能力不够						
提升建议	1. 根据徒弟需求，建议下一轮和"提升教师课堂理答能力的研究"课题组老师结对 2. 师父着重从课堂教学理答和论文撰写能力方面进行指导，提高小沈老师这两方面的专业能力 3. 建议小沈老师把自己的课录下来，观察自己的理答情况，思考如何进行改进						

第二年，通过师徒双向选择，小沈老师和"提升教师课堂理答能力的研究"课题负责人小陈老师结为师徒，小陈老师根据诊断表中的"提升建议"对小沈老师进行细致指导，小沈老师在课堂理答和论文撰写上有了很大提升，关于课堂理答的论文在区级评比中获奖。

（二）明确职责，落实结对细则

没有明确具体职责的师徒结对往往会流于形式，师徒之间无法产生实质性的交流与沟通。因此，我们在师徒结对之初，就制定了适应性师徒结对师徒职责的相关方案。在经过制定、实施以及不断地修订之后，学校明确了在师徒结对过程中徒弟和师父的职责，如表 4-2 所示，从"师德修养、职业规划、教学常规、课堂教学、教学评价"五大方面入手，通过个别指导、观课评课、研课磨课等方式，扎扎实实落实每一个细节，使师徒结对的目标更加明确、过程更加清晰，更具有可操作性。师父的言传身教与悉心指导，也能帮助徒弟快速实现身份转变，立足课堂。

表4-2　适应性师徒结对师徒职责

带教维度	徒弟职责	师父职责
师德修养	学习爱岗敬业、无私奉献的师魂，学习育德之道，为人师表	主动关心徒弟的成长，言传身教，指导徒弟爱岗敬业，为人师表
职业规划	1. 在师父的帮助下，对自身的教学情况和业务水平认真全面地剖析，明确努力方向和成长途径，完成教师职业生涯发展规划 2. 主动完成学校布置的各项工作、任务，积极参加校各类业务比赛，有困难之处主动向师父请教	1. 指导徒弟根据自身情况完成教师职业生涯发展规划的撰写 2. 向徒弟传授教育教学经验，积极鼓励徒弟参加各类业务比赛，在教学环节和教学方法中为徒弟指点迷津
教学常规	1. 认真批改学生作业，有疑问之处及时向师父请教，及时调整 2. 认真钻研教学环节，主动请教师父，对师父指出的不足要仔细研究，及时改进、提高	1. 认真检查徒弟批改作业是否认真，批改是否规范，提出改进意见 2. 指导徒弟拟定教学计划，把握教学环节，特别是"备、教、辅、改、考"等环节；若出现差错，及时指导徒弟改进
课堂教学	1. 每学期听师父上课2节以上，听后有记录，有思考 2. 主动邀请师父指导自己教学，每学期至少向师父开课8节并写好课后反思	1. 每学期听徒弟课不少于8节，认真评课，写出指导意见 2. 每学期须重点审阅徒弟8课时以上教案，给予悉心指导 3. 每学期至少上2节示范课，期末及时上交有关资料
教学评价	在师父的指导下编制一份质量过关的试卷	指导徒弟编制一份试卷，试卷至少2稿

1. 坚定信念，明晰方向

理想信念是人生的指路明灯，教师只有树立远大理想，坚定崇高信念，才有可能在学生心中播下梦想的种子，为社会、为民族培养出栋梁之材。师德修养就是教师理想信念的体现。师德修养是成为一名教师的前提，每一位教师都要做到爱岗敬业，热爱学生，为人师表。徒弟们往往会在工作的重压之下，丢失了初心，忽视了自身师德修养的提升。师父要为徒弟们起到榜样示范作用，以身立教，为人师表，通过自己的言行告诉徒弟师德的重要性及该如何规范自己。

除此之外，师父也会在入职之初指导徒弟撰写个人职业发展规划。个人职业发展规划就像是一个导向标，让徒弟对自身的职业生涯以及职业目标有一个清晰的认知。然而没有经验的新教师对职业生涯的认识十分模糊，更别说规划自己的职业发展。在师徒结对的制度下，徒弟能够在师父的帮助下对自身的教学情况和业务水平进行全面的剖析，明确提高的方向和成长的途径。

2. 落实常规，站稳脚跟

徒弟想要在课堂上站稳脚跟，就应先从落实教学常规入手。许多新教师并不重视教学常规：备课时"拿来主义"；批改作业时只关心学生的作业是否正确，日期、等级随意标注，认为这无伤大雅；对学习有困难的学生未及时进行个别辅导。教学无小事，一个细节都能够决定成败。在师徒结对过程中，师父看到徒弟在教学过程中存在的问题，不是简单地进行批评，而是从常规抓起，悉心地给出指导意见。大到整本作业本的高效使用，小到每一课的批改等级与日期应该如何标注，师父都会手把手、耐心地进行讲解与指导，也会通过自身的示范，指导徒弟如何操作，让徒弟更加明确落实教学常规工作。在教导处开展的作业检查中，徒弟们的作业批改也大获好评，不仅能够做到日日清、课课请，而且作业本旁还会标记上有针对性、鼓励性的评语，给学生以启发。

不仅如此，师父也会主动关心徒弟备课、个别辅导的情况，通过日常听课，个别交流等方式，提出意见与建议，指导如何更加高效率地开展教学常规工作，在期末的备课检查中，徒弟们的教案不仅完整、详细，而且还进行了详细的批注和修改，每篇教案后面都有针对性的教学反思。徒弟们逐渐意识到了教学常规的重要性，并一步步规范自己的教学行为，向一名优秀教师靠拢。

3. 磨课研课，专业提升

课堂是教师的主阵地。要想在专业道路上获得提升，绝非纸上谈兵，实践尤为重要。每周，徒弟都会走进师父的课堂，学习师父在课堂中所渗透的教学理念，所运用的教学方法，以及如何让课堂变得有序、高效。徒弟会主动邀请师父听课，师父结合课堂观察量表，会对教学环节的设计、教师的理答等方面进行细致的点评，在师父的指导下，徒弟进行二次备课、磨课，在这样的过程中得到历练与成长。

刚参加工作第一年的袁老师，学校在她入职时就为其搭配了一名教学经验丰富的师父罗老师。为准备研讨课，袁老师积极备课，但对于如何突破教学重难点束手无策。袁老师主动与师父沟通，提出自己的不解，请她为自己指点迷津。罗老师手把手指导：根据教学目标和学情确定重难点，要有大问题意识，把教学重点作为一个主问题贯穿整篇课文教学，引导学生抓住关键词句进行揣摩、品味。在师父的指导之下，袁老师一次次修改，直至打磨出一份相对完善的教学设计。每一次的修改，都是经验的积累，都是一份宝贵的财富。

在之后的一次次试教中，师父罗老师耐心指出细节上的不足，指导袁老师一字一句反复斟酌评价。罗老师还建议袁老师对着镜子练习自己的教态，使自己在上课时更加自然。在罗老师细致的指导下，最终呈现出了基于学情、有序高效的课堂。结束之后，袁老师也及时反思了这堂课中存在的缺陷与遗憾，记录了这次磨课过程中的收获，使自己在一次次的磨课与反思中不断成长。

袁老师说："虽然磨课是辛苦的，但是在一次次的磨课中，我收获良多。除了教学上的知识，我也感受到了师父的耐心与陪伴。不管多晚，不管师父有多忙，她都会在第一时间为我解答，帮我出招。"每学期师徒课的开展，让师徒之间的沟通交流更加密切，就像是一根无形的纽带连接着师徒双方。

4.科学评价，规范撰写

除了教学常规与课堂教学，教学评价也尤为重要。科学、有效的教学评价能够起到诊断教学不足、激励学生学习的作用。要想成为一名优秀的教师，不能仅仅满足于做个"教书匠"，也应及时反思自己的教学成果，诊断不足，及时改正。每学期徒弟都会编制试卷，检测学生的学习成果。徒弟们初出茅庐，关于如何将试卷编制得更加规范、更加科学一筹莫展。此时，拥有丰富经验的师父就起到了良好的帮扶作用：在审阅试卷初稿之后，对徒弟进行点拨，指出不足；在编制试卷的过程中，师父也会帮助其指出这一单元的重难点，做到科学分布易错点。在师父的指导下，徒弟们通过试卷编制、诊断修订，不断完善自己的教育教学方法，提升自己的教育教学能力。

在"一对一"师徒结对制度下，师父起到了一个良好的榜样示范作用，通过示范与指导，帮助徒弟及时解决困惑。在知识能力层面，有经验的师父能够在课堂教学、课堂管理等方面提供直接的指导，帮徒弟解决具体的、操作性的问题；在情感和文化层面，师父还可以给予徒弟包容、支持、信心，将其领入学校的人际圈中，化解其陌生感和孤独感。徒弟每天都能在工作环境中获得最直接的帮助，学习如何教学和如何当一名好老师，"一对一"师徒结对制度也初见成效。

经过"一对一"适应性师徒结对后，徒弟们进步迅速，一年后就基本上能站稳讲台，成为一名合格的教育工作者。此时他们更需要的不是"一对一"的帮扶，而是一个磨炼的机会、一个展示的舞台。

四、"一对多"，共同体抱团成长

温格（Wenger）的实践共同体理论告诉我们：当实践的核心是专

业知识汇聚的场所时，全新的事业和发展就会在共同体的"边界"产生。[①] 一个人只有投身于不同人员组成的实践共同体中，行走于多元的背景中，才能整合不同的要素，提出解决问题的最佳方式。

（一）"一对多"：师父顶层指导更具辐射性

在"一对一"适应性师徒结对的过程中，受限于学校骨干教师人数，每一位"萌新"都能得到最优的结对资源是不现实的。不少青年教师可能还只有五六年教龄，但由于业务能力和教学水平出色，也作为师父引领徒弟。相比教龄长、教学丰富的老教师，他们在学科方面还会存在局限性。这便会产生师徒资源失衡的问题。

为了解决这个瓶颈，学校提出了师徒重新"洗牌"搭配的方法。我们让工作两年以上的年轻教师自己"搭伙"，可以突破年级的限制，如低段一、二年级可以"混搭"，三人一组，学期初报名，首先根据自身定位确定擅长领域，由教导处确定组长，形成一个学科互助磨课团队，原则上不能跨越学段，并且给每一小组指定一位师父。而这些师父往往是骨干、区学科带头人或名优教师，教学经验更丰富。学校优化资源并提出要求：每个徒弟团队在每一学期至少要拿出一节课来"亮相"，并且每学期要在师父的引领下以团队形式定期开展学科研讨活动。

师父在学期初响应学校的要求，和自己的徒弟团队进行交流面谈，制定学期计划。师父需要承担每学期两次的团队内主题分享活动，徒弟们需要分担学科教学展示课任务，作为全校学科研讨活动进行。在"一对多"的师徒结对中，师父的影响辐射范围更广、指导性更强，专业性的指导意见往往能令整个团队受益良多。

数学章老师是一位教龄三年的青年教师，他所加入的青年教师学

---

① Wenger, E. Learning in Communities of Practice[M]. Cambridge：Cambridge University Press，1998.

习团队的导师是数学高级教师王斌。章老师和团队中的崔老师、柴老师都是极具潜力的教坛新生力量。章老师在本学期承担上课展示任务，崔老师负责学科论坛任务；王老师在指导时能充分发挥专业性，有侧重地去提升教师们不同层面的能力。在学校开展的"梧桐论坛"青年教师比武活动中，崔老师和团队的其他教师一开始找不到方向和突破口，迟迟没有上交初稿。正在团队成员迷茫之际，作为师父的王老师义不容辞地为团队拨开迷雾，令成员们豁然开朗。最后崔老师在"梧桐论坛"中大放异彩。从前期确定演讲主题，到后续的查找资料、收集案例、编写讲稿、试讲修改，王老师带领着团队成员们一步步向前摸索。正是得益于王老师丰富的教学经验和敏锐的教学洞察力，崔老师的论坛讲稿得到了评委的高度赞扬。参与活动的其他团队成员也获益匪浅：章老师查找了大量有关"理答"的期刊资料和课堂案例，为讲稿撰写提供了理论支撑；柴老师则在王老师的点拨下，帮助崔老师润色讲稿，全程参与制作展示课件，"吃透了"论坛的模式，积累了许多有益的经验。就这样，在一次团体活动中，王老师从指导个人到辐射了多人，青年教师在不同领域的特长，都有了长足的、全面的进步。

在实验小学，像王老师这样的团队还有很多，他们以个人卓越的教学能力和丰富的教学经验带领着更多的青年教师在教学之路上越走越远。

（二）"多人行"：徒弟分工合作更具针对性

"三人行，必有我师。"年轻老师中也不乏成长快、吸收能力强的"种子选手"，更何况"年轻人总是更具生命力"，他们有的擅长文本解读，有的擅长多媒体网络技术，有的总是能紧跟前沿热点。他们有很强的可塑性，在团队中精准分工会使团队效益最大化，进而促使个体教师实现个性化成长，完成精诚合作。

这样的分工贯通课前、课中和课后，以语文低段教研组开课情况为例，2019学年第二学期，该组共开了五节教研课，调动了至少15位青年教师进行备课、磨课。一年级的沈老师刚踏入工作岗位，她执教的"棉花姑娘"一课，光是试教磨课就进行了四次，和她共同"备战"的是二年级的谢老师和傅老师。相比沈老师，谢老师和傅老师已有一些经验，在整个试教过程中带着沈老师一起成长。

课前，三位老师一起商讨教案。谢老师有着出色的数字化教学能力，搜集了大量的精品课例和教案，傅老师更擅长低段识字趣味教学，帮助沈老师确定本课的教学重难点。在共同备课的过程中，沈老师学到了不少课件制作的技巧，也慢慢形成了低段语文教学中的板块意识，找准了本课生字词教学的突破口。

在沈老师试教过程中，其他两位老师全程参与、观摩，提出宝贵建议。由于课务繁忙，每次开课前三位老师都要协调好时间，沈老师负责用手机录课，谢老师负责整理课堂实录，傅老师记录、分析课堂观察量表。一节课下来，三位老师都没有"偷懒"的时间，严谨地记录下每堂课的不足和问题。

课后，三位老师坐下来一起倾听师父的建议，把各自记录的情况以团队形式进行商讨分析。谢老师从目标达成情况出发，为课堂"质量"提供保障。傅老师从提问和学生参与度出发，为课堂"高效"保驾护航。在师父提出修改方向后，三位老师还要继续商讨，确定修改要点。谢老师全程帮助沈老师修改课件，傅老师帮助斟酌教学语言，制作教具。这个过程中，始终以沈老师为团队中心，尊重她的想法和教学风格，最大限度地还原沈老师个人的教学理念。小团队的凝聚力不容小觑，这堂课最后呈现出来的效果，得到了听课老师的一致肯定。短短一月间，围绕着这堂课，三位年轻人早已打成一片，从"同事"变成"同伴"，形成了亲密无间的"战友情"。

对青年教师而言，团队的结合也有助于明确个人的不足。多听课非常重要，既要听名师的、专业的示范课，也要听听身边的课。这些年龄相仿的老师，教学风格和教学方法往往存在较大的相似性。自己上课时意识不到的问题，一听别人上课就心中有数了。"以人为镜，可以知得失"便是这个道理，这也是创建"一对多"团队的显著优势之一。

2021年11月，在学校"梧桐之秋"课堂教学展示活动中，学校从"青年徒弟团"组合中挑选"黄金铁三角"进行集中展示，获得了区教研员的高度评价，大大提升了青年教师的专业自信。

（三）"共话成长"：师徒有效重组更具成长性

我们的师徒结对不但为徒弟们提供了更大的平台、更广阔的视野，也给许久不做徒弟的师父们一种全新的体验，融入徒弟们的队伍中，感受青春的力量，在帮助徒弟前行的过程中，自己也能够实现教学路上的复盘重塑。

王老师就说："别看是我带着他们，在这群年轻人身上，我也是一个学习者，尤其是在数字化教学方面我们算是共同成长吧！"钱老师作为语文团队的一位师父，也有类似的感受："和年轻人在一起，我们不会有任何的不适应，他们是一群有礼貌、有上进心的孩子，也是未来教坛的希望和力量，我为他们感到骄傲，也为自己能带着他们一起学习深感荣幸。"

而青年教师的收获就更多了，他们汲取知识、成长升级的速度惊人，不仅能感知前辈教师的能力和教学水平，也能在同伴的互相合作中感受到良性竞争带来的成就感，不少优秀的苗子就涌现了出来。他们拥有出色的教学能力、扎实的教学基本功、突出的学习能力，被称为"实小后浪"。

五、"多对多"，助力高位成长

"一对一"适应性师徒结对，能让刚入职的新教师站稳讲台。"一对多"发展性师徒结对，能推动渐入佳境的年轻教师快速成长。在"一对一"适应性师徒结对与"一对多"发展性师徒结对的基础上，部分3 年以上教龄的青年教师崭露头角，展现出较扎实的教育教学基本功和较高的专业素养，迫切想要得到更高层次的教育教学引领。当前形势，教育技能向专业化和复杂性发展，在面临复杂的现实情境中，教师不仅需要掌握知识与使用方法，还需掌握元认知策略和元认知技能。为助力优秀青年教师的个性化成长，自 2018 年 9 月开始，学校先后成立了"章燕君名师工作室""郑建伟数学名师工作室"，由名优教师引领，骨干教师带头的导师团队协助打磨，组内同伴互评互助，组建起实力强大的"多边助力"指导团队。

（一）组建"多边助力"指导团队

"多边助力"指导团队的组建，为优秀青年教师的高阶认知技能培养及后续发展的融合支持和系统性培训过程提供可能。通过名优教师、骨干教师、同伴教师的三重指导体系，为实现优秀青年教师的高位成长助力。

1. 名优教师引领

在"名师工作室"中，名优教师位于指导团队"金字塔"的顶端，具有最为重要的引领作用。名优教师需设计培训方案和整体架构，全面负责诊断与指导学员。学校成立"章燕君名师工作室"，以区名教师章燕君为主要引领者，为"工作室"的目标定下基调，并提出理论学习、教学研讨、课堂观摩、主题沙龙和专家诊断等主要研修方式，引导工作室学员进行自主研习与集中研修。如在 2019—2020 学年中，名师章燕君将关注点落脚于基于课堂观察量表的教师听评课能力提升上。在 2020 年 9 月、10 月组织提升培训活动，11 月结合学校"梧桐之秋"课堂文化节推出课堂观察量表指引下的语文精品课堂，12 月开展交流反思活动。

2. 导师团队打磨

为了更全面、更精准地对优秀青年教师进行打造、培养，学校在组建名师工作室时，成立了由骨干教师组成的导师团队。如"章燕君名师工作室"面向全校语文教师进行导师筛选，选出潘静静、顾虹燕、陈世红与陈海英四位语文骨干教师作为名师工作室导师。导师团队为徒弟提供持续的支持，负责面对面地对学员进行矫正辅导，在教育教学实践中抓住各个细节进行专业性点评与打磨，从而帮助青年教师全方位提升。

3. 组内同伴协助

"名师工作室"的学员需要经过一定的教育教学理论与实践考核，唯有在同龄教师队伍中凸显优势的青年教师才有机会进入。进入"名师工作室"的青年教师拥有自身的独特优势，在名优教师引领，导师团队打磨之下，还可以积极发挥组内同伴互评互助作用，彼此间观察、评判、督查。同时，组内同伴年龄相仿、心理距离较近，在接受点评与指点时表达上能灵活转换被指导者与指导者身份，有利于彼此的专业思考和成长。

（二）构建"三阶四环"磨课体系

名优教师引领、导师团队打磨与组内同伴协助，让进入学习共同体的优秀青年教师拥有三重指导，在"三阶四环"磨课体系中发挥重要作用。所谓"三阶四环"磨课体系，即徒弟独立备课、团队协力磨课、徒弟总结提升三阶段递进呈现，并在团队协力磨课中形成名师点拨引领、团队协助备课、课堂多维观察与交流反思重建四环节循环组成，如图 4-2 所示。

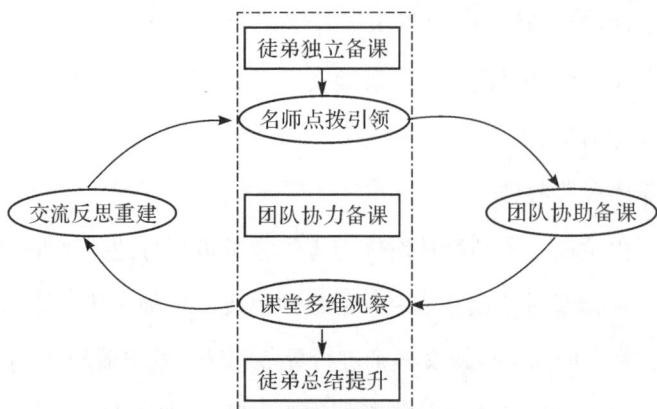

图 4-2　"三阶四环"磨课体系

1. 徒弟独立备课

经历"一对一"适应性师徒结对，徒弟对师父备课的资源与方法有了一定的了解；经"一对多"发展性师徒结对，徒弟逐渐积累了一定的教学经验，拥有了一定的备课见解。待到跻身于"多对多"名师工作室中，优秀青年教师有了自成一套的备课方法，能够在认可的备课资源中进行自主筛选，并加入个人独特想法进行权衡，从而进行独立备课，这对徒弟个性化成长有着极为重要的作用。

2. 团队协力磨课

徒弟独立备课后，将在第一次试教中展现出个人教育教学能力的高度与努力成效，作为一块"璞玉"呈现。名师工作室中"多对多"个性化的成长助力，便是需要团队协力磨课来实现精雕细琢，使得"璞玉"逐渐"圆润精致"。以"章燕君名师工作室"学员范老师讲授的"'诺曼底'号遇难记"为例，展现团队协力磨课四环节。

环节一——名师点拨引领：范老师担任六年级语文教学工作，拥有 5 年教龄，有较强的教材解决能力。经备课资源的整合运用、独立撰写教学设计与制作教学课件后，范老师面向名师工作室的导师与学员进行了教材解读和教学设计阐述，区名师章燕君将目标聚焦于"'诺曼底'号遇难记"第一课时的教学目标之中，一针见血地指出"解决教学重难点的目标指向空洞，引导方法不明"，并对教学设计中的主问题设计提出方向指引。

环节二——团队协助打磨：经章老师的精准点拨，范老师对教学设计中存在的一些疑惑恍然大悟。一堂好课需要不断地打磨，但一个人的力量终究单薄，这时导师团队和学员同伴便倾力相助。潘老师、顾老师指导教学设计的意图阐释与环节修改，陈老师协助教学语言的推敲，学员小沈、小傅一起美化课件、制作教具。利用课余时间，团队展开一次又一次的讨论，教学设计与课件修改了一轮又一轮。在团队共同努力下，范老师的教学设计重难点突出，教学语言愈发精准。

环节三——课堂多维观察：经过团队协助打磨后，范老师进行课堂展示，导师团队以课堂量表的形式进行听课记录，有观察学习目标达成情况的，有观察教师教学行为的，有观察学生学习状况的，有观察教师理答情况的。多维、细致的课堂观察为后续的交流点评提供了真实的、可靠的依据。

环节四——交流反思重建：课堂展示后，工作室成员围坐一起，进行交流点评。范老师先阐述自己上课后的感受，自我反思不足之处。然后请导师团队进行课堂观察点评，从各个方面指出教学中存在的问题，工作室的其他学员也各抒己见，畅谈自己的观课感，最后名师章燕君老师进行点睛提升。在评课过程中，大家集思广益，对教学设计各个环节进行细致打磨、修改。在交流过程中，上课的教师作为受教者，不断汲取导师与同伴带来的智慧与力量；同伴在点评表达中往往由浅入深，进入了深层的思索与探究。在交流反思中，大家不断进行着激烈的思维碰撞，给出的建议、信息是大量的，年轻的范老师一时难以消化吸收。这时，名师章燕君就会帮助范老师解析、整理相关信息，完善教学设计，使其真正实现内化提升。然后进行第二轮备课、观课、评课。这样循环往复，直至把这节课打磨成精品课。当然，范老师也可以将这一重建课转交到其他学员手中，其他学员根据重建意见打造属于自己的特色课堂。

从初次试教，再至导师引领下的多次重建，到最后呈现的精品课堂，在反反复复的磨课过程中，肯定有着很多的艰辛和不易，但更多的是收获与体悟。"成长不设限"，名师工作室的青年教师们只要愿意"磨"，就能把自己"磨"亮。

3. 徒弟总结提升

一堂课的结束，并不意味着完事了结，实质上是螺旋上升的转弯角，唯有在众人交流反思后拥有个人精心的总结才能实现真正的提升。因此，在团队协助打磨的阶段后，徒弟要"趁热打铁"，趁着交流反思的热潮还没消退，进行静心沉淀，将打磨过程提炼成文字进行记录，这便是青年教师在"多对多"平台中成长的阶梯。

（三）搭建高位成长平台

"一对一"适应性师徒结对，帮助新教师站稳三尺讲台；"一对多"发展性师徒结对，引导入门教师在校本研修活动中发出自己的声音；而"多对多"个性化师徒结对，推动校优秀的青年教师走出校门，走向了更为广阔的多元互动成长平台。

1. 参与更高级别的研讨活动

"多对多"个性化师徒结对中，在名师工作室的支持下，优秀青年教师有更多机会接触到更高级别的研讨活动。区名师章燕君常常在区教研活动中送教、做评委时带领工作室成员一同参加，让他们从观摩不同学校教师对课堂处理的独特方式与研讨活动的观点碰撞中汲取营养。市骨干教师郑建伟在参加省特级教师工作室的活动时就经常带着学员一起参与。进入"多对多"个性化师徒结对后，导师更为注重学员的个性化成长，会在力所能及下给予针对性的学习机会与学习资源。因此，学员们自然也就有更多机会开阔教育教学眼界，积攒更丰富的教育教学经验。

2. 获得更多与名师交流的机会

优秀青年教师的快速成长，成为学校教育教学的中坚力量，正是学校所期待的发展趋势。因此，我们为"多对多"个性化师徒结对的徒弟提供宝贵的平台，让他们与更多的名师有交流探讨的机会。2020年11月的首届"梧桐之秋"课堂文化节，我们邀请多位校外名师对学员进行面对面地指导，年轻教师们获益匪浅。

3. 登上更高级别的展示舞台

"多对多"个性化师徒结对下，经过名师和导师团队的精心打磨，优秀青年教师快速成长，逐渐拥有丰厚的羽翼，能够扇动属于自己独特的教育教学方式的翅膀。这时，导师会将优秀学员推送到更广的舞台，从教研组公开课到校级公开课，再推到区级各项公开教学研讨活动中，甚至推向市级"大舞台"。多位优秀青年教师已崭露头角，在市、区教学比赛、展示中获得佳绩。

六、"有梯度的师徒结对"实施成效

学校的师徒结对就像一条无形的纽带，联结了青年教师和已有多年经验的成熟教师。这是一个师徒相长的过程，在这个交流学习的过程中他们在不断完善自己，取人之长，补己之短，不断提升，走向共赢。

（一）青年教师快速成长

青年教师是学校人才队伍的后备军和生力军，关系着学校的未来，决定着学校的兴衰。优秀青年人才储备不足曾经是制约学校快速发展的掣肘和痛点。学校独特的、有梯度的师徒结对制度，科学部署、创新培养机制，在青年教师的培养计划中明确目标和时间节点，搭建多种平台，按照不同的时间节点制定相应的达标标准，从外因上促使青年教师快速成长，经过几年的探索实践，已经取得了一些阶段性成效。

1. 言传身教，新教师站稳讲台

"一对一"师徒结对阶段的徒弟主要是参加工作两年内的新教师，对他们的成长目标定为"合格"，而"师父"则是有一定教学经验的成熟教师。师父切实履行职责，跟踪指导，让徒弟尽快适应教育教学工作。在师父的言传身教下，徒弟们认真学习业务知识，认真阅读教育教学文章，努力上好每一堂课，并及时反思总结，虚心听取师父意见。通过学习、模仿、探索，许多新教师已经成为合格的教师，为后期发展打下坚实基础。2020 年 5 月受疫情影响，学校青年教师积极采用试讲的形式展示自己的教学基本功，其中邱天天老师的"端午粽"、王晶晶老师的"要下雨了"、沈星老师的"棉花姑娘"、吴柔逸老师的"小猴子下山"受到了区教研员的肯定与好评。经过两年的入门阶段学习，他们已经熟悉了教学常规，基本站稳了讲台。

2. 抱团研磨，年轻教师共同提升

"一对多"师徒结对中的徒弟主要是参加工作 3 ~ 5 年的青年教师，对他们的成长目标定为"优秀"。这 3 ~ 5 年时间，这些年轻教师接受了更高级别的培训，通向区一级层面展示公开观摩课，向名校名师取经学习，他们已经能够较好地组织课堂教学，激发学生的学习兴趣，从学生言谈举止中体察学生学习状况，逐渐学会了自觉地进行自我反思分析，教育教学风格逐步形成，受到同事的肯定和学生的好评。更重要的是，通过"一对多"的这种"多重教练"互学互助形式，青年教师不但能全面掌握课程标准，熟悉本学科的教材体系，教育教学质量大幅度提高，而且还学会从方法策略的角度思考问题，在协商合作中找出解决路径并得以完善和创新，实现了从单一技能走向专业创新的目标。如傅老师是一名科研能力强、自律性高的年轻人，工作两年后进入"一对多""多重教练"指导阶段得益于学校的平台支持、团队的传承协作和自身的刻苦钻研，工作第五年就已经在区里崭露头角，多次承担区级公开课，她用行动很好地诠释了"胜任"二字的内涵。在我们学校，像这样 3 ~ 5 年完全能胜任教育教学的青年教师还有很多，他们用自己的成绩诉说着学校有梯度的师徒结对的有效性。

3. 名师引领，青年骨干崭露头角

这一阶段的徒弟主要是 5 年以上的年轻教师，对他们的成长目标定为"引领"。作为一所建校才 6 年的新学校，具有 5 年教龄及以上的老师虽然少，但是个别年轻老师通过再学习、再创造，教学水平得到升华，教学能力出现了第二个上升期。他们进入到"多对多"的名师工作室后，导师团队认准其发展潜力，学校不拘一格助推支持，事实证明一颗优秀的种子只要给予合适的土壤和养分，很快就能长成大树，这些老师逐渐发展成为骨干教师，成为学校教育教学上的引领者，创造了一个又一个"实小奇迹"。如徐老师，她是学校语文学科的骨干，踏实敬业，有亲和力，做人做事不张扬不浮夸。在理论提升上，她坚持钻研教育教学名著；在课堂教学上，她着力在怎样研磨教材，主导课堂，解疑释惑，如何用学科的魅力吸引学生。和学校众多教师一样，她也肩负着科研攻关、撰写报告等繁重的任务，令人欣喜的是，她把自己的想法与理念转化为一篇篇论文、一堂堂精彩的课，引领大家汲取最新的教育教学理念，才工作第六年的她已经担任了教科室副主任。

当然，在教师专业发展过程中，教学能力的提升不是一蹴而就的，而是存在一个"瓶颈期"。因此，我们要紧抓住年轻教师专业成长的这一规律，咬定青山不放松，在 5 ~ 8 年内，对年轻教师的多元发展进行引导评价，帮助其快速成长为学校的学术核心和学科中坚。

（二）成熟型教师教学相长

师徒交往的过程就是资源共享、教学相长、和谐共赢、创造自我的过程。师父们是合作中的引领者，也是结对的受益者，在成就徒弟的同时也成就了自己。我校年轻教师始终保持"虚心学习，积极上进"的态度，师父们也充分发挥着示范引领作用，帮助徒弟解决教育教学中遇到的疑难问题，从教学设计、二次调整、试教磨课、课后反思等各个环节的指导中，获得进步，得到成长。

1. 观念再转变

学校的发展取决于教育教学的质量，而教育教学质量依赖于教师的素质。那么，拥有一支结构合理，思想素质好、业务水平高的教师队伍是学校持续发展、长盛不衰的必要条件。学校在有梯度师徒结对的实施过程中，成熟型教师转变了视指导任务为负担的错误观念，将指导过程当成一种自我学习和自我提高的契机，以高度负责的态度全身心投入其中，相信"赠人玫瑰，手有余香"，在帮助别人的同时自己也不断收获成长。师父们对年轻教师有了正确合理的认识，不断在他们身上看到闪光点：全新的教育教学理念、掌握先进的教学技术、对工作充满激情、富有挑战精神等。师父们已经清楚地认识到自己与徒弟之间不再是单纯的"一对一"的"传帮带"关系，而是一种基于协作条件下的平等、共赢的关系。

2. 知识再更新

年轻教师往往具有更强的课程知识，对教学工作有很强的新鲜感，在态度上认真而热情，有许多值得师父学习的地方。在师徒结对过程中，知识从师父向徒弟转移的同时，也有一些知识从徒弟流向师父。

面对徒弟的"为什么""怎么做"等问题，师父更需要进行思考、归纳与提炼。师父在多年的教学实践中形成了自己固有的行为模式和教学经验，面对教学情境会做出相应的下意识行为反应。在师父看来，很多"本来就是这样的"问题根本不成为问题。但为了解答徒弟的困惑，师父必须唤醒隐藏在行为背后的认知理解，促使师父对自己的知识进行梳理和表征，有助于师父厘清专业认知和信念。面对徒弟的问题，师父大多是有专业知识储备的，只需要唤醒和激活。不可否认的是，徒弟的有些问题往往是师父没有关注或关注不够的。对于此类问题，师父通常会让徒弟再想想，并且自己也会再想想。师父对此类问题的解决方式与徒弟行动中的反应机制是一致的。师父也会在教学实践探索中不断反思，接受教学情境的回话，生成相应的知识。这对师父的知识结构来说，也是一种更新。

3. 能力再提高

师父和徒弟的角色总是相对的，彼此都有互相学习的空间。师父带徒弟的过程中，可以发掘徒弟身上的优点，并在潜移默化中受到影响，唤醒自身的专业发展意识，激发专业发展的动力。我们的师徒结对在实施过程中十分注重师徒的合作关系，师徒交流已经从单向评价转向共同发展。这种模式不仅有利于师父的观念转变和知识更新，而且也使师父的专业能力不断提高。在"一对一""一对多"和"多对多"的师徒互动中，师父在课堂观察、学生管理、备课及课堂教学、赛课等方面给予了徒弟专业支持和帮助，而听评课同时也促使师父不断提高自己研读教材、教学设计、提问技巧、反思教学的能力，以及研究方向的不断转变。新老教师在合作中获得学习和成长的资源，在专业发展中不断体验创造和成长的快乐。

（三）形成了一套"有梯度的师徒结对"管理模式

在几年的实践中，我们逐步摸索形成了"有梯度的师徒结对"管理机制。在"一对一"适应性师徒结对阶段，师父和徒弟建立了专业、伙伴和情感关系，在专业关系中，支持、帮助、促进；在伙伴关系中，鼓励、合作、共赢；在情感关系中，沟通、关爱、信任。师父对徒弟的全面指导让新教师迅速成长，在教学上和班级管理中站稳脚跟（见图4-3）。

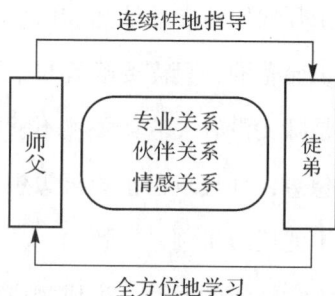

图 4-3　"一对一"适应性师徒结对关系

在"一对多"发展性师徒结对阶段，"多重教练"的互助互学模式有效地促进了 3～5 年期的教师在教育教学上逐渐摸索适合自己的专业个性，在专业教学上有较为显著的提升（见图4-4）。

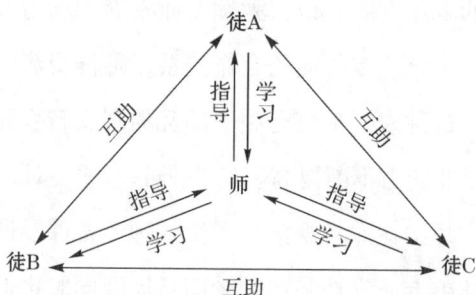

图 4-4　"一对多"发展性师徒结对关系

在"多对多"个性化师徒结对阶段，主要以名师工作室为平台，借助导师团队的力量，栽培极具潜力的年轻教师，促进其教育教学的第二次成长，帮助其逐步形成个性化的教学风格（见图4-5）。

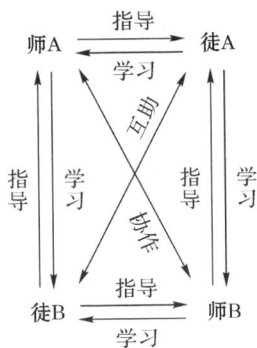

图 4-5   "多对多"个性化师徒结对关系

通过这样"有梯度的师徒结对"，关注青年教师的全程发展，为不同教龄阶段、不同层次的青年教师配备合适的师父，使每个阶段的年轻教师都能实现符合自身的发展目标。这三个层次的结对机制在教师培养上初见成效，形成了较为成熟的教师发展梯队，教师的专业发展也在不断向前。

结合学校的实际情况，"有梯度的师徒结对"融合了现代认知学徒制的新理念，打破了传统师父带徒弟的框架与局限，增加了高阶认知技能，倡导教师通过一系列的磨砺、评价、验证，发现问题，再结合理论作深入的思考、分析和判断，归纳总结实践中的得失，寻求解决问题的新方法、新策略，在以后的实践中加以验证，形成新的经验，经过一轮轮循环往复最后达到改进实践、获得能力和自我发展的目的。当然，在反思现行师徒结对模式的基础上，从教师教育的视角，聚焦新手专业成长的困境角度，就构建新型的阶梯式师徒结对学习的多元互动机制，增强初任教师的自主发展意识，以及初任教师进行行动研究等方面还可以再深入挖掘探索。师徒结对是成熟教师与新教师之间建立的一种供需双赢的关系，旨在通过教师知识双向转移促进双方专业成长。那么，作为实践共同体既要有内部成员之间相互学习，包括新教师和同辈群体之间的学习，也需要实践共同体之间的跨界学习。

共同体内部的学习需要一个载体，共同体之间的跨界学习也需要通过一个"中介"作为"边界客体"。

"雄关漫道真如铁，而今迈步从头越"，青年教师的培养大计"路漫漫其修远兮"，但是相信通过不断地实践，一支敬业爱岗、业务精良、素质优秀、立志终生从教的青年教师队伍一定会为学校的快速发展注入新的活力，一批优秀青年骨干教师在学校独有的"有梯度的师徒结对制"的引领下必将快速脱颖而出。

第五章

教科研与教师专业发展

慢慢做教育

一所学校教师队伍建设的思考与行动

教师教科研在 20 世纪 60 年代兴起于英、美等发达国家。英国著名课程研究专家斯腾豪斯（Stenhouse）指出："如果没有得到教师这一方面对研究成果的检验，那么就很难看到如何能够改进教学，或如何能够满足课程规划。如果教学要得到重大的改进，就必须形成一种可以使教师接受的、并有助于教学的研究传统。"① 为此，他创造性地提出"教师作为研究者"（teacher as researcher）的口号。自此之后，教师从事教科研逐渐被视为教师专业成长的一个重要路径。何谓教育研究？美国学者将其定义为：对数据的系统收集和分析，其目的是对教育的方方面面进行有效的、概括性的描述、预测、干预和说明。正是这种对经过精心收集和分析的数据的倚重，使研究知识和我们从经验中获得的个体知识得以区分开来。② 随着教育大众化的发展和教师学历水平的普遍提升，教育研究也逐步从以高校研究者为主，扩大到各中小学教师队伍。

　　如今，在新课程改革的推动下，"对教师的研究"和"教师做研究"成为教育理论界和实践界的热点，"研究型教师"成了大家共同关注的话题。教科研促进教师的发展，从教师发展与教科研的关系来看，中小学教师面对的是一群个性鲜明、有大量发展空间的孩子。但教育教学环境具有很多的不确定性，所以教师应是创造性的研究员和探索者。教师在探索教育教学、研究教育教学的过程中锻炼了多方面的能力，促进了教师自身的专业发展。

　　在日常教学过程中，一线教师可能涉及的教育研究的课题主要有：如何导入课堂教学，如何创设教学情境，如何设计教学活动，如何进行课堂小结，如何建立学习小组，如何开展合作学习，如何培养和激

---

① 瞿葆奎 . 教育学文集·教育研究方法 [M]. 北京：人民教育出版社，1988：16.
② 乔伊斯·P. 高尔，等 . 教育研究方法实用指南 [M]. 屈书杰，等译 . 北京：北京大学出版社，2007：4-5.

发学生的学习兴趣，如何提高"学困生"的学习能力，如何开展课外活动，如何进行班级管理等。很显然，上述问题具体而实际，有别于教育科学的宏观理论研究，但这些问题又不是即时可以解决的，需要在长期的教育教学过程中持续地思考、反思与改进。总之，中小学教师的教育研究就是立足本职工作、植根课堂、面向学生，解决教育教学中的实际问题，切实提高教师的工作效率与专业技能。但目前中小学教育科研的现状是，大部分的教师认为自己只要教好书就可以了，不需要做教科研。即便是做科研，更多的也是为了评职称，完成教育管理部门和学校交办的任务。这就导致许多中小学教师在教科研工作方面往往是"蜻蜓点水"或"拿来主义"，研究简单化、重复化的现象层出不穷。

首先，陷于科研无用论的思想误区。就研究目的而言，教师们多是为了完成任务，而忽视对教学实践的研究，不重视典型实验，带有教条主义倾向。由于不能深入研究教学实践，缺乏对教学活动的深刻揭示，而出现研究成果水平较低，有个人创见的极少。

其次，囿于经验主义的桎梏。许多教师在研究过程中，往往采取直线式、绝对化、形而上学的思维方式，注重个人经验总结，对丰富的教学实践经验缺乏理论性的概括总结，不善于把实践问题提炼成科学研究问题，导致很多研究成果停留在经验总结和感性认识层面。

最后，苦于学校支撑的弱势与模糊。教科研要做实做好，需要学校的有力支持和管理保障，但目前一些学校在教育科研的管理上往往处于模糊状态。学校教科室定位不清晰，教科室主任职责不明确，学校科研管理制度不完善，工作机制运行不通畅，制度落实难度大等现实问题让许多需要引导的教师失了主心骨。

在教师教科研要求越来越高的时代背景下，成为一个懂科研、会科研、善科研的中小学教师，已是大势所趋。教师要成为学生学习成长的促进者、生活的引导者、潜质的发展者，必然要自主构建学习思路，除完成本职教学工作外，还应当研究符合儿童身心发展规律的教学理念和教学方法，并有针对性地付诸实践，从而促进自身专业成长，成为研究教育、教学和学生的专家。同时，学校如何用好教科研这张牌，学校管理层如何制定行之有效的培养策略，落实研究型教师的培养工作，通过教育科研的前瞻引领和深层嵌入落实科研兴校，也是我们不得不思考的一个话题。

一、直面现状：迷雾重重，路在何方

事实上，长期以来，我们的教科研存在理论与实践两张皮的现象，导致很多教师不仅对学术界的研究不感兴趣，而且对自己为什么要做研究，应该怎么做研究也不甚关心。需要说明的是，我们学校教科研所面临的问题与大部分学校也有所不同。因为我们是一所2015年异地新建的学校，全新的校园装修、全新的教育理念，以及全新的教师群体，很多方面都需要从头做起。学校每年都会有一大批新鲜血液注入，这些新鲜血液中小部分是区内外兄弟学校来的有经验的老教师，大部分则是刚刚毕业的新教师。特殊的教师年龄结构，导致学校的许多情况同大部分学校不同。

我们学校有一部分老教师，他们工作年限长，资历老，他们对于教科研有自己的理解。在他们看来，教科研就是"假大空"，无非就是花几天时间写篇文章，取几个花哨的标题，再套个理论的壳子。若是再深入一些，也无非就是做一两本漂亮但无用的配套练习、学生作品集锦一类的附件，之后便摒弃不用。这些研究与他们真实的工作相去甚远，除了用来评奖加分，对他们的教学实践并没有太大的帮助。因此，这类教师更强调个人经验，只关心"我要怎么做"，并不在乎

经验的理论化。

许多新教师刚刚从学校毕业，他们本身确实具备了一定的科研能力，却缺乏在教学实践中进行研究的经验。他们满腔热忱，试图用他们在校园里学习到的理论"大展身手"，却惊讶地发现学生的各种举动似乎超出了他们想象的范畴；理想的教学手段似乎并没有收到想象中那样良好的成效……教育实践的情境性、特殊性、不确定性、不稳定性、价值冲突性等特点对他们产生了巨大的冲击，使他们一下子陷入了理想被打破的迷惘之中，不知所措。

每所学校总有一部分"无心教科研"的教师，他们或认为自己不具备教科研能力而不愿去尝试，或将更多的重心放在家庭生活上而不想在教科研上耗费过多的精力。我们学校年轻教师多，冲劲足是好事，但他们中很多人都即将面临30岁的大关，在这个关头之前，可能有人因为无法达成教科研目标而对自己丧失信心；在这个关头之后，"90后"的年轻人可能会更多地需要适应从"大家庭"到"小家庭"的变化，从而没有时间和精力做研究。

学校管理层也逐渐意识到，不论是经验至上的老教师、理论先行的新教师，抑或是小部分安于现状的教师，他们都是在繁重的教育教学工作中选择了一个他们最"舒服"的状态。快节奏的现代生活从学生的学习蔓延到教师的研究，以至于教师们都无法停下来思考，渐渐地，也就不愿意停下来思考了。新兴学校的年轻教师原本就占多数，又缺乏成熟的教科研引领者，整个学校的教科研氛围十分淡薄。

但是近年来，教育改革实践早已使学校领导和教师认识到教科研的重要性。教而不研则浅，研而不教则空。学校异地重建，我们既要传承又要有所创新，学校管理层提出了"慢教育"理念。教育是潜移默化的过程，教育的变化是极其缓慢、细微的，它需要生命的沉淀，需要"深耕细作式的关注与规范"。教育给予学生最重要的东西，不仅仅是知识，还有对知识的热情，对自我成长的信心，对生命的珍视，以及更乐观的生活态度。在思考学校办学理念的过程中，"学校教科研应该如何发展？"这一问题的答案也日渐明晰。对于不同发展阶段的教师而言，他们对教科研有不同的认识与需求，如何激发教师们的内在动力，将教科研变为他们生活的方式，这是学校教科研的探索目标。"慢教育"是顺其自然、符合规律、培养全人的教育，对孩子而言是如此，对教师而言亦是如此。

教师的研究被繁重的日常工作挤压了太多的时间，变成了一年两篇论文、一年一个课题的任务式研究。但很多这样的研究浮于浅表，急于求成，一年一个课题，今年开题，明年结题，教研成果短期内速成。这样的研究是伪研究，衍生出的则是伪成果。教师既是教育者，又是研究者。其实做教育研究最忌讳抢时间，赶速度，做研究应有"十年磨一剑"的勇气，耐得住寂寞，从教育教学中的点滴做起，一步一个脚印地跋涉，才能走出一条属于自己的路，研究才会结出丰硕的成果。孩子们可以慢慢学；教师们也可以慢慢做教科研，这样，教师的专业成长速度才会快一点。

我们学校的教科研重在鼓励教师们抱着"研究的心态"进行日常教学工作，注重改变教师的研究态度，支持他们慢慢发现，坚持探索，增强教师的专业自主性，更多地发挥教师的创造性，让教育科研更科学，让课堂更精彩。我们认为每个教师都有自己的节奏，不必也不应强求每个老师都争先恐后地当"领头羊"。教师们不必刻意地追寻教育热点，而应从实际出发，紧贴学生的实际情况，将一个个问题思考清楚，得出的成果才能真正指导我们的教育教学，才会达到教师与学生共成长的最终效果。

学校也从实际出发，摸索出一条拥有"实小特色"的教科研发展之路，提倡老师们静下心来做研究：慢一点，享有足够的时间和空间，才能从容不迫地深入思考，多次实验，反复实践。学校搭建各种平台，聘请各类专家引领老师们做真正有价值的研究。只有这样，学校的教科研才能成为教师的一种日常生活方式，才能融入学校的气质当中，成为学校教师发展、教学改革的重要途径。

二、从无到有的教科研

古人云："善弈者，谋局，不善弈者，谋子。"自2015年起，学校就秉承着"科研兴校"的理念，广泛了解、学习各名校的思路和做法，研读与中小学教育科研、教师专业成长有关的理论，结合"慢教育"办学理念，反复思索学校教科研工作的"顶层设计"，力求让每位教师走进科研，享受成长，以科研带动教师队伍建设，进而带动学校发展。

（一）建章立制，提供制度保障

教科研工作的开展离不开完善的机制保障。作为一所异地新建学校，我们做的第一件事就是建章立制，期望从制度层面鼓励教师积极参与教科研，并为教科研工作的稳步发展提供保障。

首先，学校建立了教科研管理制度。为确保教科研工作的顺利开展，在建校初期学校就召开专门会议，研究确定学校教科研工作的内容、方法和措施。与此同时，结合学校青年教师为主、科研经验欠缺的实际情况，从教科研管理、教科研发展规划等方面制定了基本规范，为后续的教科研工作提供蓝本。每学期初，学校班子成员、教科室负责人、各教研组组长及课题负责人会召开教科研工作讨论会，确定新一学期的教科研工作内容与重点；学期末，学校组织召开教科研工作总结会，教科室负责人、教研组长、课题负责人汇报一学期教科研工作开展情况，在总结经验的基础上反思不足，为下一阶段的工作奠定基础。

其次，学校制定了教科研培训制度。教师教科研能力的发展是一个循序渐进的过程，正如学校"慢教育"所倡导的一样，培养教师不需要每天进行考核评价，而应提供丰富的培训与广阔的平台，然后"静待花开"。因此，学校制定了《镇海区实验小学教科研培训制度》，从培训领导小组组建、培训内容策划、培训经费保障等方面为教师培训提供有力的支撑。

最后，学校也制定了教科研绩效考核制度和教科研奖励制度。教科研绩效考核评价将终结性评价与过程性评价相结合，不仅关注教师的科研成果，更关注他们的科研态度、科研过程。在考核基础上，学校通过自荐与互评的方式评选"校级教科研先进个人""校级教科研先进团队"，给予他们精神和物质的奖励，并在晋级评优以及职称评定上均有所考量，真正体现出"做与不做不一样，做得好与不好不一样"，鼓励教师潜心科研，促进教育教学发展。这一评价方式也是学校"慢教育"理念的生动诠释。

在制定各项制度的基础上，学校还为教师制订了写作计划。区教研室每年都会下发大量征集论文、案例、课题的通知，有的老师"眉毛胡子一把抓"，不仅难以达到提升科研素养的预期效果，反而给自己造成了不必要的科研负担，对教科研产生畏惧心理，从而形成恶性循环；而有的老师则是"事不关己，高高挂起"，什么比赛都不参加。基于这样的现状，学校将每学年常规的教科研任务进行汇总、公示，鼓励教师根据自己的发展需求与教科研能力进行合理选择。学校规定，35周岁以下的教师每学期必须完成一项写作任务，而35周岁以上的教师每学年必须申报并完成一项课题。学校通过制定写作计划"逼迫"每位教师"躬身入局"，做教科研的实践者，走上教科研发展之路。

（二）打造队伍，建立管理体系

建立教科研管理体系是教科研工作开展的保障，不仅能够强化教科研的效果，还能提升教科研的品质。

首先，成立了教科研领导小组。领导小组由校长担任组长，分管副校长、教科室负责人为副组长，各学科教研组长、学科名师、课题负责人等为组员，形成三级管理网络，负责教科研的理论和方法指导以及教科研活动的检查评价。各级齐抓共管，在确保各项教科研活动公开透明的同时，也实现层层把关、分级负责的管理效果（见图5-1）。

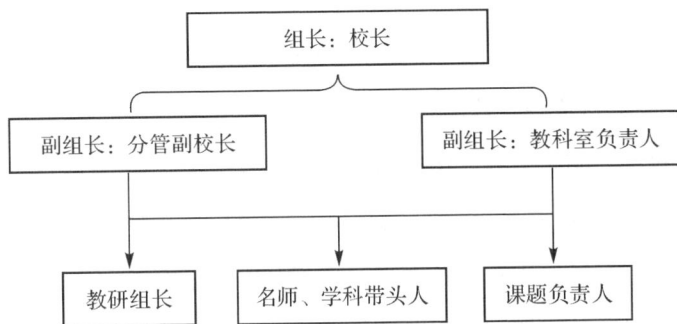

图5-1　镇海区实验小学教科研管理体系

其次，成立了教科研职能部门。学校教科室是校长领导下的组织、管理、指导和从事学校教科研工作的专门机构。教科室主任主持教科室日常工作，是学校教科研工作的引领者，对推进学校教育教学改革，破解教育教学难题，促进教师专业发展起着重要的作用。与其他部门的工作不同，教科室工作有较强的专业性，它要求教科室主任必须是一个"行家里手"，必须是"真心想做且能做"，积极参与、跟进、指导教师的科研过程，而不是简单地发布计划，核验工作。只有教科室主任成为学校教科研工作的"领跑者"，这项工作才能真正深入下去，有所建树。

最后，构建了科研共同体。为发挥名优、骨干教师的引领作用和带动作用，激发他们的科研热情，每一个"科研共同体"都由这些教师担任导师，由他们负责整个团队的引领与指导。每一学年，共同体的导师向学校申报一个课题选题，选题通过后，由导师自主招募组内人员，每位教师都要参与其中，组成这一学年的"科研共同体"。共同体成员在导师的指导带领下，完成课题申报书的撰写、课题的研究一直到课题的结题等各项工作，亲历完整的课题研究过程。第二学年，各位导师又会发布新的选题，其他教师可以再次选择。经过几年的学习实践，当某位老师的科研能力提升到一定水平时，或者他想自己主持、完成一项课题时，可以通过自主申报的方式晋级为导师。学校也会推荐各个"科研共同体"的研究成果参加区、市级的课题评选。

（三）提供资源，营造科研氛围

在建章立制、组建队伍的基础上，学校还为教科研工作的开展提供了必要的资源保障，例如：学校每学年都拨出相应经费，用以购买书籍、征订报纸杂志；学校图书馆专门开辟"茶吧"，为教师的研讨交流提供舒适的场所。除了这些物质保障外，学校还为全体教师提供"精神保障"。学校每个月都会邀请 1～2 名专家进校园，为全体教师进行教科研理论培训。以 2016 学年为例，学校共邀请了 12 名高校教师、市区级名师与教科所专家，从论文写作、课题申报、教育科研与教师发展三个主题为全体教师进行培训（见表 5-1）。

表 5-1　镇海区实验小学"专家进校园"培训统计

（2016 年 9 月—2017 年 6 月）

培训主题	讲座题目	邀请人员
论文写作	论文写作技巧分享	区教科所专家
	我是如何写论文的	区名师
	论文写作"四部曲"	市教科所专家
	让论文和教学并肩前行	区教科所专家
	论文写作二三事	市名师

培训主题	讲座题目	邀请人员
课题申报	课题，是一条充满荆棘的道路	区名师
	我的课题研究故事	区名师
	课题其实很简单	区教科所专家
教育科研与教师发展	科研让教师贴地飞行	高校教授
	科研，成就名师	高校教授
	让科研为专业成长插上翅膀	高校教授
	专业阅读，新时代教师的理性选择	区教科所专家

学校曾邀请宁波市教科所张博士来学校讲座，为全体教师讲解论文写作的诀窍。张博士结合自己多年论文评审的经验，高屋建瓴地为老师们介绍了如何选题、如何构思、如何剖析案例，为年轻教师撰写论文指明了方向。受到张博士讲座的启发，学校崔老师将自己打磨优质课的过程进行回顾梳理，通过对教材的深入解读，结合多次的研课反思，按照"从零散走向整体""从静态走向动态""从图形走向数据"这三个方面撰写的论文，最终获得了市级比赛二等奖的好成绩。

学校还曾邀请镇海区教科所的专家，为学校课题进行指导。学校数学组原拟定的课题为"小学数学综合实践作业模式的探索研究"，在专家的指导下，数学组进一步提炼观点，最终将课题确定为"小学数学综合实践生本作业模式构建的探索研究"，这一课题最终荣获市教研课题优秀成果二等奖。专家的引领为迷雾中的老师指点了方向，也让更多的老师感受到科研的乐趣与魅力。

学校是教育教学的主要场所，也是教师工作的地方，学校有计划地进行教育教学研究，一方面可调动教师的积极性，发挥群体力量；另一方面也可增强学校的凝聚力，营造科研氛围。为了给每位教师提供参与课题研究的机会，每学年初学校教导处均会申报区级"师训课题"，为学校教师提供科研实践的机会与平台。

经过实践探索，学校教科研工作取得了一定的成效：学校初步建立了与教科研工作相配套的领导、管理机制；打造了一批具有科研热情与基本科研能力的青年教师团队；每月的教科研培训有序开展；部分个人课题与集体课题也获得了市、区级奖项。经过努力，学校教科研从无到有各项工作逐步走入正轨。

三、教科研高阶发展的问题与反思

前进的道路从来不是一帆风顺的，事物也总是在曲折中发展，我们的教科研工作开展情况也是如此。经过实践探索，学校教科研工作虽然取得了一定的成效，但教师对待教科研的态度存在误区，教师科研能力不足等问题也随着实践的深入逐步浮现。如何更好地发挥教科研的作用，让它真正成为教师专业发展的助推器，让广大教师悦纳它，使之成为一种自然的工作方式，是学校必须直面的关键问题。

为了更好地了解教师的教科研发展需求，进行针对性地改进，学校设计了访谈提纲，围绕"您认为教科研对你的专业成长是否有帮助""您在教科研中遇到了哪些困难""您认为学校该如何开展教科研培训"这三个主问题，邀请学校教科研管理人员对不同教龄、学历背景、工作岗位的老师进行访谈，细致深入地挖掘问题所在。

（一）观念存在差异

在访谈中，当我们问到"您认为教科研对你的专业成长是否有帮助"这个问题时，我们发现将近一半的老师对待教科研存在认知上的误区。主要体现在以下两个方面。

一方面，部分教师弱化科研，认为科研不重要，经验才是关键。有教师在访谈中表示，"我做了20多年的老师，所有学到的知识都是在实践中获得的，经验才是关键。科学研究应该让大学里的专家去做，我们小学老师最重要的还是植根于实践"。这位教师的观点代表了部分"唯经验至上"的教师的想法，更有甚者认为做研究与开展教学存在着矛盾："我参加过课题，也写过论文，但我不觉得这对于我的教学实践有什么促进作用。科研只是纸上谈兵，比较浪费时间。"对于这些教师而言，他们更重视自身的经验，不重视科研的引领。而造成这一现象的原因，除了那些远离实践的科研体验让老师产生误会外，教科研未能与日常教育工作融合也是造成这一局面的重要因素。

另一方面，有部分教师神化科研，认为科研很重要，不是自己所能驾驭的，对教科研心存敬畏。这些教师相信教科研对于促进教师专业发展有着不可替代的价值。有教师指出："教科研是我们教师成长的一大路径，大学教师说未来可持续发展、有前途的教师一定是会思考、会研究的老师。"但不少教师认为自己难以驾驭科研："工作后我自己没有能力去承担课题，我甚至都不知道该如何选题，更不用说进行课题研究了。"可见科研能力不足让不少教师，尤其是青年教师游离于教育科研的门外，认为教科研难以企及。

（二）能力存在不足

具备良好的教科研能力是助力教师参与教科研的关键。在与老师的访谈中，我们发现教科研能力的不足也限制了老师在科研之路上的发展。教师教科研能力存在的问题主要有三点。

首先，在发现问题方面，选题能力欠佳。通过访谈，我们发现教师们都能从教育教学情境中发现问题，但对于判断什么问题有研究价值，将发现的问题进一步提炼为课题选题并进行深入研究的能力还有所欠缺。这些教师能够发现教学实践中存在的问题，例如学生阅读能力提高、综合素养提升等问题，也愿意去探索实践，但是这些问题都比较宽泛，如何运用理论的指导，将理论与实践相结合，聚焦所研究的问题，探讨解决有价值的研究问题需要教师提高选题定向的能力。

可见大部分教师问题意识和创新意识较弱，缺乏对教育问题的宏观把握，不能将教科研工作与教育教学工作进行有机整合。

其次，在分析问题方面，方案设计能力不足。通过访谈，我们发现教师拥有一定的科研能力，大部分教师能够灵活运用中国知网等数据库搜索文献，并针对要研究的问题进行资料整理。关于研究方法，教师们对于问卷调查法、访谈法、文献综述法等均有所了解，但如何正确选择合适的研究方法并加以运用，是教师们面临的主要问题。一位教师在访谈中提到："我知道规范的问卷编制其实里面有很多讲究，问卷发放时还要考虑到样本的选择，我们大学也学了 SPSS 数据分析，不过我早就忘了。所以现在无非就是算算某个选项的百分数，用 Excel 做几张图表，看上去更专业一点而已。"另一位教师也表示："运用访谈法时，就是把几个问题问一问学生，没有录音，也没有文字整理，反正到时候写的时候记得哪些就放上去。"可见，教师在教育研究时缺乏对研究方法的掌握，这也使得他们的研究过程举步维艰。

最后，在解决问题方面，论文写作能力薄弱。对于学校教师而言，他们能够撰写教学设计、教育日志，但是在撰写教学案例、论文或者课题报告时，还存在着不少问题。一方面，有些教师不懂得基本的"套路"。一位拥有 30 多年教龄的老师在访谈中提到："我中师毕业开始教书，就没写过论文。后来评职称一定要写论文，那时候我都不知道论文该怎么写，连最基本的格式都不知道，还是我们教科室主任帮我改的。"另一方面，对于更多的教师而言，他们缺乏的是那种理性表达的能力。一位教师就在访谈中说道："每当要写论文时脑袋里总是空空如也，一是因为平时的那些实践经验由于没有及时地记录下来，进行梳理总结，一时三刻也想不起来，二是因为自己理论素养不足，感觉只是在经验分享，缺乏理论的高度。"这些访谈都充分表明教师的论文写作能力比较薄弱，需要进一步加强。

（三）办学理念领悟不透

面对着实践中的种种问题，我们不禁思考：为什么教师对教科研存在着不恰当的认知？为什么教师的科研能力没有得到有效的提升？通过反思第一阶段的实践，我们认为学校是全新的，教师面对的是"一无所有"的挑战。因此，学校将更多的注意力放在制度建设层面，在短时间内迅速构建起学校的教科研管理、工作体系，却忽视了对于教科研实践的主体——教师的关照。反观学校所倡导的"慢教育"，这是"以人为本"的理念，强调每个老师自身的成长与发展，但学校却在管理、制度领域"走"得太快，将教师"落"在了后面。究其原因是我们教科研工作在发展的过程中"急于求成"，没有充分渗透"慢教育"办学理念。具体体现在四个方面。

1.忽视教师的多样化需求

每个人都是独一无二的个体，每个人的职业发展之路都有他自己的轨迹，当我们用统一的标准去要求所有的老师时，矛盾也就自然地产生了。叶澜教授从"自我更新"取向角度对教师专业发展阶段的特征进行了深入研究，并将其分为五个阶段："非关注阶段""虚拟关注阶段""生存关注阶段""任务关注阶段""自我更新关注阶段"。教师正式步入工作岗位后所对应的是后三个阶段，不同阶段的教师专业发展有着不同的特点。新任教师经历的是"生存关注阶段"，他面临着由教育专业的学生向正式教师的角色转换，还存在理论知识和教学实践的"磨合期"，关注的是"我能行吗"。留任老师则进入"任务关注阶段"，这一阶段的老师关注"教学"，思考"我怎样才能行"。而有经验的老师属于"自我更新关注阶段"，这一阶段的主要特征以专业发展为指向。

从叶澜教授的研究中我们不难发现，不同专业发展阶段的教师拥有不同的阶段特点，也有不同的发展需求。因此，面对不同发展阶段的教师，学校应该在教科研领域给予不同的帮助。面对"生存关注阶段"的新任教师，学校应该把重点放在帮助他"站稳讲台，顺利留任"上，以教学反思、教育随笔等形式帮助他们形成反思研究意识，为下一阶段的深入研究积累素材、培养能力。对于"任务关注阶段"的教师，学校则需要给予他们更多的培训资源与实践机会，鼓励他们在教科研的实践中获得跨越式发展。面对"自我更新关注阶段"的教师，学校更应该侧重于他们思维观念的转换，鼓励他们依靠已有经验，充分发挥榜样引领作用，并在指导青年教师的过程中实现自我增值。

2. 科研培训缺乏有效性

教育培训是提高教师专业化发展的有效途径，也是提升教师科研素养的必要手段。学校十分注重专家理论引领，每学期都会邀请教科研方面的专家以讲座形式为老师指点迷津。但从访谈的结果来看，教师的教育科研能力依然较弱，这一类培训并未收到我们预想的效果。究其原因，主要有两点。

第一个原因在于培训内容缺乏针对性。回顾我们曾组织的培训，大部分的专家都遵循着论文写作或课题研究的实践程序，面面俱到地向老师们讲解要点，介绍经验。对于绝大部分老师而言，他们所要解决的可能只是某个问题，例如"如何设计问卷才更有效度和信度"。但在实际的讲座中，由于时间的限制，关于这方面的内容可能只是以"我们可以通过问卷的形式进行调查"这样的一句话带过。对于老师而言，这样的讲座并未帮他们解决实际存在的问题，所以培训也就渐渐沦为了"鸡肋"——食之无味，弃之可惜。而教师们真正需要的应该是指向问题解决的培训，每次培训的内容可以只是一个小问题，但要讲实讲透，这样才能对教师的实践产生指导价值。

除此之外，培训形式单一也制约着培训效果的发挥。教科研的培训形式一般以讲座为主，专家讲，老师听，虽然有所收获，但往往是"听听很激动，想想很感动，回去一动不动"的尴尬境地。等到"迫不得已"要做课题、写论文时，当初学到的那些理论方法仍只是停留在笔记本上，难以运用到实践中。率先对教师实践性知识进行研究的艾尔巴茨（Elbaz）将之称为"教师以独特的方式拥有的一种特别的知识"，它"以特定的实践环境和社会环境为特征，是高度经验化和个人化的；是关于学生、课堂、学校、社会环境、所教学科、儿童成长理论、学习和社会理论所有这些类型的知识，被每位教师整合称为个人价值观和信念，并以他的实际情境为取向"。[①] 所有的理论知识都需要实践才能转化为自己的知识，教育科研也是如此。因此，单一的讲座培训无法满足教师科研成长的发展需求。

3. 教育教学与教科研相分离

在访谈中我们发现，有些教师对教科研抱着"敬而远之"的态度，其中一个很重要的原因就是"没时间"。有教师在访谈时表示："平时工作时要备课、改作业还要管理学生，除此之外，还有学校的一些行政事务，实在是忙，有加不完的班。回到家还要照顾孩子、老人，实在是太累了，想要抽出点时间好好学习理论知识，做做研究，真的是心有余而力不足啊！"这位老师的观点充分体现了一线教师的忙碌。学校教师除教学任务外，还有"首导""二导"的班级管理工作，部分老师还承担了学校中层、助理、年级部主任、教研组长等职责，工作压力较大，进行教育研究的时间与精力不足，工作与研究难以协调兼顾。

教科研与教育教学实践的分离使得很多老师在思想上有一个误区：教科研是相对独立的，需要从有限的时间中抽出一部分独立的时间去完成科研任务。但事实上，教科研它根植于教师的教育实践，和

---

① 白改艳.教师实践性知识初探[J].考试周刊，2011（30）：25-26.

教育教学相辅相成。教学实践中发现的真实问题是教科研的研究原点；每一次教育教学实践都是教科研的研究载体；课后反思、教育案例分析是教科研的实施路径……科研与教育教学息息相关。教师如果"只教不研"，其教育教学就会流于表面而缺乏深度思考；如果"只研不教"，科研就会因缺乏实践基础而立不住脚。可见，"教"与"研"二者缺一不可，教师只有坚持对日常教育教学实践进行质疑、反思与探究，将科研思维贯穿于教育教学的始终，才能真正完成向研究型教师的转变。

4. 缺乏有力的团队保障

一个人或许能走得很快，但一群人能走得更远。教师虽然在教室中是"单打独斗"，但其专业成长却离不开整个团队的支撑。

学校构建了以"师徒结对"为基础的教研共同体，但在实际操作中却发现了不少问题。首先，这一共同体的人员组成结构不够合理。鉴于学校新教师比例高的独特情况，"师徒结对"往往是一位具有5年以上教龄的教师带1～2位新教师，或是一位经验丰富的骨干教师带4～5位新老师。对于工作才五六年的青年教师而言，他或许自己才刚刚站稳讲台，踏入教育教学的大门，触摸到一点门道就要承担起师父的职责，为新教师引路。在这样的情况下，师徒二人势必将更多的精力放在教育教学上，科研就被搁置一旁。而对于骨干教师而言，他所带领的徒弟人数众多，都需要指导，自然也就分身乏术。其次，这一共同体的目标愿景制定不到位。"师徒结对"这一共同体成立的初衷是帮助新教师站稳讲台，因此教育教学也就成了这一共同体的首要目标。加上每月两节"徒弟汇报课"、每学期两节"师父引领课"的繁重任务，教科研这一"附带目标"也只能暂时靠边。最后，在这一目标愿景的指引下，共同体的日常学习活动内容、活动形式都是围绕教育教学展开，与教科研关联不大，因此无法有效发挥其在提高教师教科研能力方面的作用。

"学习共同体"是由拥有共同价值观念的教师与管理者构成的团队，他们通过动态性与持续性的合作学习和分享，将所学内容应用于实践中，寻求自身的专业发展，促进学生的学习。教师专业学习共同体包括共同的价值观与愿景、支持与共享的领导、合作学习及应用、支持性条件以及共享个人实践。因此，只有建立拥有教科研能力提升共同愿景的"教科研共同体"，才能真正实现共同体的价值。

四、基于办学理念的教科研再探索

在深入分析原因的基础上，学校针对教师的问题与需求，进行了教科研能力培养的再实践。

（一）创新科研管理流程

学校教科研工作的最终目的在于促成先进教育教学理念的生成，提升教师反思能力、研究能力，让教科研成为教师工作的一种方式。因此，规范合理的管理流程能为这一目标的达成提供制度保障。

一方面，变"应急写作"为"计划写作"。在日常的教科研实践中，除了已立项的课题有一年的时间来研究，其他的各项论文、征文评比往往来得"猝不及防"。从发布通知到作品上交，通常只有一个月左右的时间，老师们根本没有时间好好地选题构思，更别提进行实践、积累案例了。学校遵循"慢教育"的办学理念，相信所有的孩子都是一颗种子，我们应该遵循规律，静待花开。教育是如此，老师的成长也是如此。于是，学校教科室对科研管理流程进行了创新。如表5–2所示，教科室将每年常规的课题、论文、主题征文、读后感等各项比赛进行了梳理，制定"1+X"计划，鼓励每位教师各取所需，一年写一篇学科论文和若干篇其他征文（见表5–2）。

表 5-2 镇海区实验小学"1＋X"写作计划选择清单

（2018 年 9 月—2019 年 6 月）

名称	类别	项目	推荐人群	时间
"1"（必选）	学科论文类	各学科论文比赛	全体教师	3 月
"X"（自选）	课题研究类	区教育规划课题申报、结题	学科教研组	1 月
		区教育教学课题申报、结题	学科教研组	1 月
		区师训课题申报、结题	学科教研组	5 月
		市、区"课程与教学"个人课题申报、结题	骨干教师	9 月
		市、区"德育研究"个人课题申报、结题	德育导师	12 月
	征文类	宁波市"我的课题研究故事"征文	有课题经验者	10 月
		长三角家校合作征文	德育导师	10 月
		综合论文	新手教师	3 月
		暑期读书征文比赛	新手教师	7 月
		寒假读书征文比赛	新手教师	2 月

　　每学年结束后，学校教科室会委托教研组组长落实本教研组的老师依据"1+X"方案的要求进行报名，然后根据自己所选择的项目合理安排研究进程，完成研究任务。

　　另一方面，变"放羊式管理"为"放养式管理"。从"放羊式"到"放养式"，虽只有一字之差，但内涵却相距甚大。"放羊式管理"中，教科室只是收发文件的"二传手"，对教师的论文写作、课题研究难以起到指导作用，主要依靠教师个人的自觉与能力。但在"放养式管理"中，教科室的作用就不仅仅体现于此。

　　所谓"放"，是指充分发挥教师的个人能动性与创造性，为他们提供广阔的平台；而"养"则是指对教师的课题研究、论文写作进行过程性的把控。每年暑假，教科室都会要求每位教师上报论文写作选题，由教科室组织校内科研经验丰富的教师对选题进行指导、修改，并给出撰写意见。论文上交三个月前，参与评比的教师需上交论文初稿，由教科室安排科研经验丰富的教师进行一对一指导，帮助教师修改论文。两个月后，所有参评教师上交终稿，由教科室组织评审团进行评选，评选出校级获奖名单，确定参加区级比赛的作品，并给出完善意见，进行最后的润色。这样过程性的把控可以有效避免"临时抱佛脚"的应付行为，让科研真正落到实处。课题的管理也是如此，每月教科室都会召开课题例会，各课题组提交阶段性成果并拟定下一阶段实施计划，邀请专家对课题进行诊断把关，促进课题研究真正落地。

这样的变化让更多的教师参与到教科研实践中，也让教师的专业写作变得更为从容。他们不再是疲于应付，而是真真切切地亲历研究过程，对于他们的专业发展也有所助益。

（二）提升团队专业性

学校年轻老师居多，他们充满热情，勇于尝试，但在科研实践的路上仍需要导师的引领。因此，我们整合多方资源，组建专家团队。

1. 充分挖掘校内已有的教师资源

学校目前语文、数学、英语等学科均有名优、骨干教师，虽然人数不多，但他们个个都有丰富的教育教学与科研经验，能够为年轻教师的成长提供帮助。学校通过"教科研共同体"的方式发挥他们的指导作用。

2. 积极整合周边高校资源

我们学校地处庄市，紧邻宁波北边的高教园区。园区内有宁波大学、宁波工程学院、浙江纺织服装职业技术学院等几所高校，均拥有丰富的科研资源。学校作为宁波大学师范专业实习生的实践基地，更是拉近了和高校的距离。我们与宁波大学建立合作关系，邀请宁波大学的教授为学校教师提供科研指导，教授们深厚的理论功底与丰富的科研经验能为教师的科研实践提供高屋建瓴的指导。

3. 广泛联系家长资源

学校许多学生家长是高校的老师或是中国科学院宁波材料技术与工程研究所的科研人员，他们本身学养丰厚，科研能力突出，也是学校专家团队的重要组成部分。

（三）开展多形式的科研活动

科研是"做"出来的。对于一线教师而言，与其听很多场专家讲座，不如真真切切地去写一篇论文，做一个课题。开展多种形式的科研活动，能有效激发教师的科研积极性，提升科研实效性。

一方面，变"教研分离"为"教研一体"。教研、科研的分离会造成重复劳动，给一线教师带来不必要的负担。因此，要提升教师的教科研能力，就应该鼓励他们立足课堂开展教科研。学校教科室和教导处相互协调，在每学期初将工作进行梳理整合，把教研任务融于科研探究之中。课堂是教学的主阵地，有师生的交流互动，有学生的质疑讨论，有能够引发教师思考的案例和场景，可以说课堂是一块能为教师教科研活动提供丰富营养的沃土。通过课堂教学，教师可以展开对教材的研读和分析，对教材的内容选择、编排结构、难度把握、版本特色提出建议；也可以研究课堂中各环节的实施、组织和调控，教学情境的预设，创设与生成，教学的有效性等问题。学校教科室鼓励教师通过观察课堂、研究课堂、反思课堂获得最直接的科研资料。在期末的备课检查中，教科室和教导处商议后决定：教案可以电子稿打印，但每份教案都要进行二次调整和教学反思，这不仅减轻了教师的工作负担，更为培养教师的反思研究能力奠定了基础。

另一方面，变"大研究"为"小研究"。许多教师提起教科研，总觉得那些理论十分"高大上"，因此对教科研也是敬而远之。其实中小学的教科研不同于高校，不应是单纯的学术研究，也不应是理想化的设想，而应是有助于中小学教师的可持续发展和终身学习。教师教科研能力的提升，是一个循序渐进的过程，也是一个量变积累的过程，是教书育人不断完善的过程。对于教师而言，他们教科研的量的积累，多是从平时优秀的课堂实录开始，多是从一些零星的教学案例的写作起步，多是从学生的易错题、常错题中研究出一套好的方法而积累出来的；当然，也有从自己偶发的教育机智、感悟起步，更从教师灵感突发而写成的教育叙事、教育随笔起步，这些无不都是教科研。因此，学校鼓励年轻教师多写教学反思、教育叙事、教育随笔等，每年举行校级的教学反思比赛、教育叙事比赛、教育案例比赛，为年轻教师提供展示自我的平台，为他们的"质变"奠定基础。课题也是如此，对于缺乏经验的教师来说，小课题比大课题更容易上手。学校教科室会依据学校每年申报的师训课题或教育课题进行细化，将这些细化后的课题"承包"给个人或教研组，由他们负责具体实施。例如，在研究"青年教师作业设计开发能力"这一课题时，学校将课题细化为不同学科的青年教师作业设计开发能力的探究，分别由不同教研组进行研究，最后课题立项不仅成功地从镇海区走向宁波市，而且一大批老师在实践中感受到教科研的乐趣。

（四）提供有实效的培训

一方面，变"蜻蜓点水式"培训为"指向问题解决式"培训。专家的引领是提升教师教科研素养的重要途径。在与教师的交流中，我们发现，有深度、指向问题解决的培训才是教师真正需要的。为了了解学校教师的真实需求，教科室向全体教师征集培训主题，并对搜集到的主题进行分类梳理，重新架构了"指向问题解决"的培训体系。例如在"论文写作"这一版块中，根据老师反馈的"问卷调查和访谈该如何操作"这一个问题，我们就细化安排了"如何编出具有效度和信度的问卷""如何分析问卷搜集的数据""如何编写访谈提纲""如何整理访谈材料"等培训内容，点对点地突破教师教科研的难点。每次培训结束后，每位教师都要将讲座中学到的内容与自己手头上的"小课题"或参与的课题项目相结合，以研究团队为单位上交编写的问卷、访谈提纲等"作业"，通过实践将理论知识内化。为了让培训更具实效，学校又探索了主题论坛、沙龙、经验分享会、无领导小组讨论等形式，让教师参与其中，使他们在亲身体验中增加获得感（见表5-3）。

表5-3　2019学年镇海区实验小学培训统计
（2019年9月—2020年6月）

培训主题	培训内容	培训形式
研究方法	编写具有信度和效度的问卷	讲座、小组研讨
	问卷数据反馈——数据的分析与整理	讲座
	访谈提纲的编写	讲座
	访谈内容的整理	经验分享
	论文写作经验分享	主题论坛
课题申报	如何确定有研究价值的课题	讲座
	有效搜集文献，了解研究起点	讲座、小组研讨
	文献综述如何撰写	讲座
课题申报	立项申报书的写作技巧	经验分享
教育科研与教师发展	教育科研与教师发展	主题论坛
	如何进行专业阅读	经验分享

另一方面，变"挖空心思"为"厚积薄发"。每个研究的背后都需要理论支撑，为了提升教师的理论素养，学校教科室启动了一系列读书活动。首先，教科室每学年会提供书单，为教师的专业阅读引领方向。每学年初，教科室都会开展"我心中的好书"图书推荐活动，邀请老师们开放书架、共享书单。每位老师推荐一本他所认为对增进专业发展，提升科研能力最有用的书，由教科室进行梳理整合，形成学校的"年度书单"，供教师在选择阅读书籍时参考。书目包括《今

天怎样做教科研》《行走在教师身边的科研》《教师微型课题研究指南》这些科研方法指导类的书籍，也有《苏霍姆林斯基教育学说》《穿行于基础教育森林》《穿越教育概念的丛林》这些教育理论类书籍，还有《课堂转型》《深度学习》《项目化学习》这些新的教学理念类书籍。其次，学校为爱阅读、会阅读的老师搭建展示、交流的平台。每周的夜学时间都会有 2 名教师就自己读的书与大家进行分享、交流。学校还会将这些老师的读后感通过学校微信公众号进行推送，不仅让更多的人见证教师的专业成长，而且为他们的点滴进步留下印记。每个季度学校还会举行读书沙龙，邀请共读一本书的老师各抒己见，在观念的碰撞中获得思维的提升。与此同时，学校在鼓励老师专业阅读的基础上，凭借镇海区"啃读活动"的东风，同步开展校级"啃读挑战"，"逼迫"每位教师走上专业阅读的道路。参加活动的老师与学校签订协议：每年阅读 4 ~ 12 本书，并就阅读的每一本书撰写一篇 1000 字以上的读后感。"啃读活动"通过挑战的形式"逼迫"老师边读书，边思考，边写作。专业阅读让每位教师在日积月累中不断丰富自我，收获成长。

五、由"研"而"兴"：收获，不期而遇

苏霍姆林斯基说过："如果你想让教师的劳动能多获得乐趣，天天上课不至于变成一种单调乏味的义务，那就引领教师走向从事教育科研这条幸福的道路上来。"在学校教科研培训体系的带动下，教师们摩拳擦掌，信心满满地投入到教科研工作中。积极高效的研讨氛围使每个教师不断地比照自己的教学行为，从"小"做起，不断提升自己的教科研能力，丰富自己的内心世界，享受作为教育者的幸福。这套体系是目前为止我们探索出来的最适合学校实际的。

从教科室的引领到学校每一位教师的实践，学校根据每位教师的

学科特点及不同特长，为其量身定制不同的角色，教师承担不同的任务，获得各自的发展；根据每个团队的不同风格，为每一个教研组量身定制专属于他们自己的成长方案；发挥每一个人的专属职能，鼓励他们编织一张张个人特色的科研大网。每一个人都在体系中得到了收获和成长。科研兴校，成为不争的事实和具有前瞻性、可行性的最佳途径。

（一）一朵花静静地开了

我们学校的年轻人就像一颗颗种子，在学校教科研的土壤中，慢慢积蓄着力量，静待有朝一日破土而出。如施老师，她平日话不多，总是喜欢静静地思考。学校的美术展、班级的布置墙上都留下了她充满创意的作品。入职第一年，学校建议她写一篇论文，记录工作第一年的所思所得。第一次上交的论文思路混乱，逻辑不清，带着浓浓的稚气，字里行间却又极力表达着她自己的思考。对于这样一个有特长，有潜力，但缺乏一定教科研经验和能力的教师，学校积极鼓励她给自己一定的成长周期，制定三年成长规划，在保障校外名师结对、校内活动引领的基础上，鼓励她创办校"版画社团"。经过两年的实践和积淀，2018 年，施老师申报了"小学美术课堂中'创意版画教学'的实践与探究"课题并成功立项，2019 年此课题获得了区二等奖的好成绩。此后，施老师的论文多次获区级一等奖，优质课比赛获区级一等奖，教坛新秀评比获区第三名……像施老师这样的年轻人，在我们学校有很多，他们在慢慢成长着。对于教师的成长，我们不急于求成，而是更多地考虑如何为年轻教师的成长提供养分，给予他们足够的自我思考空间，而后静待花开。

（二）一丛绿荫野蛮生长着

每个学校都有一个个教研小组，但教研小组承担的更多是课例研讨的职责，而忽略了教育经验的讨论与总结。如何让教研组同时发挥教科研的团队协作功能是学校长期以来思考的问题。根据学校的实际情况，我们鼓励教师以教研组团队为依托，构建教科研团队，组成教科研共同体。

在众多的教科研团队中，体育教师的教科研能力相对较弱，学校根据体育组的实际情况，建议他们在校足球特色课程的基础上，对相关内容进行探索，并跨学科联合学校里教科研能力突出的教师进行合作，取长补短，实现了体育组教科研能力的成长和突破。经过几年的摸索与学习，2018 年我校体育组申报了"以社团活动为支撑的少年足球多维价值观探求——小学少年足球社团课程建设的实践研究"课题并成功立项，获得宁波市第六届中小学体育专项成果奖三等奖。每一个团队都有各自的特点，学校坚持站在教师的立场思考，鼓励每个团队发挥他们的特长，并为团队的成长提供相似的助力。

（三）一片春光照到了每个人的心里

每个学校都有教导处、德育处等部门管理学校的日常工作，他们与教科室之间往往是各司其职的关系。但在我们学校，各个部门之间是交叉合作的。德育处的不少活动与教导处协同举办，让学生的学科素养、实践能力和品德素质齐发展；教科室常常和教导处、德育处共同研讨，并由教科室牵头，教导处、德育处组织落实各种校级师训、德育课题。

"核心素养下提升教师作业开发与实施的能力探究"获 2020 年宁波市教研课题一等奖，就是由教导处和教科室合作发起、全校各学科教师共同参与的。针对学校年轻教师较多的情况，为了提升青年教师的作业开发能力，教导处以校级课题为抓手，邀请不同学科组的教师作为各学科负责人，再具体落实到各年段、各年级，组成了一张层层深入的大网。其中，年轻教师可以在课题研究中初步学习教科研的基本方法，为他们将来的教科研活动打下坚实的基础；相对有经验的教师可以锻炼自己的课题组织能力，进一步提升自己的教科研水平；教导处可以通过这样实打实的课题研究真正提升教师们的业务水平，可以说是一举三得。

一个地方有一个地方的气质，从建筑到人，都是如此。我们学校的建筑，灰色的砖瓦、翘起的飞檐，总让人仿佛穿越到了几千年以前。这儿的人似乎也在长久的浸润中沾染上了一份沉静的气息。研究的魅力很多时候就在于研究本身，有人说，每个人的经历都会逐渐沉淀为他的气质，"科研"慢慢地就融进了镇海区实验小学教师的气质里。上课是研究，班级管理也是研究，学校里的布置落到眼里，也似乎成了一个有趣的课题。

课程开发与教师专业发展

第 六 章

慢慢做教育

一所学校教师队伍建设的思考与行动

毋庸讳言，学校教师队伍建设最终指向于一支优秀教师团队的形成。问题在于，对于什么是好教师，什么是好的教师团队，人们的认识在不断发生着变化。因此，就"如何促进教师专业发展以及优秀教师团队形成"这一问题，人们有着动态的认识和做法。

很长一段时间，教师被看作是"教书"的"匠人"，也即"教书匠"，甚至很多教师本人也以此自谓。匠，原指工匠，即手艺人。其引申义，有匠心、匠意、"匠心独运"。作为教书匠的教师，其关注点在于教学手段如何"有效"，追求知识传递"效率"的最大化。在此语境下，那些在"匠"上下功夫且"匠心浓"，具有高超的教学技巧，有独到的解读教材的方法，并能够有效地将教材内容传授给学生的教师无疑就是好教师。①"教书匠"也是我国民众长期认可的好教师形象。中华人民共和国成立以来，我国一直采用国家课程开发模式，参与课程开发的是教育部门的高级行政管理人员、教育理论家、课程专家、学科专家、教学法专家等校外的官员和学者，由他们设计好规范的课程文本，最后由教师去实施。教师首要考虑的是如何将规定的课程内容有效地教给学生。与此相呼应，关于好教师的呼唤，主要也遵循了"教书匠"这一好教师形象，尤其注重从技艺的角度来要求教师。正如有研究者指出："一位能够维持良好的课堂教学秩序，对教学内容的重点和难点有着清晰的把握，并能在课堂上通过讲解或演示把这些内容给学生'讲明白'的教师，就会被认为是一位合格的甚至优秀的教师。"②

随着时代的发展，"教书匠"这一好教师形象所掩盖的问题逐渐累积，最终爆发出来。其爆发的主要标志当推 20 世纪 60 年代影响深

---

① 汪明帅，张帅.好教师形象的百年变迁——基于课程价值观念变迁的考察 [J].教育发展研究，2020（2）：77-84.

② 王建军.课程变革与教师专业发展 [M].成都：四川教育出版社，2004：57.

远的"防教师课程"（teacher-proofcurriculum）。[①]该课程认为经由课程专家和学科专家精心设计的课程，包含着严密的操作步骤，甚至具体规定了教师必须知道、讲解和要做的每一件事情，具有相当的权威性。教师需要做的就是按图索骥，照章办事，忠实地将这些权威性的内容传递给学生，做好课程"搬运工"的本分，规避因"误教"而无法实现教学目标的风险。"防教师课程"将教师与课程之间的关系极度窄化，教师被排除在课程开发过程之外，完全控制教师的课程实践，直接导致了教师与课程之间的单向控制关系，使得教师成为课程的"附庸"。这一"架空"教师的做法导致这场课程改革以失败告终，招致了诸多批评。人们逐渐认识到，缺少弹性和开放特征的"防教师课程"无法在教师个人的教育力量与专家们设定的教育内容之间建立某种建设性的联系，教师与课程的关系亟待予以重新梳理。人们开始相信，作为教育（课程）改革的主要实施者，教师的个人经验、成长经历、思想观念等因素，即使没有被意识到或者不被理睬，也会自然而然地渗透到教师的课程实践中并产生重要的影响。早在20世纪末期，吴康宁教授就从"课程重构"的角度为我们全面透视了课程与教师之间的关系："无论是从教师的意识形态与价值取向来看，还是从教师的知识水平或个性差异来看，教师都不可能完全'忠实地'传递作为法定知识的课程内容，而是多少会对课程内容进行增减与加工。"[②]易言之，无论专家的构想多么精致，都不能避免教师进行富有个性的发挥。教师的日常工作是复杂的，课堂中出现的问题往往是基于情境的问题，教学过程中常常会发生一些"意外""插曲"，这些都需要教师具体问题具体分析。因此，给予具体教育情境中的教师以教育内容

---

① Connelly F M. Teachers' roles in the using and doing of research and curriculum development[J]. Journal of Curriculum Studies，1980 (2)，95-107.

② 吴康宁. 教育社会学 [M]. 北京：人民教育出版社，1998：344-348.

与设计的适当空间是必要的。

对于我国而言，第八次基础教育课程改革宣告着这一认识与实践的落地。新课程改革让我国的基础教育从教学论话语系统转向课程论话语系统，"以往中小学课程设置历次较大的变化，都只能算'教程'范围内的调整，而如今的课程改革，则属于从'教程'向'学程'转化的尝试。堪称我国基础教育课程历史性变革的开端"[①]。课程概念的演进以及课程与教师的关系发生根本性的改变，好教师形象因而也需要发生相应的改变。新课程改革明确提出教师作为课程的研究者和开发者："教师在教学过程中要以研究者的心态置身于教学情境之中，以研究者的眼光审视和分析教学理论与教学实践中的各种问题，对自身的行为进行反思。"[②] 自此以来，国家课程校本化、校本课程开发成为这 20 多年来教育改革领域的主旋律，课程开发与教师专业发展之间的关系也在不断被提及。以校本课程开发为例，它赋予教师一部分课程开发的权利，从而使课程开发不仅仅是学科专家和课程专家的专利，而形成专家与学校、教师共同开发课程的态势，教师也成为课程开发的主体之一。这样，教师不再仅仅是课程的消费者和被动的实施者，而在某种程度上成为课程的设计者和生产者。这对教师的专业发展提出了新的挑战，也赋予了人们对什么是好的教师以及好的教师团队这一问题新的理解。教师不应仅仅作为课程实施的"管道工"，还应该承担课程实施"决策者"的角色，至少是"决策者"之一，教师以及教师团队研究课程进而开发课程具有重要意义。既然教师在课程实施中以他们自己的判断在改变着课程，那么把这种行为由自发引向自觉与自主，就是校本课程发展所依据的真实理由。换言之，努力

---

① 陈桂生 . 课程实话 [M]. 上海：华东师范大学出版社，2010：159.
② 朱慕菊 . 走进新课程——与课程实施者对话 [M]. 北京：北京师范大学出版社，2002：46.

提高教师专业发展水平，提高教师课程研究与课程开发的能力，才是校本课程开发的关键。基于此，丁钢教授早在21世纪之初就这样说道："校本课程的好处，并不是它必然需要这样或那样的不同于国家或地方的独立课程，而是使教师意识到，他们的教学活动不可避免地是在一个以课程为核心的教育变革网络之中，并且伴随着自身的专业发展。"①

至此，教师越来越需要具备课程开发的能力，课程开发也越来越成为促进教师专业发展的重要方面。问题在于，参与课程开发并不必然促进教师专业发展。要想将课程开发作为促进教师专业发展的抓手，还需要具备一定的条件和保障。

首先，要促使教师自发开展校本课程开发，适切的在职培训是必要的。既然教师的经验、态度、知识、能力等都会对课程产生重要影响，那么通过一定的课程知识与技能的培训，提升教师对课程的认识和理解，由此明晰教师在课程发展上的责任，形成自主而有专业引导以及专业规范的行为方式，将是促使校本课程开发有助于教师专业发展的一项必要措施。

其次，要保证教师在进修中所接受的观念、知识和技巧能落实于日常的课程实施活动之中，需要开展持续性的学习活动。校本教师发展已为越来越多的人所接受，与此同时还应加强教师之间在课程实施等教学活动中的专业对话、沟通、协调和合作，共同分享经验，通过互动彼此支持，更好地发挥校本课程开发的效用。

最后，校本课程开发需要使课程切合学校不同学生的学习能力、兴趣与需求，这是校本课程开发与教师专业发展中尤为需要关注的课题。在校本课程开发中，持有什么样的儿童观，对儿童采取什么样的

---

① 丁钢.以教师专业发展为核心的校本课程开发[J].教育研究，2001（2）：50-53.

态度，关系到拓展性课程目标的确定、结构的斟酌、内容的选择以及评价方案的确立。因此，恰当而客观地认识儿童，对儿童与课程之间的关系进行准确定位，是校本课程开发成功与否十分重要的前提与保障。

上述主要是理论层面上的分析。在实践层面，可能会呈现更为复杂的情形。已有的实践表明，通过课程开发促进教师专业发展，有不少成功的案例；不过，也有不少学校并没有透彻理解课程开发与教师专业发展之间的关联，很多教师在参与课程开发的过程中也遇到了各种各样的障碍。对于浙江省的学校而言，对课程开发与教师专业发展关系的讨论，主要涉及基础性课程与拓展性课程两个方面。下面我们主要以我们学校的拓展性课程开发为例，具体呈现我们学校在以课程开发促进教师专业发展上的思考与行动。

一、课程开发的现实与问题

伴随着社会的飞速发展，人们对教育的需求不断提高——促进人的发展。每个孩子的兴趣爱好和特长各有不同，基础性课程无法满足所有孩子的个性发展需要，所以开发拓展性课程是当下满足不同学生发展需求的重要路径之一。因此，提高教师课程开发能力尤为重要，但反观学校现实，困难重重。

2015 年 9 月镇海区实验小学异地重建后，教师仅 6 人。2016 年 9 月教师增加到 17 人，其中 30 岁以上教师 9 人，其余 8 人均为年轻教师。2017 年 9 月，学校新增教师 14 人。2018 年 9 月开始，学校每年招收 10 个班新生，每年新增教师 25 人左右，新教师占了全校教师人数的 80% 左右。随着大量新教师涌入，学校教师队伍不断趋于年轻化。这样一群年轻的教师走进这样一个年轻的学校，可想而知，拓展性课程的开发与实施一定困难重重。

首先，教师课程开发的意识有待增强。年轻教师接触学生少、课堂把控能力弱。通过审视教师的常规课堂，我们发现很多年轻教师只顾着完成教案的流程，而忽视了学生的学习情况，学生做小动作、走神、交头接耳都视而不见或没有及时处理。长此以往，班级教学效果不尽如人意，常态课的课堂效率难以保证。基于此，学校在建校初期将重点放在"如何让老师们站稳讲台"上。随着课程建设的需要，学校及教师的课程观念未能发生根本性改变，学校、教师和学生都过分依赖统编的教科书，仍习惯于完全执行指令性的课程计划，陷于陈旧的课程思想习惯之中。比如有的教师简单地认为拓展课就是兴趣课，试图让学生涂色、折纸、看电影；甚至还有些教师在拓展课自主申报时出现"我不是数学老师吗？为什么要去上其他课？"的错误认知。教师的课程意识淡薄，对拓展性课程的含义一知半解，对拓展性课程开发的认识不到位，因此，亟须增强教师课程开发的意识。

其次，教师课程开发的能力难胜其任。拓展性课程的开发与实施要求教师具有关于课程建设的基础知识和经验、课程问题意识、课程改革意识以及课程开发意识。但由于绝大多数年轻教师原来所学的教育学没有涉及课程开发相关理论，教师基本上没有系统学习过课程开发的理论和方法，更少有课程开发的实践训练。为此，面临突然到来的课程开发任务，加上学校课程开发刚起步，对于课程开发、评价体系等问题还处于摸索阶段，没有可供借鉴的经验和模式，年轻教师对课程的认识难免存在一些偏差。所以，如何强化教师课程意识，提高学校教师课程开发能力，使之具备开发校本课程所必要的知识、技术和能力，成为学校课程开发中的重要问题。

最后，学校课程的顶层构想尚未成熟。课程开发属于课程的生成过程，这个过程需要自下而上的自然构建，但也需要学校的顶层设计与架构，即方向上的"把脉"。在学校建校初期，领导班子也都是从各校抽调而成，中层干部更是极度匮乏，为数不多的几个中层干部都身兼数职，各项事务接踵而至，忙得焦头烂额。这些客观原因造成了学校在课程的架构和方向上没有进行深思熟虑，导致课程的开发与实施陷入"脚踩西瓜皮，滑到哪儿算哪儿"的窘境。

除上述三个重点问题外，当时学校课程开发与实施所面临的问题还有很多：校舍功能不健全，在场地的保障上存在一定的限制；在邀请专家时首先考虑课堂教学的需求，忽视了专家在课程上的指导和引领；课程开发与实施中缺乏科学的评价体系等。这些现实与问题都阻碍着学校课程开发与实施的脚步。

二、起步：基于教师特长的课程开发与实施

根据《浙江省教育厅关于深化义务教育课程改革的指导意见》，学校需要保质、保量地开设相关拓展性课程。当时，我们学校在课程开发上的问题一时难以解决。班子成员通过专题研讨，确定了建校初期拓展性课程开发与实施的基本思路——基于教师的特长开展。

建校第一年，学校每周拿出两课时用以开展"趣味数学"和"绘本阅读"这两门拓展性课程。两门课程均是基于授课教师意愿开展的，"趣味数学"主要讲授书本知识以外的数学趣事，"绘本阅读"是教师自行选择绘本，在课堂上与学生共同分享。这一年的拓展性课程在开展前期没有制定规划，开设的两门课程既没有课程纲要，也没有评价办法，没有思考过这门课要培养学生哪些素养与能力，教学内容的编排也不够科学。

第二年，学校终于搬进了属于自己的全新校舍，除去用作教室和办公室的房间，剩下的大量空教室足够为拓展性课程的实施提供场地。

这一年，学校规模也从 3 个班扩大到 9 个班，教师人数也增加至近 20 人。经过一年的过渡调整，学校各项工作逐步走上正轨，拓展性课程建设也有了进一步的发展。由教导处统筹管理，每位教师自主申报，新加入本校的老师都根据自己的特长开设了一些课程。在课程开设前，每位任课教师要上交教学计划，阐明课程开设的目的、课程学习的内容、课程进度的安排以及最后的课程评价方式。在课程开展过程中，教导处会不定时巡课，检查教案及上课情况，对课堂质量进行监控。随着学生人数的增长，我们的拓展性课程也愈来愈丰富，无论是种类上还是数量上都有了明显的增长。

之后几年，教导处进一步加强了课程开发的过程管理，注重经验反思与积累，指导教师进一步完善自己所开发的课程，并鼓励更多教师参与课程开发。在拓展性课程开发的过程中，教师们的目标意识、资源意识、生成意识、反馈意识都得到了增强，课程开发能力日益提升。

基于教师特长来开发拓展性课程帮助我们顺利地度过了"困难期"，一定程度上满足了部分学生的需求，这种课程开发能够保证授课教师的专业能力，让学生能获得丰富的课程知识，从知识性和专业性上来讲值得肯定。但是我们逐渐认识到，这种课程开发是具有很多局限性的，主要体现在它依托于教师兴趣，只能满足部分学生的兴趣需求。那么，学生对于拓展性课程的诉求是什么呢？带着这样的疑问，我们在 2016—2017 学年结束时，开展了一次全校性的调查。调查内容如下。

1. 本学年开设的拓展性课程你喜欢的有几门？
A. 5 门及以上　　B. 3～4 门　　C. 1～2 门　　D. 没有

2.你喜欢本学年你上的拓展性课程吗？

A.非常喜欢　　B.比较喜欢　　C.没有感觉　　D.不喜欢

3.你希望学校增设什么拓展性课程？具体写写你的想法。

————————————————

经调查，对于第一个问题，全校有5.1%的学生选择了"3～4门"，40.9%的学生选择了"1～2门"，选择"没有"的高达54%；对于第二个问题，全校有2.4%的学生选择了"非常喜欢"，28.7%的学生选择了"比较喜欢"，还有31.4%的学生选择"没有感觉"，剩余的37.5%选择了"不喜欢"；对于第三个问题，89.6%的孩子都在横线上写下了自己喜欢的课程。这些数据给了我们"当头一棒"：原来我们的课程只满足了小部分孩子的需求，却对大部分孩子的需求关注不够。这无疑是在浪费孩子们宝贵的学习时间。

从课程的数量和质量上来说，前三年我们确实在课程开发方面不断取得进步，每一个老师都在不断完善自己承担的拓展性课程。但基于教师特长开展的课程终究绕不开零散的弊病——无延续、无体系。更为重要的是，这些课程无法满足多数孩子内心对拓展性课程的真正诉求。

朱永新教授曾说：教室是一根扁担，一头挑着课程，一头挑着生命。当教育已不仅仅是满足"有书读"而是"读好书"的当下，每一个教育人都必须正视教育的全面性与差异性、社会化和个性化的统一。只有让一个个学生在教育面前都面貌清晰起来，一个个鲜活的生命才会如花绽放，我们也才会迎来教育的另一个春天。[①] 于是，"让学生学会选择，让学生能够选择"成为我们亟须解决的问题。这就要求学校

————————————————

① 海门新教育研究中心，一间可以长大的教室——新教育"完美教室"叙事[M].南京：南京大学出版社，2012.

要让学生有机会参加自己感兴趣的拓展学习，及早了解自身的特长和潜能，为将来选择合适的发展方向打下基础。于是我们开始探索，孩子们想要的拓展性课程有哪些？我们又该怎样平衡教师所长与学生所需之间的关系呢？

三、摸索：基于学生需求的课程开发与实施

成长的路程从来都不会是一帆风顺的。学校的拓展性课程开发一度陷入了非常尴尬的境地。随着学校的不断扩招，到 2018 年，一年级 10 个班全部招满，拓展性课程面临更广泛、更多样的需求。我们意识到：学校的拓展性课程开发需要做出一些改变与调整。

（一）深入开展学生需求评估

"学校开设哪些课程，不能老师们剃头挑子一头热，还是要听听学生们喜欢什么！"老师们都在这样感叹道。我们深刻认识到，进行拓展性课程开发，必须明白什么是学生发展所需要的，什么是学生欢迎的。

在这样的认识下，我们将目光聚焦于深入了解学生的需求上。现在的孩子们知识面广、个性强，他们更愿意表达自己的想法，希望自己可以有权决定学习什么，怎么学习。还没等老师们主动了解情况，孩子们已经迫不及待地来找老师发表看法："老师，这个活动能不能让我们自己去看看啊？""学校可不可以给我们开魔术课啊？"孩子们对于拓展型课程的反馈往往是准确而又及时的。基于此，在 2017—2018 学年末开展的全校学生拓展性课程需求调查（见表 6-1）的基础上，结合教师们的观察以及家长的评价反馈，我们对当前学生拓展性课程需求进行了较为深入的分析评估。

表 6-1　学生拓展性课程需求调查结果

（2017—2018 年）

学生兴趣	学生选择所占比例 /%
艺术类	27.9
计算机类	25.6
生活技能类	18.9
体育运动类	15.6
知识学习类	12.3
其他类	6.8

课程最终面向的是学生，学生需求是课程开发实施的第一要素。根据这一点，我们在了解学情的基础上，结合教师们的特长，调整了拓展性课程的设置，增加孩子们喜欢的课程，对不太受欢迎的课程进行了删减调整。课程的设置类型增加了，形式多样了，项目更多了。新的拓展性课程刚露了一点风声，就引起了全校师生的极大关注，大家都在拭目以待（见图 6-1）。

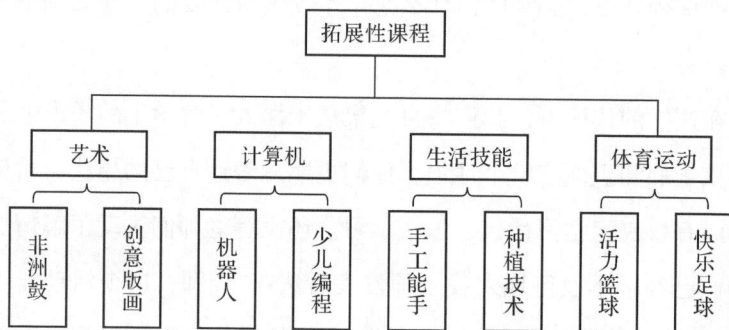

图 6-1　基于学生兴趣的拓展课程举例

（二）基于学生发展需求梳理课程资源

理念的转变至关重要，实践的探索更是任重道远。开发能够满足学生发展需求的拓展性课程，这是一项需要不断探索精进的工作。为了让课程内容更加充实，在实践过程中更为有效，我们立足于学校的独特性，组织教师对校内外可以利用的课程资源进行充分挖掘和全面梳理。

每一所学校都有自己独特的资源，用以承托学校的教育理念，实现学校教育理想。从学生发展需求的角度出发，我们对学校内部的课程资源进行了梳理。始建于1912年的镇海区实验小学底蕴深厚，2015年异地新建后具有优越的硬件设施，场馆设施一应俱全。学校不仅有厚重的历史、漂亮的建筑、完善的硬件设施，还有一个年轻化、个性化、充满活力的教师团队。这些内部条件为我们开展基于学生发展需求的课程开发创造了扎实的基础条件。以校内资源为基础，结合学生的兴趣需求，我们开设了计算机、阅读欣赏、书法、美术、演讲与口才、科技制作、三棋、舞蹈、声乐、手工制作等15类共24门特色课程，致力于满足学生的各方面的兴趣与需求，培养学生各方面特长。

校外资源更是一片广阔的天地，地方文化的独特性为我们提供了得天独厚的课程资源。翻开学校的地图，我们就会发现，方方正正的校园，西北缺了一个角。这个"角"便是"世界船王"包玉刚的故居，墙高院深，砖木结构的两层瓦房坐北朝南，具有典型的江南民居风格。一道矮矮的校园围墙，把我们学校和这座古典民居分离开来。不乏有在操场上玩耍的孩子不经意间透过围墙的缝隙，发现了这座故居，便会好奇地来问："老师，这是什么地方啊？"由此，他们可能第一次听闻了"世界船王"包玉刚的名字，并开启一段探索的旅程。基于孩子们对故乡的好奇，我们设计了"宁波帮文化"系列特色课程。除丰富的地方文化资源外，各行各业的学生家长、近水楼台的高校资源也是我们开发拓展性课程重要的校外资源。这些丰富的校外资源，为我们基于拓展性课程厚植学生的文化底蕴奠定了基础（见图6-2）。

课程资源的梳理，拓宽了老师们的眼界。经过教师们的梳理整合，学校可以开发利用的课程资源更为清晰，为丰富和充实课堂内容提供了多样的选择，也更贴近了学生的生活。

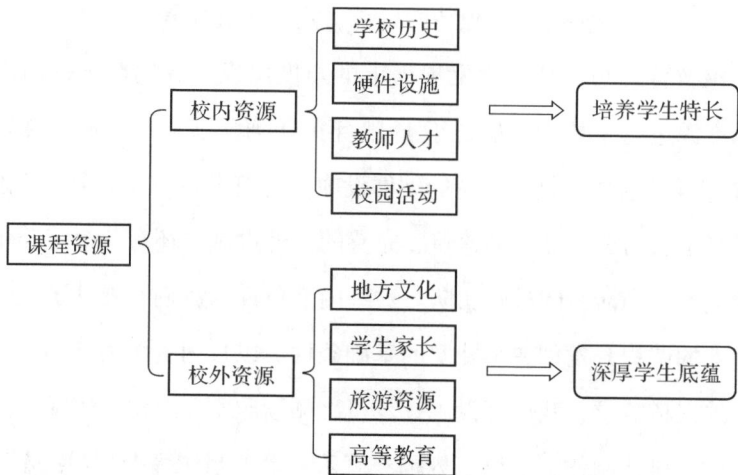

图 6-2　学校的课程资源

（三）不断提升教师课程开发能力

课程资源的梳理进一步强化了老师们的课程开发意识，在此基础上，我们还需要尽快提升教师的课程开发能力，才能真正利用好这些课程资源。为此，学校采取了内外兼修、快速成长的方案，进行了持续性的在职培训。学校采用"请进来，走出去"的模式，通过自我学习、内部研讨、专家指点、外出进修等方式全方位提升教师课程开发的能力。

自我学习是了解课程开发的第一步。学校为了鼓励年轻教师主动学习课程知识，向他们推荐了大量关于课程开发的书籍和资料。年轻教师们精力好、学习力强，对课程知识的领悟更快，往往能够生成一些创造性的解读。通过自我学习，教师们对课程知识有了进一步的了解。为了尽快提升教师们课程开发的能力，学校定期举行课程开发研修活动。每次确定一个主题，由老师们进行自由式讨论。结合举办主题论坛，让老师们在思维的碰撞中提高自身素养，教师们越来越多地开始用课程相关理论解释和推进自己的拓展性课程开发，开始从我们

"为什么教""教到什么程度""还应怎么样"等角度去进行课程设计。在这些批判性反思研究中，教师们的课程开发意识得到了不断增强，课程开发能力得到了一定提升。

关起门搞研究还不够，学校还请进来一些课程开发方面的专家为我们把脉指路。年轻教师往往更偏重于教学意识而非课程意识，关注的是如何把教学目的落实好。有教学意识是件好事，但是只有把教师的眼界格局打开，才能让他们真正从学生出发去把握教学目标，去选取利用教学资源，研究如何让孩子可持续发展进而挖掘学生的内驱力。只有真正形成课程意识，我们培养教师的课程开发能力才算成功了一半。除了请进课程专家外，学校还创造条件让教师走出去，去看看世界的精彩，去学习他人先进的经验，内外两手并抓，合力催化教师快速成长。我们学校教师的足迹踏遍了大江南北，他们见识过上海、北京等教育先进地区"高大上"的精品课程，也观摩过西部山区原生态的乡土课程。最美的风景总在旅途上，我们的老师在参观学习的过程中，课程开发的意识和能力得到了显著的进化。一支课程素养过硬的教师团队，是学校拓展性课程开发取得成功最大的底气。

至此，我们学校的课程开发在蹒跚中华丽转身，学校基于学生兴趣、校内外资源开展了近30门拓展性课程，老师们的课程开发能力得到了充分锻炼，课堂也重新热闹起来，孩子们又欢快起来，一切好像又开始朝着好的方向发展。本着进步永不停步的劲头，我们再一次陷入沉思：热热闹闹的课堂一定是能帮助学生成长进步的吗？

四、改进：基于办学理念的课程开发与实施

随着学校课程开发的进一步推进，我们再次陷入了思考：满足学生的兴趣、将校内外的课程资源全部引进学校的课程建设就可以为孩

子的成长打好基础吗？就可以提升教师课程开发与实施的能力吗？在实践中我们发现，这样的课程开发仍然不成体系，较为零散。怎样建设具有体系的课程系统呢？面对这一问题，在学校"慢教育"的办学理念下，带着关于"怎样系统地满足学生的个性需求"这一问题的思考，我们在课程开发与实施中尝试了新的改进。

（一）基于办学理念下的课程构思

学校的课程建设应基于学校的办学理念，因为办学理念是学校办学的灵魂，是学校发展的精神引领，它能指导学校的课程建设，提升学校文化品位，彰显学校特色，对提升教育质量起着重要作用。所以，只有基于办学理念的课程开发与实施，才能让学生在课程中得到系统地成长，让教师在课程开发与实施中得到专业发展，才能为形成学校的课程特色做好铺垫。我们学校的办学理念是"践行慢教育，让生命更幸福"，我们秉信教育是"慢"的艺术。小学阶段儿童的成长，有其自然规律，是有节奏的发展，需要以生为本，因人而异，帮助孩子基于"最近发展区"而获得适性发展，让学生在试错、容错、纠错的过程中自然地成长。那么，教师在课程教学中应该重视学生的学习过程，深耕细作，循循善诱，激发兴趣，启迪成长，在基于办学理念之下让孩子的成长和课程的成长相融通。

孩子的成长先应沉淀文化内涵，再探寻自己的兴趣特长，这样的成长才是"慢"的艺术。在学校"慢教育"的引领下，我们的课程的开发与实施就应促进孩子身体强健、心理健康、品格优秀，有较好的学习品质。而这些成长又能促进课程的迭代升级，教师也能在培养人的基础上，提升课程开发与实施的能力，获得专业成长，从而促进学校的发展。

（二）基于办学理念的课程开发

基于以上的理解和构思，在"慢教育"的办学理念下，具体如何进行课程的开发呢？我们逐渐梳理出三条路径。

1. 基于办学理念，挖掘教师特长的深度和广度

在课程的开发过程中，我们不能因为要基于办学理念，让有特长的教师放弃其自身特长去开发新的课程，这样既不能调动教师的积极性，也无法将"慢教育"的理念真正落地。所以我们坚持发挥教师的特长，在此基础上挖掘教师特长的深度和广度，让更多的学生参与其中，让学生在课程实施中多维度、多角度地参与和学习。以张汉良老师开设的足球课程为例，在办学理念的引领下，以"快乐"为落脚点，融入四大板块的子课程，让学生在足球这门课程中慢慢成长。

从基于教师特长的足球课程到现在课程群的建构，课程执教教师不再只是一位足球教练，而是一位课程的掌舵者。教师在课程的开发中，积极主动参加课程理论学习，研讨新课改的方针政策，教师自身的课程开发能力获得极大提升。学生在"知识性课程"中了解足球文化，明晰足球规则，预防运动损伤；在"技能性课程"中学习了技能动作，促进身体的协调性，增强实战能力；在"拓展性课程"中全程参与足球节、班级足球比赛的策划、组织、实施等流程，体验足球赛事相关的职业，从不同维度深入地了解足球，感受足球文化。

当然按照这样路径开发的课程还有许多，比如施嘉妍老师大学辅修的就是版画教学，她在此基础上进行深入挖掘，形成版画的前世今生、版画的技能教学、版画的欣赏技艺等模块课程；再如林雅老师的特长是 STEAM 方向，结合小学生学情特征和学校特色，从纸的来源到纸的类别、特性、结构等，开发出了"纸系列"STEAM 课程。

2. 基于办学理念，理性甄选与删减校内外资源

前几年，学校利用校内外教育资源开设近 30 门课程，但是有些课程在难度上不适合小学生，需要降低难度，如工程课程；有些课程则是"可有可无"，可以合理删减，比如开心屋课程。

所以我们审视之前所开发的课程，理性地进行甄选、商议和再挖掘。为了使内容调整更具有针对性，更符合学校的办学理念和学生的成长，首先我们对原本已经开发的课程展开调查；其次我们与执教教师和外聘的教师团队展开讨论；最后确定符合学校的办学理念。经过暑期排摸→讨论→筛选→定稿，我们基于校内外资源逐渐整理并确定以下课程。

（1）以学校优美环境为载体，以培养学生语言能力、交际能力为目的的"红领巾小导游"课程，分中、英文双语介绍，从导游的职业素养、学校的景点分布、导游的语言表达、导游的肢体表达等多方面开展教学，并结合实战，全方面培养学生的表达能力，激发学生对校园的热爱。

（2）以周边高校师资为外力，开设"小小农科院"课程，从种植花草、培育花草到花草鉴赏、医学作用、艺术加工等方面开展教学，培养学生的探究能力、实践能力等。

（3）以商帮文化为内涵，以周边银行为外力开发"小小财商"课程，从货币的存在形式、财富的性质与作用、如何获得财富、小学生可以怎么做等方面展开教学，并结合实地学习，培养学生的思维能力、理财意识等。

3.基于办学理念，合理新增适合校情的课程

为了促进学生在"慢教育"理念引领下的课程中快乐成长，拥有幸福童年，我们通过"走出去、请进来"的方式对课程的开发进行梳理、模仿、反思，最终合力开发出了适合各年级学生特点的"幸福成长"系列课程。例如，一年级的"软着陆"课程：在新生入校的第一周，不着急去上课，而是以"软着陆"的方式，系统化地教授新生文明礼仪、入学规范、课堂常规等小学生"入门技能"。从行为习惯出发，培养一年级新生的"小学生意识"，完成"幼小衔接"的最后一棒。

二年级的"场馆探索"课程：以校内外场馆为素材，培养学生的探究能力。三年级的"十岁成长"课程：抓住三年级孩子正值十岁之际，让孩子体会成长的意义，体验成长的快乐，感恩父母养育之恩、老师的教诲之恩，整合学科，用文字、绘画、儿童诗感受成长的画面，用数学知识直观感受成长的折线等。四年级的"国防教育"课程：依托绿色军营活动，开展国防学习、组织纪律学习，培养爱国主义、集体主义、革命乐观主义以及吃苦耐劳的精神。五年级的"社会实践"课程：以学科整合为特色，与德育相融合，结合思政教育、社会实践等，培养学生的实践能力。六年级的"毕业感恩"课程：让学生通过一周的学习，回忆小学阶段的点滴学习、生活片段并用各种方式进行记录，从而感恩教师、感恩同学，培养学生团结意识、感恩意识。

（三）基于办学理念的课程实施

在学校办学理念的引领下，学校对课程重新定位，梳理课程资源，开发符合学校实际、符合学生学情的课程，倡导所开发的课程能够促进学生的生命成长、个性发展，以优秀课程促进教师专业成长，形成学校特色课程。

课程资源与课程的开发、实施是"肉"与"骨"的密切联系，拓展性课程也不例外。论及拓展性课程的课程资源，学校周边的场馆理应占据一个重要的位置。场馆作为面向社会大众、保存和传承人类历史文化、普及自然和科学技术知识的公共机构，不仅包括科技馆、博物馆、天文馆、美术馆等具有封闭结构的场所，也包括动物园、植物园、历史遗址、自然保护区等在内的与文化、科技相关的露天开放场所。场馆因其丰富的资源、情境化的展区以及操作互动的活动项目优势，正逐步成为提升学生综合素养的重要平台。因此，在课程改革不断深化的背景下，积极挖掘和利用学校周边的场馆，打通课堂内外、校园内外的边界，具有重要意义。镇海区实验小学地处素有"宁波帮故里、教科文基地"美誉的宁波市镇海区庄市街道，学校周边不仅有宁波大学、中科院宁波材料所之类的高校和科研机构，也有江南第一学堂、包玉刚故居、宁波帮博物馆、绿轴体育公园、宁波植物园等大量的人文、自然、体育设施，为拓展性课程的开发与实施提供了丰富的资源。基于此，学校进行了有益的尝试。

在不断摸索的过程中，我们发现，不同于常规拓展性课程的开发与实施，基于场馆的拓展性课程开发与实施在学生本位、主题聚焦以及整合学习这三个方面，既有其独特的优势，也能满足学生发展的特定需求。

1. 学生本位：明确基于场馆的拓展性课程开发的旨趣

毋庸讳言，与基础性课程不同，拓展性课程更多地服务于学生的兴趣和需求。值得注意的是，基于场馆的拓展性课程开发与实施在满足学生的兴趣和需求方面有着得天独厚的优势。

区别于传统书本、纸质的课程资源，场馆课程资源类型多样，内容丰富，天然具有直观性、情境性、体验性、实物性等特征，能够极大地密切学生与自然、社会和生活的联系。场馆本身拥有大量的展览、实物、模型、标本，是真实情境的模拟甚至直接映照，又加之现代化的声、光、电、计算机网络、虚拟技术的应用，为学生创设或再现一个个逼真的虚拟情境，极易调动学生的感官，增强他们的真实体验与感受，激发学习兴趣。另外，在场馆中学生动手操作活动，为学生提供了直接观察、亲身体验以及深入探究的机会，有利于学生获得直接经验，创新方法，建构并更新自身的知识体系。场馆为学生的"玩"和"学"提供了一个非正式的学习环境，这种非正式环境的场馆学习对激发学生兴趣与学习动机，理解先前知识，在学习过程中积极反思，参与互动活动等具有重要作用。

置身于这种独特的学习环境中，学生更乐于探究与学习知识，在不知不觉中促进认知的迁移和发展。这种独特的学习环境还有助于学生将已有理论知识与实践建立起联系，激活头脑中的惰性知识，更新或重构自身的认知体系。因此，基于场馆的拓展性课程开发与实施，一定要发扬这一优势，密切关注学生的兴趣与需求，充分挖掘和利用场馆中藏品、人力和环境等各种课程因素的教育教学价值，促进书本知识和生活经验的深度融合，以丰富学生体验，帮助学生建构自身知识，获得情感上的陶冶与提升。实践表明，一方面这类拓展性课程更加贴近儿童的本性，让儿童觉得"好玩""有趣""新鲜"；另一方面依托精心凝练的主题，通过周详细致的安排，学生能够学到系统的专题知识，得到全面而真实的成长。

2. 主题聚焦：找准场馆与拓展性课程开发的结合点

企望最大限度地提升学生综合素养，进行基于场馆的拓展性课程开发与实施，首先需要大胆突破传统的在场馆中简单参观的局限，创造性地构建基于场馆的拓展性课程开发的主题，以主题统领拓展性课程的开发与实施。我们认为，"主题聚焦"应该是基于场馆的拓展性课程开发与实施的前提。

为此，我们首先系统梳理学校拓展性课程体系。学校的课程需求决定了场馆提供什么样的资源和服务，基于学校办学理念，我们对学校的拓展性课程体系进行了定位，确定了相关课程主题。与此同时，我们对周边的场馆进行了分析，了解场馆的各种可利用资源，并进行筛选加工。场馆变成课程资源，前提是找出场馆中能够与拓展性课程发生联系，可直接转化为课程活动、课程内容的素材。为了充分了解周边的场馆及其资源，立足学区、区域场馆资源特色，我们积极主动与各类型场馆建立联系，共建友好合作单位。学校还安排了专门的外联员，负责和场馆沟通联络，收集信息，表达需求，逐渐建立起经常性的联系。接下来，我们努力将这两者进行有机整合，找到学校拓展性课程与场馆资源的结合点，确定了相关的主题。比如，我们对包玉刚故居的利用就遵循了上述"三步走"策略。首先，我们基于学校办学特色，确定了"财商培育"主题的拓展性课程。与此同时，我们通过对包玉刚故居进行深入了解，认识到包玉刚先生出生在浙江宁波一个小商人家庭，最终成为香港的金融和商界巨擘，坐上了世界船王的宝座，其传奇的一生与财商密不可分。我们将两者进行了整合，最终形成了相关拓展性课程。

为了突出"主题聚焦"，学校在校园环境建设过程中，明确渗透了"主题场馆"的意识，着力将学校内部的专用教室、文体设施、走廊连廊、架空层等设计成"主题场馆"，为今后课程的开发提供场馆空间。例如：教学楼每一层的连廊，依据学校地处宁波帮故里和办学理念，分别设计成儿童经济馆、幸福人生馆、国际理解馆和中华传统馆；架空层设计成开放式的校史馆、国防教育馆等；专用教室也设计成了中华国学馆、水资源探究馆、模拟城市体验馆等。

3. 整合学习：为学生建构一个基于现实情境的知识体系

如果说"主题聚焦"是决定基于场馆的拓展性课程开发品质的关键要素，"整合学习"则是基于拓展性课程开发与实施的重要特色。基于场馆的拓展性课程打破了学科与空间的界限，通过一个个主题将学科之间、校内校外分化但相近相通的知识打通，将碎片化的知识、技能连接起来，指导学生在真实情境中丰富经历，为学生建构了一个基于现实情境的知识体系。

以学校"四月天，放纸鸢"主题拓展性课程为例，品生课（道德法治课的前身）的教师带领着学生们共同了解关于纸鸢的种类、演变过程，以及有趣的传说，激发学生对传统文化的热爱之情；美术教师指导学生动手设计、制作纸鸢，并让学生在纸鸢上彩绘自己喜欢的图案，学生忙得不亦乐乎，一只只精美的纸鸢跃然呈现；阅读与欣赏课上，老师通过相关的绘本，让学生感受到童话世界里纸鸢的奇妙；语文课上，学生们吟诵着一首首与纸鸢有关的古诗，体会诗人笔下热闹的场面；数学思维课上，学生们在老师的指导下，探索着对称图形的无限奥秘；午间德育小课上，组织阅读安全教育绘本《风筝怎么不飞了》，渗透户外安全教育；最让学生期待的是绿轴公园里的放纸鸢活动，学生们奔跑着、欢笑着，迎着风扬起手中的纸鸢，将梦想送上蓝天，活动归来，孩子们还在口语与表达课上饶有兴趣地交谈与分享。

基于场馆的拓展性课程"整合学习"这一特色对教师团队课程开发能力提出了更高的要求，确定主题、策划活动、安排场馆、实施教学等都需要教师具备相当的创新思维和团队协作能力，要求相关教师组成一个团队，具备"全科眼光"，积极策划主题，不断接收新的教育信息，及时记录灵感的火花，树立团队课程开发与实施意识。实际上，为了开发高质量的基于场馆的拓展性课程，当时学校一年级的 7 名教师就组建起一个课程开发团队，在课程目标的引领下，运用"全科眼光"和"创新思维"开发出一个个有效、有趣的拓展性课程主题。通过学习共同体的形成极大地提升了教师们的课程开发能力与实施能力。

经过近些年的摸索，我们通过实践先行带动理念提升，对基于场馆的拓展性课程开发与实施形成了更为理性的认识。我们深刻地认识到，基于场馆的拓展性课程尤为强调学生本位，通过主题聚焦的方式进行整合学习，需要教师发挥团队的力量，需要学校层面进行相应的教师队伍建设。实践表明，基于场馆的拓展性课程开发与实施受到了学生的广泛欢迎，也是教师共同体成长的摇篮。当然，也有一些问题摆在我们面前，比如，如何形成长期而有序的馆校关系？如何将基于场馆的拓展性课程形成一个完整的、螺旋上升的体系？这些是我们接下来着力探索的方向。

五、课程开发的成效与展望

（一）学生在拓展性课程中适性成长

随着课程改革的深入推进，教育应注重学生的个性发展成了人们的共识。在"慢教育"办学理念的指引下，学校从最初基于教师特长的课程开发到基于学生需求的课程开发再到基于办学理念的课程开发，走过了一条具有"镇海区实小特色"的课程开发实践之路，拓展性课程也日益丰富。与基础性课程不同，拓展性课程很好地弥补了传统课程"一刀切"的缺点，尊重学生的个性差异，根据学生自身的特点实现有针对性的教学，培养学生的兴趣和爱好，发展学生的特长和能力，在促进学生个性化发展的同时也有助于学生素质的全面发展。

不同兴趣爱好的学生可以在拓展性课程中自由成长。学校围绕"培养具有崇高品德，拥有多元能力，享有幸福童年的现代化合格公民"这一育人目标，设计了逻辑与思维、语言与表达、艺术与修养、手工与制作、运动与健康、科学与棋类等方向的拓展性课程，学生可根据自己的爱好与特长自由选择。喜欢绘画的孩子可以任意选择版画、国画、油画、水彩画等课程进行深入拓展；喜欢运动的孩子拥有足球、篮球、羽毛球、乒乓球、蹦床、健美操等多种选择；擅长学科学习的孩子能在拓展性课程中学习数独、七巧板、小古文等知识；还有魔术、桌游等富有趣味的课程满足孩子们的个性化需求。在课程的助力下，学生们在区、市各级各类比赛中屡获佳绩。在拓展性课程中，每个孩子都能充分展现自我，收获自己生命中的独特成长。

（二）教师在课程开发中实现专业发展

教师作为教学体系中最重要的一个环节，是课程改革理念的重要实践者，也是课程开发的主力军。在拓展性课程开发的过程中，教师需要根据实际的教学目标、教学任务、学生需求等进行分析、整合、加工、创造。在这一过程中，教师进行了课程理论的学习，在实践中得到了深度的培训，课程开发能力有了极大的提升。

与此同时，教师从课程执行者转变为课程的设计者，充分了解了课程开发的背景和实施方式，形成对课程内容的独特见解，不断增强自我的目标意识、反馈意识，课程实施能力也在此过程中进一步提升。

在"慢教育"办学理念指引下，学校积极搭建平台，给予理论指导与实践支持，鼓励教师通过课程开发这一途径努力实践、不断进取，实现自身专业发展。版画课程的开发与实施者施嘉研老师经过多年的实践，将实践注入理论，申报区教科规划课题"小学美术课堂中'创意版画教学'的实践与研究"，以课题为指引研究课程开发。在此过程中，她撰写的论文《小学低段纸版画创意教学初探》刊登在《镇海教育》上，论文《小学低段创新型纸版画课程的开发与实践研究》获镇海区地方课程、校本课程论文一等奖，论文《玩转版画，以玩促学——浅谈小学版画课堂的三步玩法》获镇海区2020年中小学美术论文评比一等奖并送市里参赛，她所设计的以版画为特色的"书藏古今"获2018年镇海区小学美术优质课评比一等奖，她还获得了区教坛新秀比赛二等奖。对于一个工作才四年的青年教师来说，取得这样的成绩离不开她自身的刻苦努力，而学校所搭建的平台也为她的专业发展提供了不少帮助，使她在课程开发实施的过程中得到了快速的成长。以施嘉妍老师为代表，镇海区实验小学的每位教师都在课程开发中得到了收获与成长。

（三）学校课程在开发中逐步丰富

在"慢教育"办学理念的指引下，学校不断探索拓展性课程的开发，在一次次的打磨中，镇海区实验小学也开发了一批富有"实小灵魂"的精品课程。例如"快乐足球"被评为宁波市精品课程；"财商课程"被评为镇海区精品课程。

有"实小灵魂"的课程是遵循孩子的发展规律的，每个开发课程的老师都拥有一个共识：好的课程应该是受学生喜爱并顺应孩子发展规律的。怀着这样的理解，实小的课程都会针对不同年龄段学生的特点确立课程目标，选择课程内容与教学方式。在"版画课程"开发中，考虑到使用刻刀在木板上刻画，低段的孩子不仅力气不够，而且存在较大的安全隐患，美术组的老师创造性地选择用吹塑纸代替木板，既符合学生的年段特点，降低了实施难度，也为学生感受版画艺术提供了一种尝试。从纸版画到橡皮章版画再到木版画，美术组的老师用不同的版画制材为孩子们搭建了通往版画艺术的道路。

　　有"实小灵魂"的课程是受学生喜爱的课程。"慢教育"理念认为，孩子经历课程应该像在林间散步，他可以抬头观察树叶，也可以低头寻找昆虫，他能够聆听群鸟的歌唱，也能倾听山泉的叮咚。他收获的应该是过程，而不是如同赛跑一般，眼中只有"终点"。在这样的观念引领下，实小的课程有着丰富的内涵与外延。在开发"快乐足球"的初期，体育组的老师把目光聚焦在"足球技术动作"的教授上，课程目标与课程内容着重关注在动作技能这一领域。一学期结束后，学生普遍反映"学技术动作比较枯燥，越来越没有意思了"。于是，体育组的老师开发了"快乐足球2.0"版本。在原先技术动作的基础上，课程增加了"我是足球解说员""我是赛场志愿者""我为球队代言"等内容，鼓励学生从多个维度接触足球文化，感受足球魅力。学生在这一课程中不仅学到了足球技能，还锻炼了表达能力、思辨能力，培养了体育精神。在体育组老师的不断努力下，"快乐足球"这一课程不仅成为学生心目中的"王牌课程"，也助力学校足球队在市、区级足球联赛中屡获佳绩。

　　在课程开发的过程中，每一门拓展性课程都走过弯路，经历过挫折，但凭借着一次又一次的反思、改进，我们的课程逐渐从粗糙走向精致。学校十分注重课程实施后的反思和评价，每学期课程结束后，学校都会通过网络向学生、学生家长、老师发放问卷调查，询问"你认为这学期的拓展性课程如何""你对学校拓展性课程建设有什么改进意见""你希望学校为你的拓展性课程开发提供哪些资源和帮助"等问题，从多个维度评价拓展性课程的开发情况，并根据评价反馈组织集中研讨，反思这些课程开发过程中的不合理之处，从而进一步提高和完善这些课程，推动课程走向精品化。

（四）办学理念在课程开发中得到充实

在课程开发的探索历程中，我们不仅收获了学生的适性发展、教师的自身成长、学校课程的不断丰富，更是在一次又一次的实践中充实了学校"慢教育"这一办学理念的内涵。

在前期实践中，我们以教师个人特长为基础开发拓展性课程，虽然步入了课程开发之旅，但实际效果却并不如我们所愿。我们曾对全校学生进行问卷调查，询问"你们希望学校开展怎样的拓展性课程"。不少学生在反馈中表示，希望学习"编织""魔术""种植""养殖"这些好玩新奇的课程，而不是"小古文阅读""趣味数学"这样和学科关联度较高的课程，因为"这会让我觉得我还是在学习语文和数学"。也有家长在与教师的沟通中表示，希望能更多地开展学生更加感兴趣的课程。在此基础上，学校围绕学生兴趣开展了新一轮的课程开发，受到了学生、家长的推崇，甚至在"抢课"时"一位难求"，不少家长还向学校"抱怨"为什么不多开放几个名额。一学年的课程结束后，学校又再次对参加课程的学生、家长进行了问卷调查，了解他们对课程的感受以及改进建议。一位参加"种植课程"的学生在反馈时表示："我以前只看见过已经煮熟被端上餐桌的青菜，从来不知道原来青菜最好吃的时候是在冬天，而且它只要一个多月的时间就可以成熟。我亲手把种子种到泥土里，看着它长出小苗，然后慢慢长大，觉得很有成就感。当我看到那些韭菜被割掉之后一个星期就又能长出来，我感受到了生命的神奇。这些都是我在其他课堂中感受不到的。"还有许多学生和家长也表达了类似的感受。他们的反馈让我们领悟到：这不就是学校"慢教育"的真谛吗？虽然学生用了两个学期的时间去观察、实践，只收获了几株大白菜，但他们亲历了植物的生长周期，也收获了对生命的感悟，这正是我们"慢教育"所追求的。

在拓展性课程开发的过程中，学校所有老师都有了一个共同的认知："陪伴与经历"就是我们所倡导的"慢教育"。这一认知深化了教师们对学校办学理念的理解，也对"慢教育"这一理念的内涵进行了丰富。

随着时代的不断发展，社会对人才的需求也发生了变化。斯宾塞认为，教育的目的就是"为未来完满的生活做准备"，我们的课程也应该着眼于未来的社会。在分科教学的当下，如何打破学科之间的界限与壁垒，通过综合性课程的开发提升学生的综合素养，成为学校下一阶段的探索目标。

中层助理制与教师专业发展

第七章

慢慢做教育

一所学校教师队伍建设的思考与行动

当教育改革走进全方位重构的深水区，学校发展的重点开始逐渐聚焦文化升维、组织再造、关系重组……一个我们熟悉的领域正变得越来越重要——中层领导力。① 如果说校长领导力决定了学校的"顶"有多高，那么中层领导力则决定了学校的"底"有多厚。在学校生长发展的枢纽环节，中层团队建构于其中，真正成为学校这座"大厦"的四梁八柱。中层团队是学校管理工作的重要力量，参与和执行学校决策，具有承上启下、纵横协调的作用，应具备良好的道德修养和协调能力，具备较强的业务能力和凝聚力。

荷兰、法国、德国、瑞士及美国等教育发达的国家在 20 世纪二三十年代就开始了学校中层干部助理制，东南亚的新加坡、马来西亚、菲律宾等国也在二战后广泛实行了中层干部助理制。② 可以说，中层干部助理制是学校管理体制改革的重要手段。具体来说就是学校实行校长负责制后，校长聘任副校长（报上级教育局批准），各个分管副校长则可以根据自己分管部门的工作需要来聘任助理人员：教导助理、政教助理、总务助理，等等。中层助理人选完全由分管副校长考核聘任，并与之签订 1 ～ 3 年的聘任合同。合同中规定了助理任期内的责任目标、实现目标应有的权力范围和相关奖惩事宜。

目前我国实行的是校长负责制下的中层聘任制。校长是学校工作的决策者和统一指挥的中心，对学校的办学方向、教育质量和社会效益负有完全责任。学校中层则是居于校级领导层和一般教师的中间层，他们是校级干部的助手，向校级干部负责，是决策层的执行者。同时，他们掌管着各自管辖的职责范围内的决策性问题，影响所在部门的下属人员，并推动着他们去实现部门的目标，从而实现学校工作的总目

---

① 朱群霞.构建自动力系统激活和提升中层领导力 [J].中小学管理，2020（11）：55-56.

② 包杰."中干"助理制值得提倡 [J].探索与争鸣，2004（4）：26-27.

标，对学校的全局产生重要的影响，起着举足轻重的作用。但是由于体制和机制的限制，部分中层干部存在着一定的错位现象。

首先，"上下"错位。许多中层干部为了获得教师的支持，时常把自己错位成"教师代表"，扮演"老好人"的角色。当教师有什么抱怨的时候，有些中层管理者就马上站出来，或表示同情，或以某种方式说这是校长定的，或者说你去问校长。而有些中层干部时常怀疑校长的能力，天天替校长操心，忘记了自己的本职工作。当自己的建议没有被采纳时，就认为校长"昏庸"，甚至不执行校长决策，打折执行，拖延执行或者按自己的想法执行。

其次，"垄断"错位。有些有一定资历中层干部，往往把自己分管的工作看成是自己分内的事。无论是内部的组织还是外部的协调，都由该中层管理者一个人负责，任何人都无法插手。有时，这些中层管理者为了个人和小团体的既得利益，工作中考虑的是本部门利益，而较少考虑学校的整体利益；不是部门支持学校工作，而是要求学校工作围绕部门转。

最后，"官僚"错位。有些工作年限长的中层干部，上不去又不愿意下来，往往刚愎自用，经常按"官场"上的一些思维来对待校长和教师：常常是不顾职责、权限、程序，故意设置障碍，越俎代庖；对学校布置的工作层层加码，以显示自己的地位；部门工作会议上则是会上说一套，会后做一套。

显而易见，与我国现行中层聘任制相比，中层助理制具有明显优势。

第一，强化校级干部的管理职能，提高了工作效率。因为助理的工作成效就是分管副校长业绩的具体体现，是对分管副校长工作进行考核的基本内容，所以分管副校长必须选好、用好、管好他的助理，以保证其分管工作卓有成效。这样，助理与分管副校长的利益关系就紧紧捆在一起，组成了一个利益整体，上下级关系要比目前实行的主任制密切得多（过去校级干部与中层干部之间容易出现若即若离和相互推诿的现象），从而保证了学校各条线的工作能"一竿子插到底"，高效运作。

第二，精简中层干部的人员队伍，密切了干部群众关系。原有的学校中层管理体制由各个处室的正副主任组成，往往一个处室就有"一正两副"三个中层干部，一所普通中小学就设置了10多个中层岗位。而中层助理只是副校长聘任的有一定特长的业务助手，自然不在中层干部编制之列，这样一个中层部门只需要一个主任和若干个中层助理就能各司其职。中层助理本质上仍然是普通教师中的一员，不会与广大教师产生距离感。在具体工作的开展过程中他们既能正确地贯彻学校意图，又能设身处地为教师着想，既是实施者，也是参与者，在教师中既发挥骨干作用，也能发挥桥梁纽带作用。

第三，打破原有的论资排辈模式，营造了育才环境。学校教育教学管理人才的成长需要一个过程，特别是年轻管理人才培养选拔需要打破原有的条条框框。一个合格的学校中层需要通过教学岗位实践、班主任岗位锻炼、年级组或教研组长历练等成长阶段，等走上管理岗位之后又需要一段时间熟悉业务，由中层副职到中层正职再走上副校长的岗位。同时在职级晋升上也有论资排辈的惯性思维，这在一定程度上限制了学校管理人才的选拔和培养。而中层助理制可以让这些阶段平行开展，在提升管理能力的同时不影响教学业务水平的提高。从学校实际出发，看到人才的潜力，提供选人、用人的多渠道、多形式、多层面、多维度和多角度考评。

第四，创新年轻教师的成长模式，培养其多重能力。师以能为本，有能，则可大有作为。现代教育要求教师提升各方面的能力，才能胜任教育教学工作。年轻教师首先要具有良好的教学能力，包括教学设计能力、教学执行能力和教学评价能力等。与此同时也需要具有一定的管理能力，包括组织策划能力、协调沟通能力、创新应变能力等。这些多重能力的培养需要一定的途径，而中层助理制正好可以让年轻教师在实践中接受锻炼，经受考验，增长才干，实现跨越式发展。这是学校培养造就中层管理人员的重要途径，也是年轻教师成长的必由之路。

一、择定"中层助理制"的必要性

教育改革不是一蹴而就的，往往需要一个契机。2015 年，我调入镇海区实验小学担任校长，这是一所社会关注度极高的区内名校，也是一所异地新建的百年老校。由于是从一年级开始逐届招生，不断扩张的学校规模注定会有一大批年轻教师到来，到 2017 学年时，学校90 后年轻人占教师总人数的 72%。与此同时，学校中层管理人员却极度匮乏，刚开始的时候只有校长和书记两位校级领导，办公室主任和教导处主任两位中层干部，每个中层干部都得身兼数职，经常加班到深夜，忙得焦头烂额。我们曾经试图从兄弟学校"挖"中层管理人员，但是"家家有本难念的经"，况且挖来的人才能不能适应我们实验小学也是问题；我们也曾向上级申请引进优秀中层管理人员，但是由于体制机制所限，最后也只能不了了之。这时，局领导的一席话点醒了我："外力不行，你们是不是可以挖掘学校内部的潜力？实验小学就要大胆实验，你们有那么多年轻人，给他们压压担子嘛。"一边是中层管理人员辛苦忙碌的身影，一边是一群"嗷嗷待哺"的年轻教师。这时一个大胆的想法浮出我的脑海，何不以此为契机试行学校中层助理制改革呢？

余秋雨说："文化是一种变成习惯的生活方式和精神价值。它的最后成果是集体人格。"校园文化也应如此，它理应成为全校师生教育生活的方式和价值。我们学校逐步提炼出"慢教育"的办学理念，我们希望学校为学生和教师营造一个自然、和谐、美好、多元的教育生态系统，在这个系统里不但可以为学生带来自信、快乐和成长，更可以使教师们人人有追求、人人有责任、人人感受愉悦、人人得以全面发展。其实，教师成长除了提升教育教学能力之外，教学管理能力的培养也是重要的内容。有人说年轻就是优势，90后教师年富力强、精力充沛，而且大都刚从师范院校毕业，接受过良好的学校教育，专业知识扎实。因此我们需要给年轻人更多历练的机会。只有培养一支大局意识浓、决策能力强、视野开放、团结协作、进取向上、作风正派的中层干部后备人才队伍，才能为学校今后的发展奠定坚实的基础。

二、中层助理的角色与定位

要想实施中层助理制，首先要给中层助理一个角色定位。从严格意义上来说，学校的中层干部不是"官"，而是学校政策的执行者、服务者和引导者。换言之，中层助理就是协助各个部门主任开展工作的帮手，是学校各项事务的执行者，教师成长和学校工作的服务者。助理不是"官"，但却是个"领导"，这个"领导"的职责就是带领、引导教师们做好教学工作，开展教育教学研究，引领教师专业发展。所以，我们要求实验小学的中层助理们能成为某一领域的"专家"，至少是同行的佼佼者。除此之外，他们还负责学校舆论的导向，教师对学校的某项工作不理解时要做好解释说明工作。由于学校管理工作的对象是人，因此需要中层助理在管理过程中以"情"动人，以"情"感人，做好学校中层干部与普通教师的沟通桥梁作用。

为了让每一位教师能够理解中层助理这个角色的定位，学校组织开展了"我心目中的学校中层助理"大讨论活动，要求每位参与的年轻老师对学校中层助理做一份详尽的角色画像，并提出了具体的要求：这项工作的服务对象是什么？身边的人有哪些？你有什么建议？会遇到哪些问题……下面是一位年轻教师对德育处助理这一岗位的理解。

> 学校德育处助理的上级领导有校长、德育副校长、德育主任。他的职责是协助德育处主任策划各种德育活动，及时收集反馈各班"首导""二导"的意见和建议，做好学生常规德育教育。他的服务对象主要是各个班级的"首导""二导"和全体学生。我认为担任这个岗位会遇到的最大问题是与"首导""二导"的沟通问题。我个人最担心的是布置任务时遇到资历老、个性强的"首导"，他们若提出异议，工作就不好开展。我认为在这个岗位上面临的主要风险是组织大型活动时发生突发安全事故。因此，我给自己提出了以下要求：
>
> 1.要为德育主任当高参、献良策，要开诚布公地发表自己的建议、意见。
>
> 2.要甘当配角不冒尖，乐做绿叶不争艳。
>
> 3.要以情感人，以诚待人，公平对人，平易近人，处理好方方面面的关系。

年轻人交出的答卷出乎了我们的想象。通过这次讨论活动，年轻教师对"中层助理"这一岗位的角色和定位有了清晰的认识，明白了为谁服务，该做什么，对谁负责……很多人跃跃欲试准备试岗，这为学校下一步开展招聘和选拔工作打下了良好的基础。

三、中层助理的选聘与任用

90 后年轻教师普遍个性鲜明、人生价值取向多元化，他们思维灵活，行动敏捷，工作热情高，且往往具有教学工作之外的一技之长，是学校中层助理的理想人选。为帮助他们挖掘自身的优势，展示他们身上与众不同的才能，唤醒他们走上教学管理岗位的自信心与原动力，只有把他们放到真正适合自己的岗位上历练。目前，在中层干部的选聘上大多数学校采用岗位聘用制的方式，各个学校都有一套具体的操作程序，比如：公布岗位—部门推荐—竞聘演说—现场打分—党政评议等。而学校选拔的是中层助理，目的是培养年轻教师的管理能力，要面向更多的年轻人，部门推荐的方式肯定不行。同时，中层助理主要协助各个部门主任开展工作，双方之间要有一定的默契度和适应性，直接选拔任命也行不通。学校班子经过几次讨论，决定面向全体教师实行中层助理双向选择竞聘，竞聘流程如图 7-1 所示。

按需设岗　→　自主申报　→　竞聘演讲　→　双向选择

图 7-1　中层助理的选聘流程

首先学校通过召开党政联席会议，确定了中层助理选聘与任用的准则——"我愿干，我能干，我会干"。"我愿干"，要求助理在团队工作中要有主人翁意识，乐于奉献，有愿意为集体付出的精神；"我能干"，要求助理具备过硬的业务能力和一定的管理能力；"我会干"，要求助理具有一定的沟通能力、执行能力、组织协调能力、团队合作能力。愿干是前提，能干是基础，会干是关键。同时在会上，各位分管副校长和各个中层部门主任根据本部门的工作需要提出了岗位需求。学校结合实际情况统筹考虑设立一定的岗位，明确了竞聘岗位、选拔原则、申报条件及所具备的资格等。第一年，我们推出了 4 个竞聘岗位。

一、竞聘岗位：

1. 学校德育处助理1名

2. 学校教导处助理2名

3. 学校办公室助理1名

二、选拔原则：

1. 自愿申报，双向选择原则

2. 师德为先，德才兼备原则

3. 群众公认，注重实绩原则

4. 公开平等，择优聘用原则

三、申报条件：

1. 具有忠诚于教育事业的坚定信念和全面实施素质教育的正确理念；

2. 具有高度责任感和事业心、有胜任拟任岗位的工作能力、文化水平和专业知识；

3. 坚持和维护党的群众路线和民主集中制原则；

4. 遵纪守法、清正廉洁、为人师表、作风正派、乐于奉献、热心为师生服务、善于团结同志、顾全大局。

四、具备资格：

1. 本校青年教师，年龄30岁以下；

2. 具有大学本科及以上学历；

3. 具有良好的道德品质和政治素质；

4. 身心健康，有较强业务能力以及组织和管理能力；

5. 具有本校两年及以上工作经历。

本次招聘面向学校全体年轻教师，大家可以根据以上条件自主申报岗位。为了保证参与度，我们提前公布了招聘公告，还在年轻教师中广泛地宣传和动员。结果，教师的热情大大出乎我们的预料，第一次竞聘我们一共收到了13份申报书，几乎每个岗位都有2～3名竞聘者。接下来我们要求每一位竞聘者认真撰写竞聘演讲稿，要求演讲稿体现对竞聘岗位的认知、竞聘优势以及未来规划等内容，通过在教师大会上公开演讲的方式竞聘。主考官由相关副校长和中层担任，除竞聘者外其他教师都有投票权。下面是崔老师竞聘教导处助理一职的演讲稿——

尊敬的各位领导，各位同事：

大家好！

错过了春风，错过了夏雨，我不想再错过秋月冬阳，今天，我带着一丝忐忑站到了这里，期待能得到大家的鼓励和支持。我是小崔，2014年毕业于绍兴文理学院，是一名刚刚工作两年的教育新兵。

今天我竞聘的是教导处助理岗位一职。我认为，我有毅力、有精力、有能力做好这一岗位的工作。首先，我有吃苦耐劳、默默无闻的敬业精神。不管领导安排什么任务，带队训练七巧板，上公开课，写材料等各种事务，从不推诿，也不敷衍。我还经常主动把工作带回家，虽然大家不一定能看到我的辛劳，但是，我总是自觉严格要求自己，一丝不苟地完成。其次，我有雷厉风行、追求卓越的工作作风。不管干什么，我总是抱着精益求精的态度，努力追求最好、更好，总能将工作做得风生水起、有声有色。再次，我有虚心好学、锐意进取的创新意识。作为学科教学的部门负责人，不仅要低头耕地，更要抬头看路，找准方向，出谋划策。我思想比较活跃，爱好广泛，勇于实践，具有开拓精神。在学校办学特色的确立、教研主题活动设计方面，我都曾积极献言献策。最后，我有严于律己、求真务实的优良品质。"老老实实做人，勤勤恳恳做事"是我恪守的人生信条。做人求"真"，真挚，真诚；做事务"实"，踏实，扎实。

　　如果我有幸当选，我将对我的工作角色作这样的定位。一是做好协调员——协调上下级关系。做好教导主任的助手，贯彻好上级的指示意见和工作安排。认真完成我所负责的工作，调动教师更热情地对待教育教学和各项工作任务。协调教师间关系，创设融洽和谐的群体氛围，打造凝神聚力、团结互助的战斗集体。二是做好服务员——服务教师，服务教学。做好活动竞赛的策划、组织、辅助工作，及时疏通阻碍，解决困难，为各项活动的顺利开展和教师的专业成长加油添劲。三是做好领航员。加强学习，深入了解，不断提高专业素养和业务水准，努力成为分管工作的行家里手，提高工作的针对性和前瞻性，力求有所突破。最后我想说的是，无论我能否竞聘成功，我都将一如既往地认真工作，并恳请各位在今后的工作中继续给予我关心和支持。

　　谢谢大家！

从这份演讲稿可以看出一个年轻人满满的工作热情和朝气蓬勃的工作信心。演讲过程初步锻炼了这些年轻人，在他们人身成长轨迹中留下了浓重的一笔。

整个过程在全体教师的监督下公平公正地进行。竞聘演讲结束以后，学校又召开了专题会议，会上各部门主考官反馈了竞聘者的各项表现，我们又结合全体教师的投票情况确定了各部门中层助理的最终人选。同时，学校又安排工会对落选的教师做好安抚工作，以保护他们的工作积极性。经过双方双向选择，各个部门都选到了称心的中层助理，各个助理也都走上了各自心仪的工作岗位。

四、中层助理的培养与管理

我们学校的中层助理来源于一线优秀年轻教师,他们的教学能力在教师群体中得到认可,但不等于他们的管理和领导能力一定很强,所以需要对中层助理进行相应的培养与管理。那么他们需要具备怎样的管理能力呢?在参考国内外相关经验的基础上,通过实践摸索,学校对中层助理所需要的领导和管理能力进行了定义。

1.过硬的业务能力。没有过硬的业务能力,就没有管理的底气。中层助理要想顺利地开展工作,首先要成为这个领域的行家里手,这样才能进行更有效的管理。

2.较强的组织沟通能力。管理能力实际上是一种人际关系组织协调能力,是一个人能否组织和调动团队中其他人一起实现共同目标的能力。中层助理一定要善于组织和利用各种资源,要有很强的沟通意识和技巧。有同情心,善于换位思考,而不是简单地发号施令。

3.善于合作能力。这种合作体现在能否组建一个团队,让每个队员在团队中发挥作用。最重要的是成员之间的关系如何,成员之间能否有相同的目标,能否各尽所能,取长补短,分享信息和资源。

4.极强的应变和创新能力。某种角度来说中层助理像一个消防队员,很多时候需要现场应变,不能等待上级或者他人替其决策,有些时候需要他们创造性地解决问题。

在我们看来,这些能力不是天生的,而是在处理各种复杂问题中不断强化、磨练习得的,可以说实践出真知,活动磨能力。在对中层助理制了解的过程中,除了理论研读、专家讲座、外出学习等常规的培养方式，我们也探索出了一些独特的培养方法。

（一）"履岗日记"，积累工作经验

美国心理学家波斯纳（Posner）曾提出教师专业成长的公式：成长＝经验＋反思。因此，为了让每一位中层助理对自身工作有更深入的了解，保有一定的总结与思辨能力，我们提出了撰写"履岗日记"的要求。那么，"履岗日记"可以记录什么呢？我们规定：字数不论，次数不论，但求真情实感。在"履岗日记"里，中层助理可以总结某项活动开展的成功经验和自己的收获，分析失败的原因，进行自我反思；可以写自己在工作开展中的心理变化；可以谈自己对学校某项工作的意见和建议等。我们发现，不同时间节点的"履岗日记"，反映着助理们各个时期的不同心境。

1. 初次见面，流水记录

对于初次接触新鲜事物的人而言，总是有怀疑与不情愿的情绪夹杂其中。在摸索更行之有效的中层助理培养方法时，我们要求所有的中层助理在日常工作中通过日记来记录自身的所思所得。但当这项决议真正实施时，结果并不尽如人意。在那些流水账式的记录中，我们看到了情绪的变化，却还未曾看到思考、反省的身影。

2018 年 8 月 27 日　周一　晴

初到德育处，这一周的助理体验可谓手忙脚乱、手足无措啊。原来德育处要负责的工作不仅仅是"四项竞赛"，还有开学典礼、礼仪小视频、生活小技能考核以及每个月的"漫学主题"活动等。不当家还真不知柴米贵啊！希望接下来的日子，自己先不谈能给德育处帮多少忙吧，但求别拖后腿。

2. 再次相遇，学会反思

随着时间的推移，不同部门的助理们也慢慢对自身的新工作、新身份有了更全面的认识与了解。而日常工作中各项活动的举办、各项制度的推进、各项细碎事宜的解决，都让助理们有了更多的感触。因此，此时的"履岗日记"不再是原先的任务要求，而变成了情绪的出口、思辨的记录、习惯的养成。例如，在另一位德育助理老师的日记中，我们发现，通过日记，她开始学会反思，而这种下意识的思辨，也会逐步变成一种习惯。

2018 年 9 月 7 日　周五　多云

今天校德育主任吴老师要求我为新教师培训会议设计一个PPT。出于对自己专业的自信，我信心满满地将一份自认为十分符合"小学"定位、充满童真童趣的PPT设计交给了吴老师，没想到，得到的反馈却是"重新设计"。面对我上交的PPT，吴老师说："设计PPT不仅仅要关注审美本身，而是要将活动目的、学校特色、受众群体等因素都考虑进去。例如，这次面向新教师的培训会议PPT，首先我们需要考虑的是，本次活动的受众是谁？是学生，是老师，还是来校参观视察的领导？其次我们要考虑本次活动的目的是什么？是动员，是汇报，还是展示？最后我们还要考虑这份PPT的展示是否在紧扣主题之余还能否突出学校特色？……"

一次简单的PPT制作竟有这么多门道，是我始料未及的。但这一波三折的经历，却让我对德育处的工作有了新的认识与理解。原来，再小的事情也需要细节去支撑，再细碎的小事，也需要统筹考虑，安排周全。

3. 感恩遇见，视若珍宝

机会是留给那些有准备的人。一位中层助理曾经在一次分享中说道："庆幸自己在无论多么忙碌的时刻，都有记录履岗日记的习惯。

履岗日记就像是一个百宝袋，很多容易忽视的小细节、那些绞尽脑汁都不曾有的新想法，都会在翻看过往的履岗日记时，犹如爆米花一般地蹦出来。那感觉，真是又惊喜又甜蜜。"下面便是这位助理在曾经的履岗日记中找到了"六一"活动灵感的经历记录。

2019 年 5 月 31 日　周五　晴

又是一年"儿童节"，今年的儿童节活动竟没有先前的"手忙脚乱"，莫名的顺利与圆满，真是让人舒心。去年"六一"总结下来的"一地域一美食"出奇地受到了孩子们的喜爱与家长们的支持，看来可以将它作为系列活动，传承到接下去的每一个"六一"活动中去了！突然感谢去年勤快记录的自己！履岗日记真是一个好用的百宝袋啊！

那么，今年继续，请保持：

1. 家乡美食节。从家乡走向全省、全国乃至全世界，一年一个区域，慢慢扩大，让学生在品尝中探索不同地域的食物特色，研究地域与食物的关系，感悟"一方水土养一方人"的真谛。

2. 以班级为单位庆祝"六一"，解决学校场地不足的问题。

3. "梧桐币"的使用，让游园闯关更具实践性。

要改进：

1. 明年的"六一"活动可将游园与美食品尝会分为上午、下午两场。上午进行串班游园，通过游园闯关，换取"梧桐币"。下午进行"美食一条街"，学生可利用上午赚取的"梧桐币"在不同班级的美食摊位上购置自己喜爱的美食。

2. 活动相关环节的负责人应点对点在活动方案上进行明确规定，例如：摄影负责人、报道负责人、"梧桐币"印制发放负责人等。

将优点、不足、改进的各个点进行罗列之后，突然对明年的

"六一"活动有了更多的期待。

纵观助理们的"履职日记",我们可以清晰地看到一线的普通年轻教师是如何成长为合格的中层助理的。这日记中保留着他们所有磨炼、蜕变的过程:从最初的流水记录到之后的形成习惯,再到最后的视若珍宝,"履岗日记"已成为中层助理们"升级打怪"的"武功秘籍"。这秘籍里面收藏着他们初入岗位时的迷茫与困惑,留存着他们成长的点滴与进步,更记录着他们为自己成长量身定制的破除疑难杂症的"良方"。"履岗日记"是中层助理们进行自我反思的一种方式,也是他们进行自我成长的一条"捷径"。那一篇篇看似无关未来的"自我对话",却使他们在未来成为更好的自己。

(二)影子培训,提升整体视野

从一线普通青年教师到中层助理,不仅是角色和定位的改变,而且是教育理念和管理视野的提升,每一个中层助理都有双重身份:既是本岗位的第一责任人,又是相关岗位的合作人。不可否认,这些年轻助理们的个人能力很强,也肯下功夫做事,但很多时候他们没有全局视野,涉及具体工作时往往搞不清楚为什么要做、该怎么做。要解决这个问题,首先,要强化他们的责任意识,让中层助理了解其职责和义务,认识到这个岗位对于全校教师及学校发展的意义。具体而言,要做到"四个负责":为自己负责——会做事、能做事、做好事;为领导负责——理解领导的思想,帮助领导实现教育理想;为学校发展负责——部门的目标就是学校的目标;为社会负责——学校的目标就是社会的目标。其次,要让所有中层助理明确学校的发展规划,理解校长的办学思想,明确学校的办学理念、办学目标以及各部门的规划。行动目标和路径错了就会导致南辕北辙的现象,只有让他们具有全局视野,才能事半功倍,从而创造性地开展工作。

在实际工作中，我们有针对性地对中层助理进行"影子培训"，通过手把手地指导，提升其管理视野。具体做法就是，每周安排两位中层助理在校长办公室挂职校长助理，如影随形地跟随校长一起工作（不过依然是处理作为中层助理的本职事务）。在这个过程中，校长和中层助理可以非常清楚地观察彼此的工作状态，了解彼此的思想、行事风格和工作方法，校长也可以随时指导中层助理的工作。一周的挂职结束后，校长会与挂职的中层助理进行一次深谈，推心置腹地交流思想、分析问题，同时也会中肯地征求中层助理对校长的管理理念和管理方法的意见和建议，以及对学校未来发展的看法。这样的"做中学"，使每个中层助理都受益匪浅，他们不仅对学校的整体理念和管理体系有了深入的了解，同时，校长的工作品质和敬业精神也对他们产生了潜移默化的影响。

2019年下半年，镇海区教育局开始推进校内课后托管工作，由于要推迟教师们的下班时间，很多老师不愿意报名，工作推进有很大的阻力。两位具体负责这项工作的教导处助理本身也产生了一定的抵触情绪。在了解这一情况以后，我及时安排了这两位助理进行"影子培训"。在一周中，他们随我一起参加了教育局关于课后托管的视频会议，学习并讨论了相关文件，参与了学校课后托管的家长代表座谈会，我还让他们起草了课后托管的调查问卷和实施方案。经历这个过程后，两位助理明显没有了抵触情绪，不仅自己主动报名，还在年轻教师中积极宣传引导。有一位中层助理在工作总结中这样写道："原以为校长不用上课，每天的工作就是开会、布置任务、接待来访……其实，他每天的工作是很繁忙的，而且每件事情都与我们的教育教学工作密切相关。在校内托管工作开展过程中，我明白了一项政策的实施落地要平衡各方面的利益，不能只看到我们教师本身利益，要关注国家教育的整体发展规划、学校的社会声誉、家长的需求等。"

显然，"影子培训"提升了中层助理的管理视野，让他们能在更高的站位上去考量学校各个部门的工作，知其然且知其所以然。这样在负责具体工作的时候，他们就能顾及学校整体需求，平衡各部门工作，为以后独立自主地开展工作奠定基础。

（三）师徒结对，提高管理能力

成长不是一蹴而就的，哪有什么人生开挂，只不过是厚积薄发。我们对于中层助理的培养也遵循这一原则，给予他们足够的时间去沉淀。蒙台梭利（Montessori）说过："我看到了，我忘记了；我听到了，我记住了；我做过了，我理解了。"在中层助理的培养中让他们独立去做是必须的，但在具体工作中往往需要花费很多时间去学习、去摸索，而且成效不大。对于中层助理而言，真正有针对性的培训很少，相关能力的提升也就成了瓶颈，而一些学习不够主动的人，成长就更慢了。在此背景下，学校为每一位中层助理配备了一名"师父"，他们有的是部门负责人，有的是副校长，都是本部门的行家里手，拥有丰富的经验。"师父"会为自己的助理量身打造一套培养方案，促使他们更快地熟悉本部门情况，融入团体，开展工作。正如办公室主任陈老师所说："人的智能是多元的，因此在培养中层助理时，我们必须要提倡全面的、多样化的人才观，对助理进行多元培养，帮助他们打下坚实的基础。"在此基础上，学校主要从用、育、炼三个方面对中层助理进行培养。

1. 不拘一格的"用"

想让一个人成长就必须给予他足够的信任与包容。年轻助理上任之初，会有很多陌生的工作，多做多错的道理谁都懂，但如何面对助理的"错误"并将其转化为助理进步的动力呢？陈老师认为要用信任与包容。

在一次教师合同签订时，由于助理的疏忽，将日期填写错误，导致被全部退回，接近100份的合同需要全部重填。此时，陈老师并未严厉批评助理，而是自己承担了所有过错，向老师们解释原因，同时安慰助理："我既然让你做了，肯定是相信你的，你做错了也没关系，但是你要知道错在哪儿了。"然后与助理一起重新完成了合同签订的工作。她说："年轻人做事情经验不足，肯定会出现各种错误，对于自己的助理，既然用了，就要不拘一格地去用，信任他，包容他，他才能快速成长，独当一面。"后来，她的助理也不负所望，不断成长，出色地完成了学校给他的各项任务。

2. 多措并举的"育"

自古以来，言传身教是最好的教育方式。很多人就认为，对人的培养，只"教"就行，做到以身作则进行示范即可，但陈老师认为这样远远不够。在年轻助理的培养上，她对言传身教的诠释就是"多措并举"，做到指导与合作的有机结合。

学校办公室主任也是学校的人事干部，负责处理校内的人事关系，而学校有100多位老师，庞大的教师数量令这份工作变得十分复杂、烦琐。因此，陈老师与助理经常合作完成各项任务，在合作过程中，她提供的多是原则指导而非具体策略，这就意味着助理需要自己不断思考、学习。同时，针对年轻助理工作中容易出现的问题，她也会在指导与合作中融入多种措施予以引导解决，例如"狠抓工作态度""言传身教指导工作""不吝赞美激励工作"等。事实证明，陈老师的培养方式是正确的，年轻助理在她的培养下不但快速胜任了本职工作，还能圆满完成学校的其他任务，在各项工作中都能看到他的身影。

3. 委以重任的"炼"

年轻教师少不经事，缺少工作经验和岗位磨炼，很多领导抱着不放心、怕出事的心态，不敢把重要任务交给他们。但陈老师深谙"宝剑锋从磨砺出，梅花香自苦寒来"的道理，她认为，要使年轻的助理快速成长起来、成熟起来，就要委以重任，让他们经受重要工作的磨炼，把重担压到他们身上。

在2019年下半年的教师招聘中，实验小学的报名人数非常多，仅靠中层干部根本忙不过来，陈老师大胆提议让中层助理参与进来。她说："年轻助理的基本素质还是很高的，但是缺少一定的磨炼，我们可以趁着这次机会大胆地锻炼他们。"实践证明，她是对的。在大半个月的时间里，各中层领导带着助理加班加点，成功做到了各项数据"日日清"，面对上百人的分数统计，助理们尽管工作到深夜，但也没有出现任何错误，圆满完成了任务。

这些"师父"既是助理的上级，又是助理的朋友，这种亦师亦友的关系更有利于部门工作的开展。在"师父"的言传身教中他们学到的不仅仅是工作方法，更是对"责任""服务""细节决定成败"这些道理理解和落实。

（四）轮岗换位，练就综合能力

经过岗位磨炼的助理们，既提升了工作能力，也积累了一些经验。但是中层助理制的创立初衷并不仅仅是开展管理工作，而是推动教师个体综合能力的成长。学校需要的是一专多能的复合型人才，各位助理的能力也需要全面培养。一个部门的培养能力有限，想要促使助理们全面发展，就必须要求他们走出舒适圈。于是，一个大胆的想法浮现在我的脑海中——轮岗。当我将这个想法提交党政联席会议进行讨论时，没想到一石激起千层浪："校长，我的部门助理已经可以独立工作，你现在提出轮岗，我不是要重新教起来？""我和我的部门助理经过一年的磨合已经配合得十分默契，现在轮岗，对各个工作的推进与效率也会大打折扣啊！""校长，我已经熟悉了这个岗位为什么又要换？"……一时间，各个部门负责人和助理们的万般推辞让我犯了难，我原以为这轮岗的阻力多半来自年轻的助理们，没想到连部门负责人也不愿意。于是，我将几个问题抛给了在场的所有老师：第一，学校设立"中层助理制"的初衷是为了完成工作，还是为了促进教师的全面成长？第二，作为中层助理的你，在没有尝试过各个部门的轮岗工作之前，你怎能确定何为你所爱，何为你所长？第三，作为部门负责人，如果你和你的手下一直处于"舒适圈"中，那么，部门创新从何而来？三个问题抛下后，大家都陷入了沉思。

确实，对于按部就班的工作来说，轮岗并不是最佳选项，但从教师成长出发，这却是一个很好的方法。于是，经过会议讨论，我们决定用一年的时间，来决定"轮岗"的去留。

一年后，再对轮岗制度重新审议时，一位助理的分享让我看到了轮岗的意义。一位从校德育处轮岗到教导处的助理老师分享道：

> 一年前，我在德育处做助理工作。在那里，四项竞赛的评判锻炼了我的沟通能力；学生活动的筹划塑造了我事无巨细的思考习惯；联合各部门开展活动培养了我的合作能力；各项事宜的主持练就了我的当场应变能力……一年后，我来到了现在的教导处。在这里，教研组的工作提升了我的业务能力；课题的组织撰写强

化了我的科研能力；教学活动的开展提升了我的创新能力……

不同部门的助理经历让我的各项能力都有了更充分的锻炼与提升。

经过一年的轮岗，老师们对轮岗制度有了新的认知与感受。不仅部门负责人们认为这是一个焕发部门活力的源泉机制，连助理老师们都认为这是一项能够找到真正心之所向、身由所长的择选机制。

（五）因"才"设岗，储备后备干部

到了第三年，学校各个部门的助理岗位都已接近饱和，但学校的规模还在不断扩大，校内事务也在不断增加。那么，中层助理制的终极目的体现在哪儿？中层助理的未来出路在何方？怎样的岗位设置才能真正地做到物尽其用，人尽其才？这些问题萦绕在我的心头。此时，无意间在电视中看到的一次采访为我带来了灵感："细化分工，因才设岗，让专业的人做专业的事。"经过党政联席会议讨论，我们提出了"让中层助理有位、有为、有未来"的终极培养目标，具体实施中我们试行了三项制度。

一是开展项目责任制。要让中层助理想做、敢做、能做，信任是前提，作为领导要充分信任他们，给他们更多的自主权，让他们创造性地开展工作，不要事事请示、日日汇报。我们在一些部门开展了"项目负责制"，即把部门的具体工作分成若干条线，由一个助理具体负责管理该条线的人和事。各条线的负责人既是决策者，又有在学校整体工作中的组织、协调、执行权。部门内部简单的事情让他们自主决策；多部门协调的事情则由一位主管副校长牵头、指导；只有涉及学校层面的重大事情，如学生安全、重大开支、学校全局性的问题才提交党政联席会议集体讨论决策。这既是对中层助理们的一种信任，也是对他们工作能力的肯定，同时还是对他们的一种锻炼和培养。信任

还应体现在容错上，年轻人在工作中难免会犯这样那样的错误，这时作为领导不能一味地埋怨、指责或追究责任，而是要给予指导、帮助，一起分析原因，寻找解决方法，从而培养他们想干、敢干、肯干、能干的意识和能力。

二是开展值周校长制。每周安排两位中层助理担任"值周校长"，履行校长的部分职责。在一周内，除了有关人事和财务的事情，其余日常事情都由值周校长来处理，处理过程由各个分管副校长把关，处理结果直接向校长汇报。如果每一个中层干部都学会站在校长的角度来处理事情，那么学校就会有若干个"校长"在工作，无论校长是否在校，学校都一样秩序井然。

三是开展年级部管理制。随着学校规模的不断扩张，每个年级都有 10 个平行班，相当于一所小学校。年级组的很多日常工作需要及时处理，若每次都逐级反馈到各个部门处理显然不合适。因此，我们在每个年级组设立了一个年级部主任，相关中层干部和助理既承担学校的行政工作，同时兼任某个年级的年级部主任。这个年级有关家长、学生、教师、设备等方面的问题，由"年级部主任"先行解决；有关教学质量提升、学生习惯培养等方面的问题，年级部主任负有直接连带责任，并且与考评挂钩。这样做的目的是促使中层助理真正走进教室，走近教师，接触学生与家长，将教师的发展与自己的工作捆绑在一起。

我们还根据校内的具体事务与中层助理们的个人成长，创设了更为细致具体的新岗位，例如：学籍管理岗位、心育教师管理岗位、学校固定资产管理岗位等。同时，在全校教师大会中提出中层助理享受的不是职务津贴而是岗位工作量津贴，即能者多劳多得。于是，新的一批中层助理履职"新岗位"，得到了新发展：有的助理因胜任了教导处的体艺综合管理工作，于是走向了"学科教研组长"；有的助理因在任职期间展现了其极强的科研能力，故而走向了"教科室副主任"；有的助理因善于文字的撰写与宣传，因此走向了"教育局后备干部"……这些中层助理们在本职岗位上尽职尽责，并学有所长，故而学校为其因"才"设路，让他们发挥所长，真正地做到术业有专攻（见图7-2）。

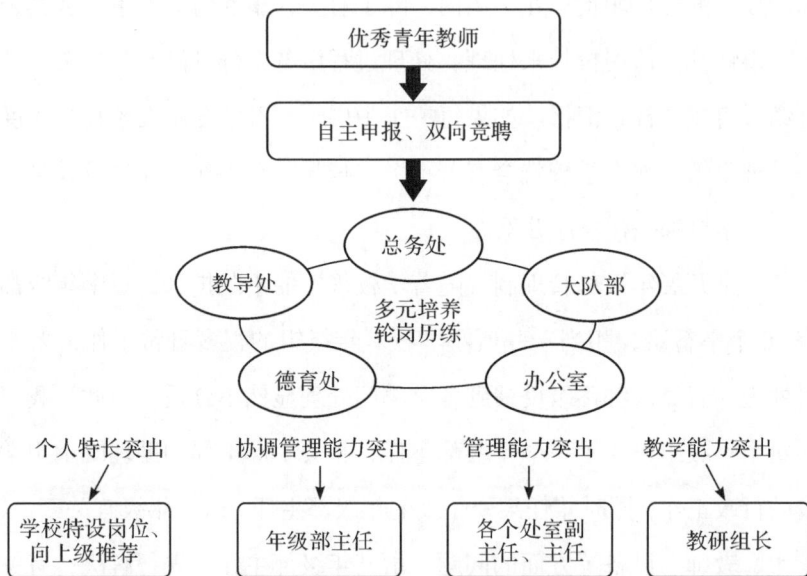

图7-2　镇海区实验小学中层助理的培养过程示意

五、中层助理的收获与成长

（一）培养管理能力

中层助理是协助各个部门主任开展工作的帮手，是学校各项事务的落实者，教师成长和学校工作的服务者。学校各部门为每位聘任的助理分配了各自的职责，有些工作相互独立，有些工作则需要互相配合，如涉及教学和德育的工作往往需要各首导与学科老师配合执行，助理们要做好与同级老师，甚至是前辈老师的沟通，在活动的组织中公平分配，合理设计，切实有效地提高教师们的主观能动性。

同样，高效稳定的实施策略和工作推进措施也让助理们学会了看清本质，抓住事物的主要矛盾。每项活动和任务的设计、推进、沟通都在不断为助理们积累新的经验，不仅能够培养其管理能力，也对助理教师今后的发展起到鞭策和促进作用。

一位德育处助理在工作反思中提到，如果将学校工作比喻为修建大楼，那么德育工作就是修建大楼时的一砖一瓦、一草一木，德育工作往往是与"细致""反复""琐碎"这些字眼挂钩的。"在德育处的那一年，我学会了在具体中落实任务，于细微处抓实效。"他还举了一个自己工作中的例子：

> 四项竞赛在各个学校的德育工作中一直是难以做实、做准的一个通病。当时的镇海区实验小学也是如此。由于在2018学年，我们学校还是个只有四个年级的新学校，最高的年级为四年级，仅有三个班级。故而，将整个学校一学期的四项竞赛检查任务全部分配给这三个班级中的个别学生，显然是不可能的。我们只能从二年级开始，扩大检查队伍，精细检查标准。由于学校的四项竞赛检查任务涉及场地广，检查时间有限，检查标准宽泛。为了将这项检查落到实处，并体现公平公正原则，首先，我将每班上报至德育处的每周检查人员进行了"定岗定人"，努力做到"一人定标准，大家共看齐"。同时，考虑到二、三年级学生年龄较小，对每周的检查任务仍有认识偏差，我又为不同检查岗位的不同学生分别制作了"检查手卡"。手卡上明确注明了不同岗位的检查时间、检查任务、检查标准以及检查路线。为了保证将四项竞赛检查做到公正、精准，我还将每周五的午间定为下一周检查人员的"岗前培训"时段。在当周的检查过程中，不同岗位的检查人

员还会在一名大队委员的带领下进行常规检查。如此，既能保证低年级学生检查的有效性，也能培养大队委员的领导力与执行力。在检查工作的不断改进与变化中，我感受到了德育工作的细致性与持久性，也开始意识到"细节决定成败"的真谛。

（二）提升全局视野

我们学校发展至今已是一个有着 53 个班级规模的学校，在未来几年规模还要进一步扩展，对于这样一所学校，许多的活动设计已经不宜采取全校同时行动的策略了。近年来，校级的活动设计已经以年级段甚至是年级部为单位来推进。这就迫切需要以一种更新、更开放、更全面的思维来设计和制定学校每阶段的发展规划。

每项工作为什么要做、做到什么程度、达成什么目标、要利用那些资源创造什么条件……这些问题的解决往往牵动着一个学校活动的节奏，有些活动需要深入进行，有些活动则浅尝即可，有些活动要长期进行下去，有些活动适合阶段性推进。在贯彻落实各项号召和精神的过程中，如果把握不好节奏，会让整个学校疲于应付。

而对于中层领导与普通老师来说，因承担的工作不同，他们之间存在"代沟"，所以助理以普通老师的身份参与到计划的制定中，参与到活动的落实中，既能体会中层领导的"初心"又能听到一线老师的评价，成为这道"代沟"中有效的纽带。如此纵向疏通能为学校系统地制定计划构建起有效的评价机制，通过"纽带"的互联，使学校的计划更人性、更高效。助理接受部门间的轮岗，通过在不同部门阶段性地锻炼后，又能横向搭建起各个部门间的联系，各部门的计划不再局限于自己的小天地，他们会通过协商将计划合理安排，达到互利共赢的目的。通过多方面的比较和评价，有利于提升学校格局，使得学校战略更清晰，更人性，更高效。

一位教导处助理在他的工作反思中这样写：

> 在教导处的这一年让我收获了更坚定的站位和更广阔的视野。我组织过学生的期末游考活动，开办过全校的视力普测；我辅助过体育组举行每月体育竞赛，也召开了美术组自己的教研会；我经历了全校师生出操路线图的制定，也体味了整学期教学工作安排的紧凑……如果说，初至德育处时的自己有对工作的迷茫，有对自己的不确信，那么，再至教导处时的自己便更坚定了对专业的初心，更拓宽了工作的视野。在日常的美术教学中，我也会将课堂中的创作主题与学校的体育特色——"足球"相挂钩，进而做到课堂内容的整合；在教研活动的安排上，我会根据音、体、美三科的共性，在以语、数为主的教研体系中提出我们小学科的诉求……因为热爱，所以全身心投入，因为投入，所以更加期待。在教导处的这一年，我看到了自己学科的特性，也看到了各科的共性。从前，自己只着眼于专业学科的一亩三分地；如今，我常常会思考学科间的互通性，也会尝试将适当的其他学科内容以辅助的形式加入自己的美术课堂。因此，与其说是教导处培养了我，倒不如说，是它让我看到了学科间更多的可能性，它让我更坚定了自己专业的站位，也让我看到了更宽广的世界。

（三）强化了学校"慢教育"的办学理念

我们践行"慢教育"这一办学理念，从道德（morality）、能力（ability）、品质（noble）三方面引导学校文化，倡导为学生和教师营造一个自然、和谐、美好、多元的教育生态系统，不但要为学生带来自信快乐和成长，更要使教师人人有追求、人人有责任、人人得发展。

1. 创新精神

中层助理制是学校管理的一种全新的尝试，学校在培养年轻人的同时也在不断地汲取年轻教师的新想法。我们学校"90后"年轻教师占到学校总人数的72%，我们希望年轻人能为学校注入新活力。在助理制的包容下，各部门积极吸取年轻人的意见，在部门领导的把关下让年轻助理大胆主张。这几年，学校在作业形式、考试方式、研学方式等活动设计和实施中，渐渐形成独特风格。轮岗的方式为中层部门间的创新带来了动态循环，年轻教师在历练中发掘潜在的能力，形成互利共赢。

2. 容错机制

失败乃成功之母，每一次新的尝试也要承担失败的概率。迈出新的一步很勇敢但也很艰难，往往是成功与失败各占一半。管理机制的优势在于制定者可以利用一定的时间周期来调整战略，而这样的调整是建立在发现问题的基础上的，这就需要我们去包容年轻人出现的问题和所犯的错误。这样的容错机制实际上为学校的运行扩大了循环发展空间。例如：前年的"游考"出现了很多问题，考试前考生分布不均匀，各班参加"游考"的时间间隔太紧凑导致场面拥挤不堪，结束后垃圾遍地……对于这样那样的问题，学校相关管理部门联合中层助理集体商讨、收集方案；再由各分管助理集中教研组、首导进行传达和说明，针对问题各个击破。去年"游考"时，大部分棘手的问题已解决。如此，游考的方案基本可以定型并沿用下去了。对于助理的培养，"哪里出现，哪里解决"是容错机制的立足点。在实践中提升能力，在错误中领悟技巧是容错机制的目标与意义。

3. 惟实惟小

从实事做起，从小事做起，这是我们校训的本意，也是中层助理制所遵循的品质。从选拔、任用、轮岗，做好每一项工作，推进每一次活动，中层助理真真切切为部门干实事，部门实实在在为学校谋发展，由此形成缓慢却不停顿的螺旋式上升模式。中层助理制经过最初的设想、试行、实施、完善，在一届又一届助理的轮转下不断成熟，有些助理走上了管理岗位，有些助理"毕业"后在学校各个领域发挥着举足轻重的作用。

循着"惟实惟小，成人成材"的校训，中层助理制也为学校的建设和教师的成长带来更多的可能。探索无止境，一项制度的实施几经波折才会慢慢成熟。中层助理制的实施使更多的年轻老师了解了学校中层的工作情况，拓宽了他们的视野，培养了他们的能力。当然在后期如何对这些助理进行考核，如何为他们找到合适的发展岗位，如何在提升服务能力的同时减少"官本位"意识……都值得继续探索。就像一位助理在心得中提到的："'它'为我们打开了一片新的天地，让我们有翱翔天空的机会，我与实验小学共同成长。"

第八章

我与实验小学一起成长

一所学校教师队伍建设的思考与行动

慢慢做教育

一、我的"首导"成长之路

自 2017 年 8 月至今，已是我与镇海区实验小学相遇的第 4 个年头。4 年时光，我从一名初出茅庐的数学老师变成了几十个孩子的"妈"，虽然也曾因孩子经常反复的不良行为而感到迷茫，因面对家长的难以沟通而手足无措，因活动繁多无暇顾及而焦头烂额，但还有更多的日日夜夜，我因孩子的变化而欣喜，因他们的暖心之举而感动，而我也在磨炼中和他们一起拔节生长。

（一）从满怀焦虑到坦然接受，还好有你，我的"二导"

和语文老师做"首导"不同，数学老师因为要兼顾两个班级，自然不能长时间扎根在教室里，如果由另一个主课老师来担任"二导"肯定是最好的选择，相对音、体、美老师而言，主课老师对学生更熟悉，在教室时间更多，也能弥补我不在教室的这个缺憾。我抱着试试看的心态找到了顾校长，她既是我们班级的语文老师，也是学校分管德育工作的副校长，是一名德育经验非常丰富的老师。顾校长非常爽快地答应了我，让我的紧张和焦虑顿时缓解了不少。

新学期的第一个任务就是在开学前做好普访工作，提前了解班里每一位孩子的性格特点，传达入学前的注意事项，让孩子和家长认识老师，以便后续更为有效地进行家校沟通。当我怀着忐忑的心情，从校长手中领过这份学生名单时，还来不及错愕，我这个毫无准备、毫无经验的小菜鸟，就要正式和我的小娃娃们见面了，可是第一次见面我该说些什么呢？顾老师也看出了我的困惑，主动找我商量家访的安排。虽然天气炎热，但第一天的家访工作却十分顺利，从上午 8 点一直到下午 6 点，顾老师开车带着我走访了十几户，我主要负责向家长介绍学校的课程安排、开学前的准备，而顾老师则主要和家长聊一聊孩子的学习情况，了解学生的性格特点。那时的我，理论知识不足，经验也不足，但从顾老师和家长的交流中，摸到了一点点和家长沟通的门路，从顾老师对孩子的问候中，学到了打开孩子心扉的方法。

在我们班级，顾老师总是用她的爱心和耐心带给孩子们妈妈般的爱护，而我则用更多的时间和孩子们一起玩耍、游戏，听他们絮叨自己的小秘密。我们虽然任务分工不同，但却可以有条不紊地进行班级管理。

（二）工作千头万绪，方法对了，才能事半功倍

虽然有"二导"的强力辅助，但要面对这样一群天真、活泼、好动的孩子，"首导"之路注定是充满坎坷和荆棘的。记得刚开始接触"首导"这份工作时，常常一件事还没做完，另一件事又提上了议程，听着孩子围在旁边，你一言我一语地诉说他人的"罪状"，忙得焦头烂额。那段时间我忙着应付各项任务，忙着和孩子们斗智斗勇，也总是不由自主地因为他们的小错误、小缺点而生气，忽视了孩子们的成长。

当我向顾老师说出自己的困惑后，顾老师告诉我，其实我的困扰也是其他年轻老师们的困扰，学习优秀教师的经验是最为有效的途径。为了切实提高我们的班级管理能力，学校德育处积极搭建平台，成立了德育新秀导师团队，通过抱团成长的方式，我们快速掌握了一些行之有效的班级管理小技巧。在团队中的这段时间里，我们一起阅读了《一线带班》《班主任工作漫谈》《班主任工作的30个典型案例》《教育魅力》等班主任专业书籍。尤其是管建刚老师的《一线教师》没有刻意地去写深奥的教育理论，而是把鲜活的班级生活娓娓道来，就像是我们曾有的经历和踌躇，让我们在熟悉中增添了对孩子的理解，对教育的反思。除此之外，我们还开设了一周一次的"梧桐夜谈"活动，探讨班级小干部管理制度，探讨班级中较为调皮学生的教育方法，还会针对当下热门的教育类话题发表自己的观点。

在团队的协助下，我不仅能够以更加坦然的心情处理孩子们稀奇古怪的小麻烦，还学会了用更巧妙的方式将我的温情传递给孩子，让他们学会善解人意，温柔待人。同时，我也积累了丰富的理论知识，从一开始的不善交际到逐渐能在家长会上表达自己的教育理念，再到现在已经能熟练地和家长们相互探讨，并尽量站在专业的角度为家长提供合理的建议。

（三）在日复一日中，发现教育的乐趣

随着经验的不断积累，我也不再拘泥于孩子犯的那一两个小错误，而是放大与他们相处时的乐趣。在他们身上，我体会到了欲哭无泪的无奈，也感受到了他们的天真无邪。

我们班里的小孙，被同学们冠以"小哭包"的名号，他做事拖拉，常常在放学前都不交作业，而且还特别爱哭。"小哭包"其实是个很聪明的孩子，但这样的习惯如不改正，长此以往会影响他的学习成绩。我向顾老师了解了"小哭包"在语文课上的表现，果然语文作业也是经常拖拖拉拉，可是家里教育明明很严格，孩子怎么还是没能养成良好习惯呢？

在顾老师的指导下，我和孙爸爸通了一次电话，聊了聊孩子内心的想法，并告诉他小孙现在很不自信，做事情缺少动力，可能也和家长的严厉鞭策有关系。孙爸爸表示会适当调整一下自己的教育方法。第二天，我和小孙达成了共识，作业是自己应该做的事，下次一定要抓紧时间，如果他中午不贪玩，按时完成我就奖励他积分卡，爸爸也答应会给他一段时间改正缺点。

从此以后，我每天都能看到他的改变，在课堂上，虽然他有时忍不住会插话，但变得更加专注；做作业时，本子依旧脏兮兮的，但更加独立了；他也会在看到我汤里没有黄豆时，从自己碗里分一点给我；在我不小心踩到他鞋子和他说"对不起"时，笑眯眯地跟我说："没关系，崔老师，我以前也不小心踩到过你好几次呢。"汤勇先生在《教育可

以更美好》一文中说道："做教育就应该像养花一样，不必太急，一边养一边看，一边呵护一边期待。也应该像老农种庄稼一样，一切顺其自然，不急于求成，不拔苗助长。"正如学校的"慢教育"所倡导的，我们的教育需要不急不躁，需要潜下心来，需要假以时日，静待花开。

这几年的"首导"生涯对我是一份磨练，是一种挑战，亦是一个让我快速成长、提升个人能力的机遇。当时让我心生畏惧的45个孩子，现在却是我职业生涯中幸福感的来源，我会耐心地等待他们成长并身体力行地教会他们如何学习，如何生活。

（镇海区实验小学　崔莉佳）

二、从美术老师到班级"二导"

"一个孩子在充满宽容的环境下成长，他学会了耐心；一个孩子在充满鼓励的环境下成长，他学会了自信；一个孩子在充满赞美的环境下成长，他学会了赏识他人；一个孩子在充满认同的环境下成长，他学会了爱惜自己。"这是《人这样成长》一书中记录的一段话，每当细读这段话时，我便想到自己成为"二导"后，与德育有关的那些事儿。

如果说，我在2016年从大学校门踏入小学校门后对如何做一名称职的美术老师既憧憬又迷茫，那么在2017年学校实行"全员育人"的德育导师制度后，我对教师这份职业的憧憬与迷茫，不仅仅局限于学科专业，而是延伸至了"教书育人"的过程中。

当学校通过教师大会颁布"德育导师"制度时，我的内心与其说是憧憬、热忱，倒不如说是疑惑、懵懂与不知所措。当时的我，不明白"二导"的职责与传统的副班主任有何不同，不明白身为"二导"的自己应如何管理班级，亦不明白德育导师制其合理性与优势体现在何处……在学校德育处的引导下，我摸着石头过河，努力将每一步走得稳当，走得踏实。慢慢地，我发现，通过"二导"负责的"班级日志"，我知晓了班级运行的基本规范与注意事项；通过每日"德育小课"，我与孩子们一同树立常规的班级公约意识，见证了孩子们的飞速成长；琐碎的"小报告""小表扬""小反馈"等，拉近了我与学生的距离……渐渐地，我从一个美术学科的任课老师，变成了孩子口中那个与"首导"齐头并进的"二导"——"施老师"。如果将曾经的班主任制比喻成是一个班级中只有"亲妈"的"单亲家庭"，那么德育导师制便是让一个班级有了"亲妈"和"亲爸"，这是一个更为完整、分工明确的"双亲家庭"。

经过在"二导"工作岗位上的三年磨炼，我有了些许收获与成长。

（一）从教书到教书育人

在传统的班主任制度下，班级管理主要由班主任一人全权负责，其他学科的老师只是单一地传授学科知识，学科教师与班级学生的关系往往是一种垂直的单向输出，师生间的了解与互动是缺失的，学科教师的"育人意识"亦不足。在未实施德育导师制之前，我一直认为我的第一职责是"教书"，只要将美术课堂把握好了，那么我的职责便尽了一大半。然而，当学校实行"全员育人"的德育导师制度后，我的身份瞬间从单一的美术老师，变成了一个班级的"第二责任人"，我开始对"教书育人"有了新的认知。

为了更好地融入学生，在班级管理上，我开始注重与学生谈心与深入交流。为了更好地了解学生，达到事半功倍的育人效果，我与"首导"一同家访，通过了解每个孩子的家庭，进而走近孩子，贴近孩子，了解孩子。我发现，在掌握了班内每个学生的家庭、学习、生活等多种情况后，我能更准确地找到适于每个孩子的教育措施，而孩子们亦能在对我的认可中改正自己的错误，获得更健全的人格。能够目睹，亲身推动这些原先稚嫩的生命一步步成长蜕变，用自身教育的力量，带动着、引领着他们一天天长大成人，这是一件无比有趣而美妙的事。如果说美术老师这个身份让我感受到教师"传道授业"的职业感，那么"班级二导"这个身份便让我体味到了教师"育人"的使命感。

（二）从单枪匹马到并肩作战

人与人之间只有通过不断的沟通才能建立起亲密无间的关系，老师和学生之间亦是如此。

过去，只有班主任最了解班内学生的学习与生活，关注学生的思想和心理，经常找学生进行沟通交流，故而班主任与学生的关系最为密切。相对而言，任课老师更注重专业教学，却忽视了与学生进一步交流与沟通。因此，与班主任相比，任课老师在学生的心中只止步于"师者"，师生间的信任感与依存感十分薄弱。

然而，当学校实行德育导师制度，呼吁"全员育人"后，"二导"与"首导"分工管理班级，至此身为"二导"的我不得不"下班管理"。在课间，我需要时不时地去纠正学生不良的卫生习惯；在学习中，我需要去激发学生的班级荣誉感；在日常，我需要为学生的一点点进步呐喊助威……慢慢地，在与孩子们的相处中，我发现有一部分孩子更愿意向我倾诉心声，甚至还与一些孩子有了专属我俩的小秘密。我知道，他们开始信任我、依赖我，我们在彼此靠近。

（三）借助学科优势，创新育人方式

以往学校开展德育的方式较为单一枯燥，往往是通过开班会或者举行各类德育活动达到育人的效果。这种德育惯式往往是胡子眉毛一把抓，形式也常常千篇一律。但学校的德育导师制，鼓励各位导师发挥所长，创新育人方式。于是，在德育导师制的带领下，我借助自己的美术学科优势，开启了我的育人新形式。例如，在父亲节来临之际，我利用美术课引导孩子们为父亲做一张肖像画，以此来建立更好的家

校联系；在新学期初始，我会与孩子们共同装扮教室；在营造班级氛围上，我会带领学生一同设计属于我们自己的班徽……借助学科优势实现育人效益，是三年来我在"二导"工作中收获的最行之有效的德育方式。

学海泛舟，以德为灯。当"教书"与"育人"相遇，真正的教育才开始。庆幸自己在初为人师之际，与"德育导师制"相遇，它为迷茫的我指明了育人的方向，亦激发了我对教书育人更深的思考。

（镇海区实验小学　施嘉妍）

三、我们俩

2019 年 9 月，两位年轻的教师来到树木葱茏、青砖绿瓦的校园，担任起一年级一班的"首导"和"二导"。

"首导"董老师是个有 6 年教龄的语文老师，从外校调入的她从没有带过低年级，第一次带一年级的她兴奋不已。她终于可以把脑海里的一套套班级规划、习惯养成、寓教于乐等想法付之于行动，但她也充满了忧虑，有太多的东西需要适应：新学校、新学生、新职务……"二导"徐老师刚走出大学校园，满怀憧憬，又有点惴惴不安。班级管理经验像是一张白纸，憧憬的是她可以在白纸上描绘五彩斑斓，书写或激情或诗意的篇章。不安的则是自己经验不足，是否会给纯净如雪的白纸带去无法修复的划痕甚至污渍。

幸而，她们在学校的牵线搭桥下，成了最默契的工作搭档，与 45 个孩子一起共同成长。

（一）初识：新任导师培训

"首导"董老师：开学前，我向德育处表达了找个数学老师当"二导"的愿望，这样我们就可以相互交流孩子们的学习情况了。怀着忐忐的心情，我在那年暑假的新一年级教师大会上见到了谦逊有礼的徐老师。徐老师作为宁波大学实习生已经在学校实习半年，所以她对学校的人、事、物都较为熟悉。在"结对"后，她带我认识了教室、办公室、各科老师，告诉我什么事应找什么部门，以及一些学校的常规工作等，让我在第一时间习惯了这个学校。

"二导"徐老师：我刚刚参加工作，那时我特别希望能跟着经验丰富的老教师好好学习班级管理。在2019年8月新一年级德育导师会议上，我与有6年班主任工作经验的董老师成为搭档，心里开心得不得了，我想跟着她好好干，一定能学到真本领！会后，我和董老师逛了逛校园，她事无巨细地问着学校的文化与设施，特别是教学常规等。紧张忐忑的我也在她侃侃而谈中理清了之后要努力的方向。

（二）破冰：新生普访

"首导"董老师：暑期新教师培训后，就是紧锣密鼓的新生普访。我和徐老师总结了优秀导师们的经验，高效地安排好下一步的计划与分工。虽然原则上可以两位导师分别走访半个班的学生，但我们觉得两个人一起能更仔细地观察，也能更全面地了解全体学生。

于是，我先将学生按照所住小区进行分类，打开地图一一圈画出来，标记楼号，规划最省时省力的家访路线；徐老师则是根据学生所住的楼层安排具体的家访顺序，并逐一和家长敲定家访时间。之后，我根据以往当班主任的经验罗列了谈话提纲，把一部分的介绍任务以及开学注意事项分给了徐老师，我则主要负责和家长谈一些孩子性格、兴趣爱好等主观问题，并在对方交谈时，及时记录对话要点。每天晚上我们将信息进行汇总，其中包括孩子的小名、性格特点、兴趣与爱好、父母工作、家庭环境、身体状况等。

历时一周的新生普访让我们在开学第一天就能喊出90%的孩子姓名，脑海中也随之浮现出相应的性格与爱好，还能和他们的家长打招呼。简单的寒暄缓解了家长的不安和焦虑，亲昵的小名和家访时达成的小默契也让学生放下戒备，有的更是一把抱住我和徐老师，用软软的声音喊着我们。家访时，我们留意到几个自理能力强，也有一定管理能力的孩子，特意在沟通中表达我们希望得到他们的帮助。在开学当天我们一时间无法应付那么多家长和孩子时，他们主动上前帮忙：主动和羞涩的孩子聊天；带小朋友上厕所；根据徐老师家访时的叮嘱，帮忙把书包、文具、水壶等放到指定位置……这些惊喜都是在家访时埋下的伏笔，家长们的脸上露出了或欣慰或赞赏的表情，我们之前一周的早出晚归、烈日灼晒、口干舌燥都得到了回馈。

"二导"徐老师：在新教师培训会议后，我们俩一边消化吸收着二、三年级德育导师们分享的家访、家校沟通经验，一边安排下一步的计划与分工。走回办公室时，董老师已经根据会议内容和自己的经验，构思好行动路线、普访的日期与时间，以及需要做的准备，与我商量任务的分配。

经过董老师的一番梳理，以及对每一步意图的解释，我很快明白了自己接下来的任务：根据董老师安排好的家访路线，我逐个与家长确认上门时间，若有特殊情况及时进行微调；熟悉采访提纲，带上笔记本及时记录。

第二天，我们就开始了热火朝天的新生普访。出发前，我们梳理当天要家访的学生的基本信息，模拟了进门时的开场白。她怕家长冷落我这个"二导"，就把难度不大的学校、班级生活介绍交给了我，也鼓励我先和孩子交流，在建立信任的基础上探知孩子的性格和爱好。一人提问一人记录，每天谈话结束后，我和她的小本子上都会留下满满的记录，在前往下一家的间隙都会一起梳理归纳，这样也方便我们最终整理成电子表格。

跟着经验丰富的董老师，我收获颇丰。她总能从家访的细节中了解到学生的性格特点。比如我们班的"欣欣"，一见面就主动向我们问好，在大人交谈时总坐得很端正，听得很认真；分别的时候她还送给我们一幅自己创作的画作。董老师和我说："这个女孩很不错！首先她用眼神告诉我，她在倾听，十分专注；她会主动照顾妹妹，很有责任心；而且她在幼儿园就有管理的经验。还有你看她的画，是个有才艺有能力的孩子。"当时我们俩就把欣欣作为小干部的候选人。果然，在开学第一天，她落落大方地和小朋友们打招呼，主动帮同学整理书包，让我们感动不已。后来，她靠优良的品行和出色的能力获得了同学们的支持，成为了班长和中队长。也有一个叫"文文"的男生，在家访时总对老人呼来喝去，董老师第一时间发现祖辈对他的宠溺，结合家里布置的一些细节，向其父母提出了培养孩子自理能力的建议，以及对家人也要有礼貌这一要求。开学后，文文虽然会在不经意中冒出几个不雅词汇，但对老师一直保持尊敬有礼的态度，同学为他纠正问题，他也能及时改正。不得不说，家访时的"预防针"打得太及时了！

家访的那段日子，董老师还向我讲述了自己当班主任这些年的经历，也和我讨论着以后班级的发展方向，这让我对当好导师也越来越有自信。

（三）合作：班级美化布置

"首导"董老师：开学前一周，我们终于完成了全员普访。接下来，就是要布置教室。我和徐老师两人都没有什么艺术天赋，我们就动员家长们参与其中，发挥家长们的聪明才智，而我们则负责统筹和后勤工作。与家访时基本敲定的家委会成员商量后，我们决定将中队名定为"微草中队"，意为"微风吹过，青草萌发；毫末之草，可以成原"。

根据这一主题，我和宣传组的家长绘制草图、罗列材料，徐老师则联系采购组的家长逐一采买，并通知财务组的两位家长收缴班费。由于是第一次搭档，在设计版面、构图以及选材上都出现了不同程度的波折，但是在我和徐老师一次次不断商讨、调整后，用7米多长的软木板布置出了"微草中队"的独特风格。布置完的那一刻，残留的贴纸、胶带、细线分散在桌面和地上，怕东西被吹乱而没开电扇的徐老师满头大汗，却没有一句怨言，在夜深人静的教室内开始打扫。

临走时，我们俩看见教室外墙的软木贴还虚位以待，不由得畅想着开学后把那45个孩子的才艺展示在上面，让整条走廊成为一道独特的风景线。

"二导"徐老师：从家访结束起，我就要求自己多观察多学习，从每一件小事中吸收经验和能量。开学前，为了布置完美的班级文化墙，我和董老师一起去幼儿园取经，一起商定布置风格，一起飞奔到二号桥市场采购材料。虽然我没有太多班级布置方面的经验，但我尽可能做一些力所能及的事情，比如帮忙联系采购组的家长，一起置办所需的材料；设计和画图虽然不是我的强项，但我能剪剪贴贴；在每天忙完之后，把教室收拾干净，让它恢复成原来温馨整洁的样子；为了擦干净一块玻璃，我尝试了各种抹布、各种洗洁精、各种拖把，冒着38℃的高温爬上栏杆……

平时的我并不是个很细致的人，但是在董老师用心为孩子们装扮这个"家"时，处处以孩子的角度考虑，我也不由自主地想给孩子们布置一个温馨却处处有心意的教室。经过反复的尝试，我们俩终于把软木板布置好了。看到平日里，孩子们也喜欢在课间驻足欣赏一二，这让我们觉得之前的忙碌都是值得的。

（四）融合：开学后的日子

"首导"董老师：班级的运作步入日常化，琐事虽多，但都井井有条。徐老师除了日常职责，如班级公物管理、放学路队管理等之外，还和我一起管理班级，时刻把班级放在心里。

每天大课间，我们两个一起协调管理学生运动；午饭前，若我有事回不来，徐老师总是不用打招呼地及时到岗，带学生排队去食堂；课间，学生有事找老师，遇到徐老师都能得到很好地解决；德育小课若我临时要开会，徐老师总在我开口请求前回答"ok！我会过去的"……

我们也经常在晚托之后留在教室里，根据座位一一回顾学生今天的表现，联系各科老师，了解学生学习情况，究其原因，讨论应对方案。当然，我们也会一起抱怨积压一天的糟心事，一起分享自己看到的萌娃趣事，短短十几分钟、半个小时，既能给当天的工作画一个圆满的句号，又能给第二天的工作制定一个小小的计划。时间长了，这种"两人小会"也成了我们之间的一个小习惯。有段时间，我们因各自忙比赛和公开课，一周都没有交流学生情况。我俩就抽出零碎的课间或中午，站在教室门口或厕所门口聊上十分钟，尽力把班级和我们当时萎靡的状态翻转过来。

经过这一年的配合，徐老师早已能够独当一面了。我们在班级德育导师的工作上，有分工，但更多的是合作。正如我们的"学号"，我是0号，徐老师是46号，我们不分彼此地将自己置身于班级之中，与班级融为一体，与班级共成长。

"二导"徐老师：通过开学前的接触，我对董老师的敬佩变成了促进自我进步的动力，我明白了平时要多观察多学习，从每一件小事中吸收经验和能量。看着孩子们一天天成长，我也想像董老师一样，成为孩子们的依靠。

为了一个学生的学习状态，我们一坐就是大半个小时，一起探讨帮助他的办法。最令我头疼的还是处理学生之间的矛盾，一年级的孩子总有各种问题需要老师帮助解决，最初，我对于自己一人解决学生的问题还有些担心，生怕出错。但看着董老师处理的学生的各种"诉状"，我也学着去调解，每次解决完之后再跟董老师去"报备"，并咨询一下她的意见，看看处理得是否妥当。慢慢地，我的"业务能力"

似乎有所提升。似乎所有费心劳力的大事，我都能妥善地解决它。

每日带孩子们有序出操，安静地去食堂吃饭，解决学生之间的矛盾，耐心与家长沟通，一起加时排练，设计德育小课与班队课……我们一头一尾带着"微草中队"的孩子们成长着，自己也一同成长着。

（五）扶持：共同成长，绽放光芒

"首导"董老师：自我们搭班以来，我们班每个学期都是优秀班集体，我与徐老师也一直被评为"优秀德育导师"。这多得益于我们之间的互相扶持，互相理解，共同成长。

作为语文、数学教师的我们，也同样身负重任。例如这学期起，我担任了年级部主任、校妇工委主任，同时要兼顾语文和道德与法治两个教研组的活动，对班级事务实在力不从心。尤其是2020年的11月，各种比赛集中到了一起，而那时徐老师只说了一句"你尽管去，班里的事有我在"之后，全权包下了班级事务。为了让我放心，她总在结束一天的工作之后，简短地和我聊一下班级一天发生的事情以及她的解决方法。比如近期的路队比赛训练，学生走楼梯时总会参差不齐，她为了让我安心准备区里的比赛，细心地观察其他班级的训练方式，筛选后再尝试，选出最佳方案。学生最近学习状态不佳，在"两人小会"后决定要告知家长，她主动揽下了打电话的活，让我节约时间去备赛……这样的事情还有很多，每一件都让我非常感动。正因为有她耐心细致地管理班级，我才能在那段忙碌的时间里静心去备赛，实现个人专业上的发展。

徐老师身上的光越来越亮，周围老师都对她细致勤快的工作态度赞不绝口，她也被选上担任梧桐志愿社的负责人。我也是尽可能地为她的工作提供便利，在班级中为她培养更多能干的小帮手，在校外寻找更多的公益资源，在她忙社团工作时及时补位，力所能及地做一些小事。

"二导"徐老师：后来董老师当上了年级部主任，事情越来越多，我想我可以帮她收一下班级日志，也好让董老师能少一件事；有一个月她要评职称，还要准备课堂文化节的公开课，我在她忙得不可开交时主动补位，担下班级管理中的大部分事务。我每天早早地来到班级，听孩子们早读，发现他们已经能认识那么多字了；上德育小课和班队课时，我发现孩子们自己已经能做 PPT，能自己主持了；自修课时，整个班级是那么地安静……慢慢地，我越来越喜欢去班级，越来越爱与孩子们相处。

每每看到我们班孩子天真可爱的笑容、干净整洁的教室、每个角落精巧用心的布置，我仿佛看到了自己与班级成长的点点滴滴……

每一组"首导、二导"并非生来合拍，不过就是在日常的沟通合作之中，碰撞出了契合的形状。在所有的班级中，这组"首导、二导"和她们带领的"微草中队"不一定是最优秀的，但在其他老师眼中，却是最默契的搭档与最和谐的班集体。

（镇海区实验小学　董文燕、徐云霞）

四、主题教研助我成长

2018 年 9 月，怀着期待与忐忑，我踏上了讲台。俗话说"初生牛犊不怕虎"，初入职场的我信心满满，总以为大学的专业课和实习经验足以"应付"小学生，但作为"职场菜鸟"，当我面对一双双稚嫩的眼睛，授课经验寥寥无几的我一时竟不知如何下手。

幸运的是，为了让年轻教师的教研活动少走弯路，学校把"合作学习"引入课堂，确立了以"合作学习模式下教师课堂提问能力的提升"为主题的教研活动。为落实主题教研，学校将教研组划分为三个学段，其中，一、二年级为低段教研组。主题教研倡导同学段同学科教师参与每一次备课、磨课、听课和评课。这一改变意味着每节教研课都是一个学段的"智慧结晶"，教研不再是孤军奋战，每位上课教师的背后都有一个强大的智囊团。这让我悬着的心稍稍放了下来，也为我的成长有了方向……

（一）初体验：盲目自信，慌慌张张

人教版一年级上册"用6和7的加法解决问题"是我的第一节教研课，初出茅庐不怕虎，说干就干。我首先自己梳理了这节课的重难点，这是教材中第一次用情景图呈现数学问题。情景图配以大括号和问号，呈现了一个简单求和的数学问题。"多简单的内容呀！不用教肯定就会了。"我的脑海里浮现了这样的一句话，现在想想当时盲目自信的自己真是可笑。自以为内容简单，便没有请教师父和其他教研组的老师们，简单的一次磨课后，我就"自信"地踏上了讲台。

我在教学"用6、7的加法解决问题"时，出示主题图后便开始教学流程。

师：请小朋友们仔细观察，从图中你发现了哪些数学信息？

生1：（声情并茂地描述）春天来了，兔妈妈带着小兔子在草坪上采蘑菇。

师：这是你观察到的，谁能从数学的角度来观察？（大部分学生沉默）

生2：（学霸救场）左边有4只，右边有2只，一共有6只。

……

一节课从开头就陷入了僵局，连最基本的课堂调控都陷入了被动，可想而知，接下来的教学我早已乱了节奏，"合作学习"的主题也被我忘得一干二净。在这个教学片段中，我没有预设到学生对"数学信息""数学的角度"等概念会不理解，也没有预设到学生的回答。这反映了我对学生的认知能力评价过高，让教学过程陷入了尴尬，造成了教学活动的被动。

课后我及时进行反思，了解到语文课上学生正在学习看图说话，语文老师要求观察图片时从时间、地点、人物三方面进行描述，因此大部分学生都很自然地认为"生1"的回答正确。这也从侧面反映出我在平时教学中对数学思维的渗透还不够，我高估了学生的认知能力，也就不能做出充分的预设，从而让课堂陷入被动。这节课后，我认识到有时候简单只是老师认为简单，越简单的课越难教，教任何一节课都不能掉以轻心。

（二）再实践：忐忑之余，仔细斟酌

进入镇海区实验小学工作的第三个月，分管学校教学的郑校长通知我，学校将和龙游县北辰小学开展教学活动——山海协作，教学相长。两校各安排一名教师授课，学校准备安排我上"认识钟表"这一课。初出茅庐的我得到这样的机会，心里又忐忑又期待。

"理论知识丰富，实践经验不足"是大部分新手教师的通病。第一次上课前，我深知"合作学习"的重要性，我所理解的"合作学习模式"应该包括两方面——生生合作与师生协作。

在这节课中，通过认读三个整时的钟面，学生已基本掌握和归纳了整时钟面的特征。询问团队成员的意见后，我设计了"拨钟表"环节，该环节在落实主题教研的同时，也帮助学生进一步熟悉了整时。

以下是该环节的第一稿教案：

一、教师说整时学生拨

师：我报一个整时，请你用手拨一拨，拨到这个时间，听清楚了吗？

二、同桌练习拨整时

师：同桌两人玩一玩这个游戏。先听清楚要求：先是女生报男生拨，然后换一下，每人报两次，拨两次，开始。

三、学生上台拨

师：都会拨了吗？我想请一位小朋友上来拨一拨。

试教结束后，团队成员们各抒己见，郑校长指出："动手拨钟表环节教师不敢放手，手把手带着学生拨钟，整个环节不够开放，要思考如何进一步落实生生合作，打造更加开放的课堂。"教研组长王老师在此基础上补充："拨钟表环节老师只关注到发言的学生，建议适当引导学生之间互相提问，落实生生合作这一目标，让学生成为学习的主体。"我的学科师父则关注到了一个细节，学生拨完钟表后我忽略了个别拨错的学生，没有进行个别指导，讲授这块内容时需要增加一个纠正调整的过程。

评课后，我对这些方面进行了反思，要攻克本节课中存在的问题，意味着教师在提问以及环节设计需要作出改变。其中，最需要改变的是提问方式和内容。为了突破这个难题，每一次试教结束后我都会思考并向其他老师请教这几个问题：课堂上怎样提问更合理、更到位？如何引导学生清楚完整地表达自己的想法？面对学生错误的回答，怎样合理地评价和引导？

团队老师建议我在学生反馈后增加追问和引导语，追问的目的是让更多的学生参与课堂，引导语也能进一步挖深教学内容，真正把教学内容讲透彻。

另外，多次试教中老师们还发现了新问题——我容易忽略一些存在感较低的学生，导致上课节奏过快。针对这个问题，郑校长给我提了建议："在学生反馈后可以根据实际情况提问'他说的你明白吗？同桌之间说一说'等引导语，通过同桌交流放慢授课节奏，从而提高学生课堂的参与度，让生与生之间建立起联系，同时也将教师对学生的关注从点对点转变为点对面。"

基于这样的思考以及团队成员的建议，我几乎全部推翻了第一份教案，从提问到环节设计都进行了调整（见表8-1）。

表8-1 "认识钟表"教案修改前后对比

教学环节	第一次试教	最终修改
认识整时钟面	师：8时你是怎么看出来的？ 师：谁听明白了？	师：8时你是怎么看出来的？ 师（引导）：他先观察了哪根针？谁能再来说一说？
观察整时钟面的特征	师：这三个钟面（8时、3时、6时）有什么相同的地方？ 生：分针都指向12。	师：这三个钟面（8时、3时、6时）有什么相同的地方？ 生：分针都指向12。 师（追问）：那时针呢？也指向同一个数吗？
学生上台拨钟表	师：他拨对了吗？	师：他拨对了吗？ （引导该生问全班）生：你们知道我是怎么拨的吗？

在教学环节上，以"拨钟表"环节为例，最后的设计如下：

一、同桌自主探索拨整时

师：认识了整时，现在你能拨整时了吗？

师：同桌两人来玩个游戏。先听清楚要求：先是女生报男生拨，然后换一下，每人报两次，拨两次，开始。

设计意图：放手让学生试错，学生自主探索拨整时的方法，体验与同桌合作学习的乐趣。

二、两生上台示范拨整时

师：请他们两个来当当小老师拨一拨钟表。

引导学生问全班：你们知道我是怎么拨的吗？（指名2生回答）

设计意图：建立生与生之间的联系，真正把课堂交给学生。

三、教师指定拨

师：都会拨了吗？老师也来考考你们。

师：报两个整时（9时、12时，并要求学生举起钟表反馈）

设计意图：教师建立起师生协作的纽带，充当组织者和引导者的角色，最后总结拨整时的方法，从而纠正部分学生的错误。

（三）终沉淀：激发潜能，教学成长

时间一点点流逝，不算忙碌，但很充实。我很感谢我所在的教研组团队，同时作为新教师，我也很幸运。主题教研在我备课过程中给了我强有力的支持，也让我更容易发现自己存在的问题。这是一次弥足珍贵的机会，也是一次成长和进步的契机。

工作一年多，我珍惜每一次上课的机会，家常课也是我积累经验的舞台，经过团队的指导，我清楚了自己在课堂上的不足。现在我会有意识地关注课堂上的每一位孩子，适当地增加追问和引导，把课上扎实。当然，教学中总有新问题，但学校教学团队的凝聚力和教研活动的主题——"合作学习"总是相契合，走班听课、课后评课等早已融入我们平时的教学中，越来越多的"菜鸟"老师在这样的机制下获得了属于自己的成长，摸索出了一套适合自己的教学风格。

对我来说，"时间"让我挖掘了全新的自己，激发了我无限的潜能。教学和人生一样是一个漫长而灵活的过程，会经历很多个不同的阶段。我的教学工作才刚刚开始，教学成长也才开了一个小小的头，接下来我要做的是脚踏实地地上好每一节课，慢慢沉淀自己，慢慢探索发现自己的优势。

（镇海区实验小学　阮鸿佳）

五、"量表"为师，砥砺前行

2018年，我从师范院校毕业，成了一名小学语文老师。还记得大四下半年我考上了镇海区教师招聘的提前批次，便提早来学校实习，那时的导师是区语文学科带头人吴老师，他提出要听我上一节课。我迫不及待地想向导师展示实力，便自信满满地备了一堂"西门豹"，邀请导师来指导。可结果是，长达一个小时的评课简直演变成了一场"批斗"：教学目标定位太高，教学步骤逻辑关联性不强，理答没有说到点子上，板书预设性太强，等等。我如坐针毡，却也无可奈何……

从那时起，"如何备好、上好小学的一堂课"成为我迫切需要学习的课题。在镇海区实验小学工作的三年里，我快速成长并有幸得到领导的肯定和信任，从2019学年下半学期起担任了语文教研组长一职。在校本教研的摸索中一路走来，除了教研组的精诚合作、师父的手把手教导、个人的努力与坚持，也离不开我的另一个可贵之师——观察量表。

（一）不识庐山真面目——走入"课堂"迷雾

初次迈上讲台的那一年，学校的校本教研活动越来越多，开展得也越来越规范。我记得刚来的第一学期，我就上了八节年级段的教研课。在不断地备课、磨课中积累上课经验，但随之而来的困惑也越来越多。比如：备课中只是一个简单的提问，师父却要求我一改再改，还要求我记下不同的发问学生对应的回答；每次备课写详案时都要写三个以上的预设情况；评课时总是找不到突破口，无话可说更是常态；自己上完课后对其他老师的评课印象不深，修改起来也经常摸不着头脑；观摩年级组其他老师上课更是如此，听课记录写得不够规范，听课角度单一、内容单薄……

2018年12月，我为了在校级公开课执教"蜘蛛开店"一课，先后历经数次试讲、试教、磨课，经历了不少冷场尴尬、内心震荡和"大脑短路"。让我们一起来看看这些"尴尬时刻"：

【教师主导：学生主体性不明】

师：蜘蛛一天到晚都在织网，如果你是它，你会怎么想？

生：我会想，我不要织网了，我还是开店吧！

师：原来"织网"这么无聊啊，那你能试着读出蜘蛛此时无聊的心情吗？

学生读。

原文中写道：蜘蛛每天蹲在网上等着小飞虫落在上面，好寂寞，好无聊啊！原本我预设的是学生回答"太无聊了"，从而引出下文。但是学生却脱口而出上文内容，我只得假装"处变不惊"地无视他的回答。

【预设简单：目标达成度不高】

师：蜘蛛一开店就迎来了这样三位有特点的顾客，让他原本认为很简单的事变得一点儿也不简单，你觉得这是一只怎么样的小蜘蛛？

（……短暂的沉默）

生1：这是一只任性的蜘蛛。

师：还有不同意见吗？

生2：这是一只倒霉的蜘蛛。

师：（陷入尴尬）还有不同意见吗？

原本我想引导学生说出这只蜘蛛"想得简单"的答案，没预设到这是一只"倒霉"的、"任性"的蜘蛛，虽然说得没毛病，但就是没有一个学生答出"思维简单"来，最后，我只能硬着头皮自己说出了答案。

【状况百出：教师应变力不强】

> 师：如果蜘蛛继续开店，他还有可能卖什么呢？
>
> 生1：他还有可能卖帽子。
>
> 生2（突然说）：他还有可能卖包子、馒头和花卷。
>
> （其他同学捧腹大笑。）
>
> 师：（面带愠色）好了，静下来了。上课举手回答，不要捣乱！

每个班总会有几个专心"捣乱"的"熊"孩子，要是他们在课堂上"大显神通"，那么好不容易调动起来的课堂气氛也会当头被泼一盆冷水。

于是，在课堂初体验后，在经历不断修改，遭遇冷场和尴尬的过程中，逐渐感受到了对新手教师而言，"理答"起着决定课堂成效的重要作用，这也促成了本学期教研主题"'合作学习'模式下教师课堂理答能力提升"的诞生。

（二）沉舟侧畔千帆过——"量表"破除桎梏

为了解决老师们在校本教研中遇到的这些共性问题，2019学年第二学期语文低段教研组改革，把"理答"作为教学活动观察量表中的重要内容，从学生回答问题普及面和教师理答类型及反应等方面进行观察统计。在"观察量表"最开始推出使用时，许多老师包括我自己也十分抗拒，量表中的数据复杂，不但要详细记录回答问题的学生的座位号、回答问题的类型，还要兼顾教师的提问形式、教学成效等，对我们来说，似乎增加了额外的工作量。

直到2019年4月，低段的第一次教研活动量表初次正式投入使用，由邱老师和沈老师分别执教的"端午粽子"与"棉花姑娘"经过量表的统计，让我们逐渐意识到了量表具有无可替代的优点。

根据量表统计，我们发现，"理答"要做好可不容易。①课堂中教师基本上以"语言理答"为主，以"非语言理答"如微笑、点头等肢体语言为补充的呈现方式。②简单说明对错的是非性理答和追问、补充的指向性理答占比较大，激励性和发展性等具有创新意识的理答较少。这说明教师在进行理答时更注重告诉学生回答的正确性，较少关注学生的情感需求。③新教师有更多无效的"简单重复"和"代答"。④低效肯定多于高效肯定，教师习惯用"很好""真不错""真棒"等固定模式的表扬，却不能就学生回答进行针对性、高质量的激励表扬。

基于以上状况分析，经过教研组、师父、听课老师的多次讨论之后，我们决定从三个角度制定策略，探讨如何通过关注"量表"中的"理答"来化解课堂窘境，提高学生学习效率，造就高效语文课堂。同样以"蜘蛛开店"为例。

1. 走向有意识的理答——强化"师生对话"思维

理答是一种对话教学，我们这些缺少丰富教学经验的年轻老师，总是容易落入"按教案走"的窠臼，忽视了学生在教学中的"主体"地位。当我们这么说，会不会好很多呢?

师：蜘蛛一天到晚都在织网，如果你是它，你会怎么想?

生：我会想，我不要织网了，我还是开店吧!

师：你跟咱们的小蜘蛛想到一块儿了! 可见织网的确是——

生：太没意思了!

师：是呀! （引读）——好寂寞，好无聊啊!

其实"顺着学生的思维"走，会取得更好的效果。教师在理答中要强化师生间的对话思维，尊重学生，信任学生，只有学生敞开心扉与教师开展积极的交流，才能使对话顺利进行。

2.走向有预设的教学——把握教学目标

"没有预设就没有课堂教学的生成。"一些特级教师的课之所以听起来让人觉得很顺畅，其实这都是教师们在背后一遍遍地去研究学生，钻研教材，斟酌教法，辛苦琢磨出来的。因此，我们的预设应该做得更多，想得更周全，紧扣"教学目标"的达成。

于是在之后的教案设计中，我增加了对学生感受"蜘蛛"特点的预设：

> 生：这是一只任性的蜘蛛。
>
> 师：为什么说他任性呢？
>
> 生：他想卖什么就卖什么，没想过这些顾客会来。
>
> 师：如果你要开店，你会像它一样"任性"吗？
>
> 生：不会，我会考虑很多。
>
> 师：原来，这是一只考虑——不周全的蜘蛛。

因此，教师只有充分地预设，在每一个教学环节都尽可能地预想学生的反应，才能在课上做到随机应变、处事不惊。

3.走向有技巧的理答——发挥教学机智

我们的课堂中经常会出现学生"答不上来"的情况，要是公开课遇上这种情况，我们总是迫不及待地替学生回答了，其实"理答"应该允许有"等待时期"。在等待时期中教师可以通过"提示"引导学生回答，帮助他们树立自信。

当我这样说：

> 师：你还能从哪些地方发现这是一只想法简单的小蜘蛛？
>
> 生：他每次想卖什么就卖什么。
>
> 师：这部分我们已经讲完了，在没学到的部分找一找？

师（等待片刻）：要我说啊，他还不怕"赔本"呢！你发现了吗？

生（灵光乍现）：他每样商品只卖一元钱！

师：真棒！

如果教师在等待一段时间无果后，我们也可以这样做：用微笑、拍肩等非语言理答方式安抚学生，"没关系，你再想一下。"转而以"谁来帮一帮他？""谁想出来了？"等方式将问题转给其他同学，让更多学生参与到问题讨论中，从而降低学生压力，保护学生自尊心。当面对个别孩子出人意料的回答，教师如能发挥教学机智，用上合适的理答，反而能创造课堂亮点。

师：如果蜘蛛继续开店，他还有可能卖什么呢？

生2（突然说）：他还有可能卖包子、馒头和花卷。（其他同学捧腹大笑）

师：（淡定）诶？你们说蜘蛛能卖包子、馒头和花卷吗？

生：不能！因为它卖的东西都是织出来的。

师：是呀，咱们小蜘蛛是个"编织能手"而不是"小厨师"呀！他还能织什么呀？谁来说？

我们要给学生大胆质疑的机会，"助燃"学生的智慧火花。在这里，教师完全可以运用追问和转问的理答策略，使课堂生成美丽的教学资源。

虽然教学过程中的瞬间性很难分析和预测，学生们的表现往往五花八门，我们防不胜防，但只要我们潜心研究课堂理答，站在学生的角度，就会生成没有预约的精彩。

在这样的尝试中，我渐渐发现，这张小小的量表能让我清晰地看到自己的不足，也为我指明了前行的方向，无形中成为我的另一位良师。

（三）病树前头万木春——开发"量表"之径

合理运用量表，不但能够增强教师对课堂的驾驭力，还能使学习真正发生。得益于数次试教、磨课的经历，在不断提升理答能力的同时，我执教的课堂氛围越来越融洽，教学环节也更加流畅，大大提高了课堂效益。在成为语文教研组长后，我又在思考，量表的使用要怎么继续深入？"破"之后，只有及时地反思才能实现"立新"。

1. 巧用"花样"助手

量表虽能帮助教师客观发现课堂上的不足，但结合多媒体使用效果会更佳。执教时可能"当局者迷"，但各类现代化的工具却能极大地便利我们从客观角度审视课堂中师生对话的壁垒。学校教研组积极铺开、运用各类教学、录音设备，便于教师整理课堂实录。借助数字化课堂录像、课堂理答观察量表数据分析、视频软件剪辑技术等方式，还原每一次理答、每一句评价、每一轮对话。在这些"花样"助手的参与下，我们逐渐走向精准数字化教学。

2. 找寻"独家"风格

在反思路上找寻"自我"，找到适合自己的教学风格，有助于师生之间形成良性互动的对话机制。例如：我在大量的课堂实践中，不断摸索自身教学特点，发现自己在执教富有童趣或者浪漫色彩的课文时更加得心应手。在偏向活泼、亲和力强的课堂上，课堂理答运用频次最高的类型是激励性理答。因此，在教学设计和课堂对话时，我也会有意识地向这类风格靠拢，向同类型的名师、特级教师学习。总之，选择适合自己风格的理答方式，会让自己的教学行为更具有效性。

语文教师的功力不但体现在上课之前钻研教材，对文本的细读把握上，更体现在课堂师生对话的把握上，这就是课堂量表存在的意义。

以量表为师，在"破"与"立"中，砥砺前行，实现课堂真正的对话，让学习自然发生，让教学自然生成。

（镇海区实验小学　傅志威）

六、学贵得师

2019 年 8 月，我成为镇海区实验小学的一名新教师，任教一年级语文。从一名小学教育专业的师范生，转变为一名扎根班级的语文教师，我与其他几位新进学校的语文老师一样，对新工作充满了期待。在大学中，我们去过好几所小学见习，听过不同年级段的语文课，也都在小学实习过半年，积累了不少语文学科的教学知识。因此，我们几位新老师对带好一年级自信满满。

可这样的美好设想很快就如泡沫般破碎了。开学第一天，家长们将孩子们送到教室，台下闹哄哄的 43 个孩子一下子把我从理想的语文课堂拉回到了现实。43 个孩子各有个性，他们有的自顾自地玩弄着台签，有的看着陌生的同学紧张地落泪，还有的闷闷不乐地拿手敲着桌子。我站在讲台上，大声喊着"123，静下来"的口令，却只有极个别孩子应声坐好。

原来，一年级的孩子不是我印象中一声令下就端正坐好、眼睛亮闪闪盯着老师的孩子呀！哦，也对，他们几个月前还是又蹦又跳、有说有唱的幼儿园小朋友。那一刻，我隐隐紧张起来，耳边传来一个声音：即便你经历过见习与实习，你还算不上一个能站得稳讲台的语文教师。

怎么样才能站得稳讲台呢？作为一名新教师，我的脑海里空有理论，教学实践领域还是一片荒芜。正当我一筹莫展时，一个消息传来了——学校推行"师徒结对"制度！

原来，学校异地重建后每年都有一定数量的新教师加入这个大家庭。考虑到新教师缺乏实践经验，学校推出"适应性师徒结对"制度。该制度面向一二年教龄的新教师，由一位经验丰富的师父手把手地向一位新教师传授学科教育教学的经验，形成"一对一"师徒模式。

（一）寻师问"路"

学校推行的"一对一"师徒结对颇有人情味。考虑到新教师进入学校头一年对学校内经验丰富的教师不熟悉，学校便根据学科类型建议"师父"与"徒弟"一对一搭对。师徒二人性格或相似或互补，常常会在交流探讨中碰撞出不同的火花。等到一学年后，新教师对学校事务基本熟悉，对学校内教师也有了进一步的了解后，徒弟们可以自主选择师父，师父也可以自主挑选徒弟，最终再由学校进行调整，保证"一对一"师徒结对有序开展、有效推行。

进入学校的第一年，作为语文学科新教师的我，有幸与经验丰富的章老师进行结对。章老师曾先后被评为镇海区名师、区教坛新秀一等奖、区优秀班主任、区首批"百名上好课老师"，拥有极强的教学能力，对语文教学有着个人独特的见解。一学年里，她引领着我在语文教学路途中前行，为我指点迷津。

踏入工作岗位后，我才真正意识到"站稳讲台"并不是一件容易的事。开学才几天，我便遇到了许多问题。每次遇到棘手的事，我都迫不及待地与师父碰面交流。还记得第一次与师父碰面，章老师十分热心，为我解答了许多琐碎的问题，并温柔地提醒我："作为新教师，最重要的是爱孩子，你爱孩子就会拥有各种教育的智慧，每天也会有高昂的教育热情。"后来，我瞥见师父玻璃桌板下放着一张小纸条，上面是她用娟秀的字迹写下的四个词：爱岗敬业、无私奉献、育德之道、为人师表。于是我也向师父学习，在我的工作本扉页上记下了这些理念，我想这便是教师之路的"指南针"吧。

（二）随师讨"药"

教师之路的"指南针"仅指明了大方向，要成为一名合格的语文教师还需要向师父细细请教。新教师就如一块璞玉，单靠自身的打磨往往会事倍功半，有了师父"对症下药"的指点却能事半功倍。新教师成长的第一步是制定自身职业生涯发展规划，但实际上很少有新教师能清晰明了地剖析自身情况并做出决策。当"一对一"师徒结对启动后，我们新教师可以请师父一同剖析我们自身的教学情况，明确成长方向和途径，这使得我们对自身职业生涯发展规划的制定有更明晰、更坚定的想法。

刚进学校，我的精力都分散于家长、学生与学校工作任务中，面对学校布置的教师生涯三年发展规划毫无头绪。一开始我就根据框架凭经验写下计划，心里却深知计划与实际脱离。我将计划初稿发送给师父，请她帮忙诊断与修改。果然，经过师父的提点，我对自身的工作优势与劣势有了清晰的认识，还在章老师对教师未来发展方向的介绍下有了大致的想法，终于能有些底气地定下教师生涯三年发展规划。

不光是发展规划需要师父的帮助，新教师的教学常规也少不了师父的"对症下药"。"备、教、辅、改、考"等教学环节将直接影响教学效果，新教师往往对教学环节的具体实施存在疑惑，通常按见习、实习的经验积攒加之自身想法推行，往往缺乏系统性、高效性。当我着手一年级语文教学后，对教学环节或多或少地存在一些疑惑，如课前需要依照哪些资料进行备课，上课时面对注意力不集中的孩子该如何调动他的积极性，对于学习能力不足的孩子课后又该如何辅导，批改作业时又该以什么标准来判定，达标检测中又该注意哪些细节……

作为新教师，面对教学环节的琐碎问题，我常常感到焦虑却又很少主动提出，但当"一对一"师徒结对后，我们新教师便拥有了"坐诊医生"，在某个教学环节上碰到疑惑时便可以与师父线上或线下交流，往往师父的几句提点便胜过自己整天的苦思冥想。一年级语文的复韵母发音是学生学习的难点，备课时我查阅到的资料都是抽象的指导，"复韵母发音时要实现从一个单韵母口型转变到另一个单韵母口型"，但这样的语言往往很难让一年级的孩子快速理解。因此，我向师父请教，提出学术性语言如何转化为孩子能理解的趣味语言这一疑问。师父提示我："备课时先把自己当做老师，看清理论；接着要把自己当做孩子，想象自己成为孩子以后喜欢什么样的方式理解。"我渐渐有了头绪，从"滑滑梯"游戏入手，如复韵母"ei"，可以转化为场景，e 坐在滑梯上，快速滑下与滑梯底端的 i 拥抱在一起，成为好朋友"ei"。

（三）请师搭"脉"

教师生涯发展规划与教学环节上出现的问题，新教师在师父的提醒点拨后常常能及时改进并达到不错的效果，但"课堂教学"的诊断还得请师父到自己的课堂上"搭搭脉"。学校实行"一对一"师徒结对后规定：徒弟每学期要听师父上课，听后有记录，有思考；徒弟每学期要向师父开课，主动邀请师父指导课堂教学。听师父上课，徒弟是去"取经"，对师父在课堂上的教学设计、纪律管理、活动掌控、课堂评价等方面进行观摩学习，是最贴近学科教学的宝贵学习机会。请师父来听自己上课，徒弟是请师父来"搭脉"，就要认真准备，努力展现出最好的课堂状态，请师父点出教学中的不足，从而有针对性改进。

作为徒弟，"师父搭脉"课对徒弟来说无疑是压力，但事实证明，徒弟最大的成长来自于此。章老师建议我多上重建课："选定一个篇目后，认真备课，努力打磨出自己最满意的教学设计与上课状态；请师父来听以后，仔细记录师父的修改意见，一一调整打磨，再找班级试教；直到上课效果较佳时，回自己班级上出最满意的课。"因此，每学期我准备"徒弟课"时一般选定三篇课文,每篇课文打磨两到三次。章老师有时还会挑选其中一篇帮我进行精细打磨,从教学设计的环节、教师的教态语言到课堂掌控都逐一抠细节,有时是共同讨论各环节过渡语,有时是进行教态语言示范,有时是临摹场景试讲,她总能及时指出我的短板,引领我在一次次磨课中成长。

如我在教授"大小多少"一课时,师父敏锐地发现孩子们回答问题不太完整,课后师父提出建议"让每个孩子都有完整回答问题的意识,要先示范,遇到完整回答问题的孩子要大力表扬"。于是从那以后,我特别注意孩子们上课回答问题的完整性。又如教授"妈妈睡了"一课时,虽然孩子们能找到关键信息,但对于信息的自我理解常常难以表述,师父便针对二年级孩子的语言表述进行分析,指出"要鼓励二年级孩子表达自己的理由,虽然对他们来说难度较大,但教师的有意识鼓励很重要,是孩子进入三年级语文学习的重要跳板"。此后,我也尤为重视孩子们表达想法的主动性,遇到能讲清楚自己观点的孩子有意大力表扬。慢慢地,课堂上孩子们的话多了,课堂的主动权渐渐交还到了孩子手上,语文课堂氛围好了不少。

师父的一次次"搭脉",指出的问题都是关键问题,对我们新教师的个人成长与班级语文成绩进步都有重大意义。读词节奏、有声有色朗读、回答问题完整、握笔姿势、复述故事能力等,孩子们语文要素的成长离不开教师的点拨。正是师父的点拨,才使得我们新教师对孩子们的指导发挥出效果。

(四)同师酿"蜜"

在师父的带领下,从陌生的课堂到职业规划、教学常规、课堂教学等,我们新教师慢慢地寻找到了门路,但在教学评价与教科研领域尚未有收获。"蜂采群芳酿蜜房,酿成犹作百花香",新教师站稳了讲台,也积攒了一些经验,这时就需具备编写一份质量过关的检测卷与写一篇优良的教育教学论文的能力。

新教师要想出好卷子，写好论文，单凭一己之力是很难达成的，还得师父指导"采蜜"后如何"集蜜""酿蜜"。唯有师父与徒弟共同出谋划策，在教育教学交流中时常碰撞出思维的火花，酿出的蜜才能有甜味。出一份好的检测卷，新教师不仅要准确把握住知识的重、难点，还要采取灵活有趣味的方式进行展现。新教师对知识重、难点的把握无法做到精准时，就需要师父的点拨；同时还要在师父的指导下广罗好题，集结新颖题库进行分析选择甚至创新出题方式。当我争取到区统编教材命题设计的机会后，我与师父共同研读该单元的语文要素，搜集各地有关该单元的优秀命题。最终在师父的指点下，我设计出了一份被广为称赞的单元卷。新教师写教育教学论文时要善于抓住当下教育教学的热点进行实战性研究，不仅要明白如何写论文，还要用精炼有力的语言与创新有意义的观点吸引读者。但教育教学论文的写作，与大学时的论文写作并不一样，它需要抓住教育教学中的"点"。有时，新教师少而浅显的教育教学观点并不足以把握材料，还需要与师父积极交流研究方向。

2020 年寒假期间在准备写字论文与语文论文时，我与师父一同商讨，最终将写字论文聚焦于"握笔姿势"，将语文论文聚焦于"课堂作业本"。在我撰写初稿后，师父提醒我梳理论文脉络，再研读优秀论文进行修改。在师父的指导下，写字论文获区一等奖，语文论文获区三等奖。这也是"一对一师徒结对"制度下酿出的甜甜的"蜜"。

自从踏入镇海区实验小学，我与其他新教师一样十分庆幸碰上了"一对一"师徒结对制度，十分庆幸遇到了如章老师般既拥有丰富教学经验又愿意耐心引领我们的师父们。学贵有师，寻师问"路"，随师讨"药"，请师搭"脉"，与师酿"蜜"，这正是我们新教师与师父共同走过的美好印记！

（镇海区实验小学　王晶晶）

七、乘众人之智，砥砺前行

时光荏苒，岁月悠悠，这是我在镇海区实验小学的第四个年头。回想起 2017 年的夏天，我初到这所古色古香的校园时，站在"人"字形的大门下，眼前看到的是清澈见底的校名池，耳边传来的是抑扬顿挫的朗读声，便知道脚下就是自己梦想开始的地方。

（一）徒弟结伴：三人同行，必有我师

2019 年 11 月 11 日，我非常荣幸能够代表学校在"梧桐之秋"课堂文化节上展示"认识周长"这一课。从得知消息到上台展示只有短短的十天时间，在此期间我又要赴贵州送教三天，紧迫的时间让我突然焦虑了起来。这时我想起一句话："当一个人的压力最大时，效率一定最高；当一个人最忙时，学的东西一定最多。"由于我大学期间学习的不是与小学教育相关的专业，手边没有丰富的备课资料，只能像只无头苍蝇，在网上展开地毯式搜索。就在这时，与我"搭伙"的两位同伴向我伸出了援手，虞老师擅长多媒体网络操作，设计了有趣的动画，再配上他富有磁性的解读声音，枯燥的课件一下子就生动了起来。在制作过程中，我也学到了不少课件制作的技巧。潘老师擅长文本解读，她阅尽近几年的数学杂志，从最新颖的教学方式着手，为我提供了四种不同的引入周长的方案。经过不断商讨，最终形成了我们都满意的教案。

磨课过程中，两位同伴从未缺席：虞老师负责录课，整理课堂实录，把每一句过渡语都记录下来，哪句重复，哪句表述不清，一目了然。潘老师负责记录、分析观察量表，教学过程中哪个环节快了，哪个环节未达到教学目标，对于学生的回答是否进行了正确的引导等都体现在了观察量表上。在团队精确的分工下，我们的备课效率也大大提高。

在一起备课、共同磨课的这几天里，我从两位同伴身上学到了很多教学技巧，而两位同伴在帮我发现问题的同时，也发现了自己平时教学过程中的诸多问题，突破了许多教学上的困难。团队三人共同成长，我想这便是"互助三人行""抱团取暖"的显著优势。

（二）互相听课：以人为镜，可知得失

"上课"是一门学问，"观课"同样也是。多听课非常重要，在镇海区实验小学的这三年，只要一有空课，我就会去同伴、师父那里"蹭课"。渐渐地，我从一名"听课者"到现在学做一名"观课"者。同伴的课，我在倾听、交流中不断学习：原来我上课也是如此，原来这样的问法学生很难理解，很多在自己上课时发现不了的问题，在同伴的课上都得到了解答。慢慢地，我发现学生对于抽象的知识点理解起来更加容易了，而我对于课堂的掌控也逐渐变得游刃有余。师父的课，我通过录音、记录观察量表、用感官捕捉课堂信息等形式，从她的身上汲取养分，学习如何以生为本，让学生真正成为学习的主人。我想"以人为镜，可以知得失"便是这个道理了。

印着校训的听课笔记成了我这三年来最珍贵的财富，上面记载了我听课过程中的所思所想，记录了我成长中的得失错漏，我深知只有常翻才能够常新——他山之石，终可攻玉。

常言道"没有名师就没有名校"，学校成立了"章燕君名师工作室"、"郑建伟名师工作室"等一线平台，虽然我还没有机会加入其中，但这一直都是我努力的目标，相信在学校师徒制的帮助与引领下，我们青年教师将会拥有更多的机会、更大的平台。

（三）师父引路：诱掖后进，指点迷津

"把你自己当作一个三年级的学生，你会怎么来形容周长？"这是我的师父在听完我的课后，问的第一句话。我用手比画了一圈："这样就是周长吧。""没错，作为小学生不会想到用照片的相框来形容周长，也不会想到通过剪纸的方式来形容周长，更不会想到用线去围一圈来形容物体的周长，就是这么简单用手比画。"这时我才茅塞顿开：是啊，在小团队备课的过程中，我们为了追求一节课的新鲜感，想方设法让环节变得有意思起来，却都拐进了死胡同，过多地以教师的想法为主体，强求学生的思维跟着我们的脚步走，学生的体验感自然而然就变得很差了，对于像周长这样抽象的概念的理解也变得困难了。

在课堂上，我让学生用手去比画我提供的各种图形，通过小组合作，让他们动手操作感受封闭图形，并围出了它们各自的一周，教学重难点逐一突破。虽然是最常规的教学模式，但学生的体验效果却非常好，师父的一语指点迷津，让我获益匪浅。

如果没有执灯者，没有引路人，就只能边摸边走。通过这次的磨课，我感受到公开课就像一根"拐杖"，扶着我前进。在组内成员的帮助和师父的指导下，得益于学校多人抱团的师徒制，我才能如此迅速地成长。

"这是沐浴阳光的季节，生长吧，生长吧"，伴随着镇海区实验小学学子动听的歌声，我站在讲台上，望着这群朝气蓬勃的孩子，我见证着他们的成长，而镇海区实验小学见证着我的成长。我们虽然年轻，但假以时日我们必定成为学校最坚实的力量，在"慢教育"的号角下，砥砺前行！

（镇海区实验小学　王思诗）

八、从优秀走向卓越

一群优秀的人走向卓越，并非要做出轰轰烈烈的事业或惊天动地的成绩，而是能在普通中发现伟大、在平凡中发现神奇、在枯燥中发现乐趣、在寻常中发现美好、在简单中发现奥秘……

我在数学名师工作室中学习的这三年短暂又充实。我一次次承受着辛苦带来的劳累，也不断地品尝着成功带来的喜悦。每一次都让我有不一样的收获：感恩遇见，让我在专业道路上幸福成长，让我深深体会到成为一名优秀教师的艰辛与快乐。

在名师工作室的引领下，我激发了前进的动力，在这三年期间，我由以前懒于总结整理到现在勤于发现总结，不断地学习、反思、沉淀。工作室是一个团结合作、乐于学习的团队，在这样一个团队中我能时时感受到热切的学习氛围、学习思辨的快乐，因为值得学习的对象就在身边。在每一次的工作室活动中，我总能感受到伙伴们闪耀着智慧的思维火花，总能欣赏到领衔人令人茅塞顿开、高屋建瓴的点睛之语，智慧的分享让我视野开阔，思想升华。

三年间我参与各项名师高峰论坛成果展示活动，不仅开阔了视野，也提升了自身的教育素质，体会到了互助共进的快乐，领略了名师的风采，也获得了更多机会在更大的舞台上展现自己。

2020年10月，我代表学校参加全区说课活动。我根据导师的框架收集资料，拟定说课稿后，工作室成员帮我听、评、改，为说课的结构润色。随后导师团提出建议，指明方向，工作室成员再次齐心协力，分工找资料，共同修改说课稿，精心雕琢关键句。众人拾柴火焰高，最终的展示得到了专家和同行的一致认可和好评。这一过程离不开导师团队高瞻远瞩的引领和工作室成员的群策群力。

2020年11月我送教去贵州，2021年5月我在镇海区第九届小学"雄镇课堂"上了展示课。名师工作室的平台不仅为我们的个人发展提供了机会，也使我们认识到自身的不足，不断促使我们加强理论学习，参加各项研修培训，进行思想洗礼，再将理论与实践相结合，进行上课、磨课研讨活动，从而提升教学技能。

春去秋来，成长是一个过程，是一份快乐。在数学名师工作室的三年，我行走在"学习—实践—反思—再学习"的征途中，时刻以名师工作室成员的标准严格要求自己。"三人行，必有我师焉"，更何况在这样一个优秀的团队中。

（镇海区实验小学　柴苗）

九、牵着一只"科研蜗牛"去散步

上帝给我一个任务，叫我牵一只蜗牛去散步。我不能走得太急，蜗牛已经尽力爬，每次总是挪那么一点点。科研亦如我牵着一只蜗牛，尽管慢，尽管会受伤流泪，但我却可以在教育科研的路上静心听到"鸟声"，听到"虫鸣"，看到科研星空中的"星斗"多亮丽。

2016年10月，我刚踏上讲台，满怀着教育热情，想站稳讲台，想把自己的教育教学工作做好。对于教科研，我感到茫茫然，也从未牵起过"科研之蜗牛"。我如同刚刚出蛋壳的小鸟，想用稚嫩的眼睛感知教科研课题研究的魅力，也想用稚嫩的脚向教科研迈出自己的第一步。经过学校一次又一次的科研培训，我在懵懂中怀着尝试的心理牵起了教科研这只蜗牛，从此开始了一段带着艰辛却回味无穷的旅途！在之后的教科研中，我慢慢体会到，原来是这只蜗牛带着我去散步！

（一）懵懂中"牵起"

学校异地重建，当时只有两个年级、20多位老师，其中年轻老师居多。而我作为一个初入职场的"菜鸟老师"，对教科研并没有明确的概念。在师父也是学校德育副校长的鼓励下，我决定"小试牛刀"，主动申报德育课题。

虽然时间紧迫，但我脑海里却没有任何思路。凭借着大学里做毕业论文和教科研的方法，我开始在中国知网和万方数据库中大量地搜索数据，可仍然不知道该选定哪个主题。

在一次学校组织的科研共同体活动中，师父给了我做课题的方向和灵感——课题的选题应当从教学生活中来。我们不要急于求成，可以慢慢做研究。作为一名"首导"，我尝试着将这次德育研究的对象瞄准班级里一位特别的孩子，把他作为个案进行研究。

于是，脑海中立马浮现了一个名字 Y。Y 学生来自一个离异家庭，在 5 岁时妈妈与继父建立"重组家庭"，家庭构成较复杂，目前家里有 3 个年幼的男孩。而他在学校表现出与一般学生不同的孤独感，既缺少纪律性，也缺乏自我管理能力，总是受到各个任课老师的批评与教育。特殊的家庭环境，以及行为表现，不就是值得探究的研究方向吗？

从此之后，我开始撰写课题申报书，形成初稿，第一次准备牵起"科研之蜗牛"。

我拿着新写的课题申报书，去找师父。她看了课题申报书，对我微微一笑："这个对象很值得研究！可以去阅读一些优秀申报书，把你的申报书进行细化。"师父还利用休息的时间帮我修改、查找专业书籍，把值得商榷的地方标红，精细到每一个文字、每一个标点，并在后面的括号里写上了修改意见。当我拿到修改稿时，被师父的细致认真深深地感动了，我怎能辜负师父的苦心指导呢！

最后三天，我连续改了三稿，向学校的"专家团队"求教。二稿、三稿、四稿……红色的记号越来越少，肯定意见越来越多，我确定要牵起"科研之蜗牛"。

在课题申报截止日期前，我把定稿交了上去，有些忐忑，也有些期待，一个月后迎接我的是被市个人德育课题立项的通知。在其他老师看来，这可能是一件极其平常的事情，但对于我这样一个初入教坛的新老师而言，这是工作道路上科学研究的起点，带给我的是一次莫大的精神鼓励。它就像黎明的第一缕霞光，照亮了我平凡的教书生活。

我怀着激动的心情去参加课题指导，张立新教授评阅后给我的课题提供了一些精准的研究思路与建议，还向我推荐了一些优秀的参考书目。参加完开题指导，我开始着手准备，精心架构，丰满内容，搜集实施材料。

（二）摸索中"牵好"

课题申报成功只是"二万五千里长征"的开端，我一时间陷入了焦急的状态，这只"科研之蜗牛"却容不得我着急，因为它已经在尽力地往前爬了，只是步子没有那么大，我拉它，我扯它，它流着汗，喘着气，没有一句怨言，却依然陪着我继续往前爬……

做这个课题的第一步，我采用访谈法和观察法，对课题研究对象Y的情况进行记录，并对其行为背后的原因进行分析。

我通过家访了解了Y学生的家庭组成：妈妈、继父、继父的儿子（与Y学生同龄）、妈妈和继父刚生的儿子。随后，在教学日常中我不断与Y学生及其妈妈、爸爸、外婆通过面谈、电话、微信等方式进行交流，了解到Y学生与妈妈的关系较为亲密，但由于妈妈工作较忙，他从小被外公外婆照顾较多，他与妈妈、继父之间缺乏沟通与理解。据Y学生自己讲述，两个年龄相仿的孩子以分开教育为主。

我采用在培训中学到的观察法，在与Y学生相处的过程中观察他的行为表现，主要观察内容是Y学生的语言行为、与他人的互动行为、所处的环境和场景等。在观察的基础上，再对所观察到的内容进行分析，了解Y学生的心理状况。通过一段时间的观察，我发现他缺乏归属感，害怕孤独，缺乏自我管理能力，存在愤怒和叛逆行为。

在完成课题的第一步后，我按照既定的规划，耐下心来，及时观察与记录，静静地牵着"科研之蜗牛"往下一步走。

针对 Y 同学表现出的这些行为和其背后的原因，我阅读了相关专著和论文，多次就自己研究课题中遇到的难题和科研共同体集体讨论商量，确定将措施细化为三部分进行实施，重建 Y 学生的生活和学习秩序。

第一部分我从 Y 学生的家庭入手，促进他们家庭内部关系的协调与和睦。我首先与 Y 学生的妈妈和继父进行交流，建议他们与孩子每天通过"特别时光"进行沟通，对两个孩子一视同仁，以一样的目标、要求进行规范，坚持将爱心教育常态化，增进家庭的向心力和凝聚力。通过"食堂吃饭"等生活小事，引导 Y 学生观察家庭成员，发现他们身上的优点。同时作为一名语文老师，我每月抽出一定时间给他讲一本有关家庭、父母的绘本，如安东尼·布朗的《我爸爸》《我妈妈》等，使他的喜悦和感动不断累积，充实他的内心，促进人格的健康成长。

第二部分我从自己日常的教育教学入手，抓住每一个可以促使他转变的教育契机，重建他的生活和学习状态。我利用目的揭示法，解决了 Y 学生"偷奖励种子事件"，给予他必要的帮助，并且表达对他的信任，避免错误行为的再次发生。陪他去心理咨询室进行沙盘游戏，了解他的内心；鼓励他向能干的小朋友学习，例如整理书包、课桌等小技能，并和他"约法三章"，按时进行总结。我也将与他相处的每一件事都及时记录下来，作为课题的支撑材料。

第三部分则是对他的特别鼓励，给予他额外的成长评价。我寻找一切进步的成长点表扬他；并给他设计了定制的"愿望清单"，只要达到要求就实现其中的一个愿望；安排一个与他的"特别时光"，让他有归属感。

我从这三方面入手，一步步地践行课题实施步骤。在束手无策时，请教师父和有经验的老师，并查阅资料及时解决出现的现实问题，将每一个教育契机转化为有效的教育成果。我牵着"科研之蜗牛"，稳稳地朝着课题结题的方向坚定地迈进。

在具体实施策略上，我主要从促进家庭内部关系和谐、重建学生的生活与学习秩序，给予学生额外的成长评价和激励三方面提出成长的优化策略。Y学生父母开始对两个孩子平等对待，一视同仁，给予孩子轻松温暖的家庭环境；在学校教育中，老师与父母配合形成"教育合力"，重新构建了Y学生的生活与学习秩序，营造了温馨和谐的校园环境，让Y学生在优化了的环境中健康、茁壮成长。

随着课题研究的深入，策略的不断实施，他的自卑感、孤独感逐渐减少，更加包容；自我管理能力得到提高，消极处事的态度渐渐消失，也学会合理地表达自己的情绪，不再有偏激的行为，实现了心理、行为上的有效转化。他开始认同"重组家庭"中的父亲，感受到完整家庭的生活幸福，积极改正自己的行为习惯，拥有健康的心理，实现正常成长。

牵着"科研之蜗牛"行走时，我有过急躁，有过迷茫，也遇到过家长的不配合，比如两位家长曾掩盖了一些自己的真实想法和做法，不过正因为学校提倡的"慢研究"，我按照计划一步步来，一点点细化策略的实施，一步步明晰和凸显亮点。因为有专业书籍的指引，因为有师父和科研共同体的支持，我才坚定着向前走。最终，我撰写的德育课题"'我也可以很棒'——关于'重组家庭'学生的个案研究"在宁波市第八届个人德育课题结题评比中获得一等奖，令我欣喜万分。

（三）醒悟中"被牵"

这次撰写课题的收获让我坚定地牵手"科研之蜗牛"，这是我牵着它一起迈出的第一步，自此以后我开启了课题研究之路。我开始不断记录，不断思考，不断钻研，不断总结，将"有趣"的关键词和教育现象及时记录下来，尝试做一个教育工作的有心人。

课题获奖后，我尝到了一些教科研带来的"甜头"，决定继续自己的研究步伐，产生了"用自己喜欢的方式，研究有趣的学生和教育现象，做自己喜欢的研究"这样一个想法。从此，我就不停撰写跟教育有关的案例、征文、论文，也获得了不少奖项，如"小学教师修炼'求真、向善、崇美'三境界"在 2018 年宁波市"我的教育观"征文中荣获二等奖，"交互式电子白板在小学语文识字写字教学中的应用"获得镇海区数字化教与学论文评比三等奖。

课题研究的指明灯已经亮起，可如何去继续这样的旅行呢？如果仍然按照刚开始"查阅资料，学习借鉴"的方法，无异于大海捞针。于是一旦发现新的研究点，我就先请教专家再试着自己搭建框架与结构，近两年在课题研究的"小打小闹"中倒是撞出了一些小门道。学校也一直鼓励我继续朝这个方向努力，我也试着和语文组老师一起申请镇海区第五届教育学会课题"小学语文第一学段'主题式'梯度备课的策略研究"，虽然最终没有立项成功，但也是我在学科教育研究路上迈出的第一步。

渐渐地，我发现在科研之路上，虽然牵着"蜗牛"前行缓慢，但我第一次闻到了科研的"花香"，原来这有个五彩缤纷的大花园；我第一次感到微风吹来，原来科研之路上的"风"这么温柔；——慢着！我还听到科研"花园"里的"鸟声""虫鸣"，我看到满天灿烂的星斗，可以前我怎么没有这些体会？我忽然想起来，也许是我弄错了，可能是"蜗牛"牵着我去散步，可能是"科研之蜗牛"牵着我去领略教育路上无限美好的风景！

（镇海区实验小学　胡艳）

十、一半匠心一半诗心

不知道是谁说过这样一句话："为师者，当一半匠心一半诗心。"细想起来，颇有道理。"匠心"讲求执着，追求卓越，"诗心"讲求情怀，追求深远。形容诗句写得好，常用"匠心独运"这句成语；如同贾岛一般"推敲"，如同杜甫一样"语不惊人死不休"，如同李白那样"太白斗酒诗百篇"。在诗外，没有日常积累，怎么能有妙笔生花、匠心独具呢？而"诗心"则更多的是一种情怀，古往今来的文人墨客若不是心中有大情怀，其笔下的文字又岂能穿越千年的时光，如今依旧熠熠生辉呢？教师，特别是在教学一线的教师，既要有"教"的能力，也要有"育"的情怀，这"匠心"和"诗心"都是不可或缺的。

2017年9月，我们作为学校科研共同体成员参加了镇海区第七届集体（教科规划）课题的研究工作。在这个研究"匠心"、培养"匠心"的课题之中，我们更深刻认识到了苦吟之诗情、精雕之匠工对于教学研究是多么重要。

（一）立意求新

2017年9月，我们收到镇海区第七届集体（教科规划）课题研究等文件后，个个都擦拳抹掌，跃跃欲试。虽然是开学伊始，但满腔热情的我们很快搭起了一个"草台班子"，开始研究课题的申报。

热情归热情，但怎么选题还真是个"大问题"。看着《立项指南》，简直有一种"乱花渐欲迷人眼"的感觉。单看选题内容，有的如雍容华贵的牡丹，令我们不敢亵渎；有的如枝头高挂的玉兰，令我们觉得高不可攀；有的则如遍地的野花，令我们眼花缭乱，不知所取。

怎么办呢？我们向学校的科研专家团队请教，他们给了我们"三步走"的选题策略。第一步，自我分析。我们学校在教学上有哪些亟待解决的问题，我们教师具有哪些研究基础，立足实际去选题。第二步，确定方向。从《立项指南》中查找那些在小学数学教学实践中还没被反复研究过，但对于我们课题组教师来说又具有一定挑战性和实际意义的内容，初步确定攻关的目标。第三步，融合出新。将课题需求、研究目标、自身基础、环境条件等因素结合起来，形成具有一定可行性且又不落窠臼的课题题目。

当时，我们研究确定了"核心素养视角下小学生数学学习力综合评价的实践研究"这一课题，并根据《镇海区教科规划课题申报表》的相关要求，认真分析和准确填列了立项背景与意义、研究内容、方案和进程、项目研究基础等内容，测算了研究经费。经过学校评审、推荐，区教育局审核、上报，最终这项课题成功地获得区教科所的立项批准。

仅从课题选题来说，白居易的诗句"人间四月芳菲尽，山寺桃花始盛开；长恨春归无觅处，不知转入此中来"，就暗含了其中的道理：课题选题，就是在繁花开过的时节，寻找那桃花始盛的"山寺"的过程；唯有如此，才会立意出新。

（二）困惑求解

课题批复立项以后，诸多难题和困扰才刚刚显现。

一是如何开题。我们都知道，一项课题能否最终完成并取得应有的成果，"开好头"是重要因素。我们课题组五名老师中，只有两人参加过课题研究，其他人没有这方面的经验。我们的做法，就是反复研究，新老帮带。立项后，我们在学校领导及教研室支持指导下，及时召开了课题组开题筹备会议，就开题时间、参会专家、开题报告起草等进行了统筹安排；此后，课题组又进行了多次讨论，开展了初期研究，与一线教学经验丰富的老教师们也进行了充分沟通与访谈，做好相应准备工作，形成了明确的立项活动建议方案。在此基础上，再通过反复推敲，撰写完成了开题报告，经专家评议、指导，顺利实现开题。

二是课题的管理。研究计划怎样落实，课题组成员怎样分工，研究文献如何归集，实证研究如何部署，研究成果如何体现，档案资料如何整理以及课题经费如何管理，宣传推广如何实施等，一系列的"问号"需要逐项求解。我们的应对办法仍然是用好"诗心"和"匠心"。我们多次刮起"头脑风暴"，积极参加学校每月召开的"课题例会"，寻找好的解决思路；我们反复琢磨细节，逐步走向精细管理。

三是研究环境的营造。开展课题研究，需要良好的外部环境。怎样让学校领导更多地支持我们，怎样让有关教师更多地配合我们，如何让外部专家更多地指点我们，我们的解决方案，或许对大家有所借鉴，那就是——加强沟通，用诗心打动，用匠心感染。

最重要的，也是最关键的，是如何挖掘研究深度的问题。上面三个方面的问题，是"形"，而研究到什么程度，有什么样的创新，出多大成果则是"质"。我们身处教学一线，好多事情司空见惯，但是怎样从中找出传承、培养工匠精神"质"的东西呢？面对这一困惑，我们是怎么跳出"庐山"的呢？

（三）学习求源

要想"跳出庐山看庐山"，那就需要寻找更高的山峰。"会当凌绝顶，一览众山小！"

学习是研究问题、解决问题的重要途径，是提升研究能力的重要途径，是"登上泰岳之巅"的重要途径。我们的感悟就是，做课题就要在学习中研究，在研究中学习。

为此，我们利用各种渠道，进行了广泛的资料收集。一是利用互联网平台进行相关内容的搜索。这样做的好处是简便易行、阅读面广、内容较新，不乏真知灼见；缺点是良莠不齐、真假难辨，需要认真识别来源的可靠性和内容的真实性，不断剔除无用和虚假信息。二是翻阅近期的各类期刊。对于一些课题研究的基础知识，需要从经典读物中获取，于是，学校的图书馆成了我们常去的地方。三是从文献数据库中检索我们想要的资料。我们注册了"知网""万方"等知识网站付费会员，通过检索和下载，获得了大量的期刊论文、会议论文和学位论文，为文献研究奠定了坚实的基础。

除了书面资料的学习研究，我们不放弃向专家团队请教的每一个机会。比如，开题期间，鄞州区小学教学教研员邵老师来学校参加教研活动，我们就课题方案设定的细节方面向邵老师进行了请教。邵老师提出：现在探索对学生更科学合理的评价方式是一个研究热点，特别是小学低段，很多学校都在摸索，方式方法五花八门。邵老师建议我们可以向兄弟学校借鉴经验方法，但是在借鉴的过程中一定要注意结合本校学生的实际情况。我们学校年轻老师较多，大家虽然经验不是很足，但是干劲很足，执行力强。另外，邵老师还指出评价研究最重要的成果是要制定出一个科学精细的评价标准，从而形成一套系统的评价模式，这是我们需要重点关注的。

（四）实践求真

经过反复学习、研究、论证，我们就如何对小学低段学生的数学学习力进行综合评价形成了初步的实施方案。这些方案是否可行，效果好不好，需要到实践中去检验。我们重点做了以下几个方面的实证研究工作。

一是问卷调查。通过文献查阅，前期访谈，我们确定了数学学习力的内涵。随后我们从数学学习力的结构组成出发，拟定了问卷。问卷中的每一个问题都经过了反复推敲。学生才二年级，怎样提问他们才能看懂，怎样设置选项他们能理解，哪些问题需要家长合作填写，在什么场合填写问卷比较合适，回家填还是当堂填。最后我们先每班随机抽取三位学生进行了早一步的问卷填写，并重点从三个方面对学生填写的情况进行分析：①学生是否能根据自己真实的情况填写问卷，②学生是否理解题目和选项的意思，③预留多少时间填写问卷比较合适。最后，课题团队通过对前测问卷的分析，对问卷的某些选项和问题进行了修改。

二是评价的内容与方式。到底哪些评价内容能够比较好地展现学生数学学习力的各个方面的水平呢？首先，我们从理论的角度初步拟定了评价内容，结合实际的课堂教学评价模式，我们决定把评价的时间点拉长。评价可以在课堂上，可以在校外，可以教师评，也可以学生评，评价结果的呈现是多维的，以一个蜘蛛网的形式呈现给学生，以便学生更加直观地看到自己各方面的水平。值得一提的是在本次评价操作过程中，课题团队创新性地加入了后测卷作为评价工具，即在某些课堂的最后5分钟发放一张评估卷让学生当堂填写。

第一，这有利于教师对学生当堂课的课堂表现有及时的了解并能在当天与学生进行个别交流，弥补评价滞后的不足；第二，课题团队在实践中发现，由于后测卷中许多题目采用自评和同桌互评的方式，这就使得每个同学都会在当堂课结束后立刻得到评价反馈，弥补了教师评价不全面的漏洞，评价的全体性也在不同程度上激励着每位学生多说、勤练；第三，相比于知识与技能模块，交流与反思、兴趣与动力模块是比较难评价的，除了通过问卷和课堂观察，这类针对某个课堂上操作交流活动的评价使得评价更加的具体、科学；第四，后测卷中有许多针对学生操作与想象能力的评价，课堂结束后的书面纸质评价有利于教师及时掌握每位学生在当堂课中表现出的动手操作与空间想象能力的发展情况，从而进行相应的指导。相较于一般的课堂观察，后测卷的出现使评价面涵盖了教学中更多的时间，通过对评价数据的分析，教师能够掌握学生操作与想象能力发展的整个变化过程。

躬行的过程也是打磨"匠心"的过程。虽然在实践中我们碰到了不少困难与困惑，但是我们不断在摸索，不断在调整，不断地修改出更好的方案。

（五）成果求实

课题研究不会一蹴而就的，需要学习再学习、实践再实践、论证再论证，需要不断地总结、讨论、反思、提升。在此过程中，我们慢慢地做研究，逐步从"山重水复疑无路"走向"柳暗花明又一村"。

还记得刘禹锡的《浪淘沙》吗？他热情赞美的"淘金女"就是我们这些课题人。千淘万漉虽辛苦，吹尽狂沙始到金！

这次课题获区教育局集体课题二等奖，其中一位课题成员撰写的"小学生数学学习力评价初探"获得区综合类论文一等奖。其实，这些奖项都是一些"粗金"，而通过课题研究，我们个人的业务能力得到了快速成长，无论是在教学还是研究和反思方面，这才是一些"千足金"！

在这"淘金"的过程当中，我们最深切的感悟就是：课题要追求创新，要在理论上有所建树，登高望远，匠心独运；研究要讲究细致，要从实践中来到实践中去，日雕月琢，千淘万漉，耐得住寂寞，经得住推敲，方能做得成好"诗"！

（镇海区实验小学　傅靓）

十一、劳动新作业，华丽大转身

作为一名普通的小学老师，一提起课题研究我就会下意识地认为那是大学教授们的事情，于我们而言是只可远观而不可亵玩焉！其实，那真是一种误会。课题研究并不是"白月光"，尤其是德育类的课题，它更是源自学生生活的一件件小事，甚至可以说是鸡毛蒜皮，非常接地气。教育无小事，学生生活无小事，那些看起来不能算大事的"小事"，背后往往都是一些不容忽视的大事。我的一次课题研究，就让我深深领悟到了这个道理。

（一）缘起：小小孩子，"一地鸡毛"

2019年9月1日是开学的日子，热闹非凡。我刚从镇海区三公司学校调入镇海区实验小学，接了一年级的一个班。

当我看到眼前这个孩子时，被他出人意料的低下的自理能力吓了一跳：发新书的时候，搞不清楚有几本，也不知道怎么叠在一起，更不知道书本要放到书包里；中午吃饭了，不知道要排队，不会正确使用餐具，饭粒满桌子都是，吃虾剥壳还需要老师代劳；做完游戏，穿上的衣服也拉不上拉链；放学了，课桌上各种物品一塌糊涂，居然不知道要把书包带回家。问其为什么不做这些事情，这个孩子泛着懵懂，无辜地望着我："妈妈没说我要做啊！"他理所当然的样子令我说不出第二句话。可想而知，他在家过的就是饭来张口、衣来伸手的日子。开学第一天就领教了"小皇帝"般的孩子，让我对他之后的学习生活产生了深深的忧虑。果然不出所料，接下去的一段时间里，这个孩子的学习生活一直处于"一地鸡毛"的状态。

整理书包，使用筷子，这些都是微不足道的小事，但是发生在一个一年级的孩子身上，反映出来的问题却不小。实验小学的家长们学历普遍较高，也都相当重视孩子的学习。但是，重视学习不代表孩子就一定全面出色，有部分家长忽视了对孩子生活能力的培养，导致孩子生活低能，自理能力不足，这个问题是非常严重的。

（二）渐入：团队讨论，了解背景

小事情大问题，劳动教育的缺失使我们的下一代面临着危机。苏联教育家苏霍姆林斯基也曾这样说："没有单独的智育，也没有单独的德育，也没有单独的劳动教育。五育是一个紧密联系的辩证统一体，以德育为核心，共同服务于塑造全面发展的人才这一目标。"现在的孩子自理能力如此低下，不由得让我非常忧虑。于是我把所见所闻、所思所想和同事们进行了讨论，大家对此也都深有感触。渐渐地，我们萌发了一点想法：我们能做些什么呢？应该怎样教导和培养这些祖国的花朵、家长的手心宝呢？说着说着，大家决定做个课题，进行专门的跟踪研究。然而，学校里并没有设置专门的劳动课程，学生学习任务又很重，哪能安排专门的劳动教学时间去支撑课题研究呢？我想了想，决定在国家基础课程上做文章，做一些校本化的处理，渗透穿插劳动教育。作为区道德与法治课程的骨干教师，我提议通过"道德与法治"课程渗透劳动教育，指导孩子们学习生活劳动技能，培养生活自理意识，激发孩子自己的事情自己做的情感和能力。这个提议得到了大家的赞同。

说干就干，首先我们进行了劳动教育背景的调查。经过调查，我们发现党中央已经非常重视这个问题：2019 年，国家相继出台多个文件，多次强调重视劳动教育；同年 11 月 26 日，中央全面深化改革委员会第十一次会议审议并通过了《关于全面加强新时代大中小学劳动教育的意见》，进一步强调坚持立德树人，把劳动教育纳入人才培养全过程；2020 年的 7 月 16 日，教育部印发了《大中小学劳动教育指导纲要（试行）》，把劳动课重新纳入中小学课程中。劳动教育消失了几十年，终于又回到了课堂。看到这里，我们觉得这正是做研究的时候，大家顿时好一阵兴奋。

（三）佳境：师父引路，顺利立项

要做课题研究，首先要申请立项，争取经费的支持。为了能让课题顺利立项，我决定寻求师父和领导的帮助。校领导蔡老师和吕老师都是做课题的一把好手，多项课题获得市里的奖项，可以指导我们。到了周末，我带着搜集的资料和满脑子的想法来到她们的办公室。

两位师父都非常高兴我能够自己主动去做课题，她们还"嫌弃"

我行动太慢，做好一个老师最先要历练的是"小专题研究"这样有益于自己的终身发展。因为只有经过了课题研究的历练，才能真正成为一名优秀的教师。师父们的谆谆话语令我受益匪浅。

经过师父们的指导，我确定了立项申请书的基本结构。对于非常关键的研究目标与内容，师父们要求我回去仔细阅读、思索，拟出一份初稿来，指出这是关键的地方，一定要自己深思熟虑才行。可惜的是，我没有什么做课题的经验，完全是丈二和尚摸不着头脑，只能硬着头皮赶鸭子上架，连夜查阅相关文献资料，挤牙膏似的挤出了研究目标与内容。第二天拿给师父们一看，不出意料地被批得面目全非。研究的目标肯定是三个维度的：课程本身、学生、教师；研究的内容一定是从粗到细，从理论到实践再到反思提升的。听完师父的指点，我犹如醍醐灌顶，思路一下子清晰了很多，经过琢磨调整，我将研究内容确定为：

1.整合劳动教育与"道德与法治"课程，完成相应的教学设计，挖掘低段《道德与法治》教材中的劳动教育的因素，开发相关课程资源，提升儿童的劳动素养。

2.反思、整理课程资源挖掘、利用的方法策略，探求低段《道德与法治》有关劳动教育的实践教学的范式，提高教学效率。

3.增强学校道德与法治任课教师的课程意识，增强课程资源开发能力、教学设计能力，推动教师素质的提升。

终于，师父对我露出了笑脸，大手一挥"立项申报表差不多可以了"。我顿时松了一口气，总算迈出了第一步。

（四）波澜：劳动作业，平起风波

很快，好消息传来了，成功立项。初战告捷，大伙儿士气大振。于是，我们发挥宜将剩勇追穷寇的精神，马上按照申报表里的安排热火朝天地开始进行研究活动。谁知，纸上谈兵易，知行合一难，当研究活动开始步入正轨，才慢慢发现困难远比想象的多，各种问题接踵而来，有些问题甚至令我们瞠目结舌。

首先是如何管理课题的问题。研究计划怎样落实、课题组成员怎样分工、研究文献如何收集、实证研究如何部署、科研过程如何记录、研究成果如何体现、档案资料如何整理，以及课题经费如何管理、宣传推广如何实施等一系列的"问号"需要逐项求解。一方面是急需解决的现实问题，另一方面是实验小学忙碌的工作状态。我们课题组成员均是学校"首导"，日常工作任务繁重，加班加点是常态，做课题只能是挤出时间来。好在我们利用暑假时间，每人分配任务，自由选择课文，进行劳动教育的整合教学设计，并且决定"道德与法治"的教研活动就围绕着这个主题来进行。课程整合需要从学生需求出发，让我们知道学生需要什么。其次是整合课程资源。课程资源的整合是课程开发成功的基础。每一所学校都有一些独特的资源，可以用来承托教育理念，实现教育理想，挖掘整合课程资源是课程开发的必不可少的一环。有了明确的要求和计划，完成具体的任务分配后，我们便进入了行动研究环节。课题组的老师陆陆续续开展了活动，教学设计、上课研讨、拓展实践等都一一铺开，一切显得很顺利。正当我们兴致高昂的时候，一个小问题让我们傻了眼。

劳动教育是一个涉及学生生活的内容。我们配合课堂教学活动，经常会布置一些家庭劳动的作业：扫地、拖地、洗碗等。我们把作业一股脑儿布置下去，想着这么些小事，孩子们应该很容易就完成了。于是，我们想象着孩子们在家里认认真真扫地、洗碗，旁边的父母露出了满意的笑容，每个家庭都是一幅其乐融融的美好画面。我们还打算邀请家长把这些画面拍下来，做一个大大的特写。

然而，残酷的现实给了我们当头一棒。家庭劳动的作业布置后没出两天，就有家长私下找到我们："老师，我们孩子们平时作业完成后还有培训班要上，您的家务劳动作业可不可以灵活处理？"有的家长直接表示不赞同："做个家务劳动还要打卡拍照。老师，这个事情没有必要吧？"有的在朋友圈发孩子打扫卫生的图片吐槽："勤劳的小蜜蜂，周末我们要和郊游说拜拜了。"诸多不如人意的反馈，让我们的美好幻想碎了一地。尴尬之余，我们也百思不得其解：家庭劳动自古以来是每一个家庭成员包括孩子的义务，怎么到了今天做点家务劳动就困难重重了？让孩子们多多参与家庭劳动不是一件非常必要的事情吗？

教育无小事，我们需要认真反思这次的活动安排。劳动的起点是家庭教育，但如今来看，在劳动教育的实施过程中，要得到家长的支持和配合，形成家校合力，还是要动一番脑筋的。一位教育研究者以此现象为例，剖析劳动教育相对"弱势"的深层次原因：在当下社会，脑力劳动被过度强调，相比之下，体力劳动的价值被忽视了。就业的压力传导到教育，教育的压力聚焦考试，考试就挤压了劳动教育，影响了家长的认知，影响了家庭教育的"立德树人"。

我们恍然大悟：我们的劳动教育设想及活动与家长对学生学业考试的期待"背道而驰"，怎能不惨遭滑铁卢？眼看着课题研究难以为继，我们真不甘心，必须想办法纠偏这样的现象，不能让我们的研究，也不能让孩子们的劳动之路就这样"胎死腹中"。不忘初心，方得始终。幸好，华东师范大学资深教授邱伟光给了我们启发："今天所倡导的劳动教育，不是简单给孩子传授劳动技能，也不是一味去让学生干体力活。新时代的劳动教育应当有新的内涵。"我们开始新一轮的攻关：新时代的家庭劳动作业。

（五）高峰：华丽转身，柳暗花明

课题组成员们开始了劳动作业华丽转身的过程。首先，我们搜集了大量现阶段劳动教育实施的具体方式方法，从中筛选出比较切合实际、形式新颖的内容。其次，我们通过调查了解了学生家庭的劳动模式和内容。最后，我们对学生劳动技能和劳动意愿进行了调查。有了这些资料，我们根据学生以及学生家庭的特点和需求，设计了一些符合学生家庭实际情况的劳动作业：家庭垃圾分类、家庭餐桌布置、旅游物品安排整理、超市采购、家庭聚会活动设计等。并且，考虑到不同孩子的家庭情况，我们为孩子们和家长们提供了选择，可以根据自己的情况选择其中一项作业去完成。最终呈现的形式更是开放式的，请孩子们用自己喜欢的方式展示自己的劳动作业。不仅如此，为了鼓动孩子们主动加入到家庭劳动中去，在完成劳动作业后，还可以领取实践卡、小奖章等物品，寓教于乐。果不其然，这些形式多样、充满着现代生活气息的劳动作业大受欢迎。孩子们纷纷惊叹：

> 原来我每天都在做的事情就是劳动啊！
> 只要我认真做好自己的事情，就是好好劳动，是在完成作业啊！
> 太棒啦！完成劳动任务还可以换奖励卡！
> 真没想到，做家务也这么好玩啊！
> ……

孩子们兴致高昂地参与到家庭劳动中去，每天还会和老师、同学、爸爸、妈妈一起分享劳动的快乐。不仅如此，在劳动过程中，熟能生巧，他们的劳动技能也得到了显著提升。更棒的是，劳逸结合之余孩子们在学习上也显得更专注，更有劲头了。对此，家长们也很满意：

> 谢谢老师，我的孩子变能干了！
> 我的孩子居然会主动帮我做家务，再也不用催了！

真没想到，做个垃圾分类督导员他这么积极！

周末出游我全交给他了，干得比我还细心！

干完了家务活，还会显摆。让去做作业，好像也没那么费劲了！

……

面对孩子的积极状态，家长们也开始大力支持我们的研究活动：今天拍摄孩子们"劳动"的照片，明天晒晒孩子们的"劳动成果"，顺便给孩子几句点评以示鼓励。

至此，课题组家庭劳动作业的情况进展良好，我们的研究又开始朝着顺顺利利地方向发展了。

课题在我们的努力中顺利结束了，最终在镇海区第七届教育学会课题评审中获得一等奖。孩子们也在劳动中收获了快乐与成长。静下心来，我们也在思考：给学生布置"劳动作业"，虽然初衷是好的，鼓励学生多参加劳动，争做劳动小能手，值得肯定，但凡事要紧跟时代潮流，做到顺势而为，有所作为才能立足于不败之地。和所有事情一样，课题研究不会一帆风顺，也会遇到曲折坎坷。遇到难题，有时候换个思路或许就能柳暗花明又一村了。重视每一个小问题，我们才能做好人，做好事，做好课题。做人无小事，人生无大事。

（镇海区实验小学　胡亚囡）

十二、足球激趣育童心，特色课程筑梦想

（一）我的足球梦

我是镇海区实验小学一名普通的体育老师，也是学校足球队的教练。从2007年参加工作起，我就想组建一支校园足球队，可惜由于场地、

硬件、人员、时间等各方面的限制一直未能如愿。2015年，我借调到镇海区实验小学工作，我向学校领导提出了想要组建足球队的想法，学校给予了大力支持，更是在精神上给了我极大鼓励。于是我招募队员，组织训练，学校足球队渐具雏形。

足球队建立第一年，队员们在我的带领下有计划地开展训练，每天下午放学后，队员们热火朝天地开展训练：基本功、理论学习、战术配合交替进行，长期的训练使球队取得了长足的进步，也使队员们体魄更强健，意志更坚定，配合更默契，斗志更昂扬。2017年第一次参加宁波市校园足球联赛，小队员们脚下盘带、传接球技术娴熟，场上配合流畅，充分展现了球队良好的身体、心理素质和战术配合。队员们在比赛过程中信心俱增，越战越勇，一路过关斩将，居然惊喜又意外地获得了丙组冠军，夺得复校以来第一块市冠军奖牌。

我的足球梦实现了，不过，孩子们的足球梦才刚刚开始。

（二）孩子的足球梦

那是一个周四的下午，我照例来到足球场进行足球队的常规训练，这时我看到一个虎头虎脑的男孩子正趴在笼式足球场边，一脸羡慕地看着足球场里的运动员。"你喜欢踢足球？"我好奇地询问他。他有些羞涩地看着我："恩，我喜欢看足球比赛，自己也喜欢踢，不过我踢不好，上次参加足球队选拔也没进。"

听了他的话，我受到了极大的触动：原来还有那么多喜欢足球却没有机会加入足球队的孩子啊！我是不是应该为他们做些什么呢？怀着这样的心愿，我和体育组的几位老师一起着手开发了"快乐足球"拓展性课程。和足球队不同，这个社团面向全校所有对足球有兴趣的孩子，他们可以在拓展课中练习足球技能，在足球场上尽情奔跑。孩子们总喜欢围在我身边问，"张老师，我这样对吗？""张老师，为什么我传球会偏离方向？""张老师，你看我进球啦！"这群孩子们在我们社团老师的指导下，紧张有序地练习着，一幅幅美好的画面在眼前呈现，足球社团课已经成了孩子们驰骋的舞台。

（三）我们的足球梦

从校园足球队到足球社团，我们通过拓展性课程为更多喜爱足球的孩子提供了享受足球运动的舞台。学校足球队男子丙组也连续三年闯入宁波市校园足球联赛的决赛，获得一金两银，这是迄今为止镇海区内学校参加宁波市校园足球比赛获得的最佳荣誉。近几年足球队的迅猛发展给了足球队员极大荣誉，同时带给学校许多奖杯和荣誉，2019年8月学校被评为"全国青少年校园足球特色学校"，2021年10月学校又入选了亚运足球梦想学校。

正当我们沾沾自喜于足球课程所取得的成绩时，一次课程调查的结果让我们醍醐灌顶。一名足球社团的成员在课程建议中写道："每次上课时，老师都会教我们许多踢球的技能，但是每次都是练习技能太无聊了，社团课能不能更有趣些呢？"这一问题引发了我们对课程的思考。足球方面的成绩积累，带给了自己诸多荣誉，在学校的六年，我从一名普通的体育老师成长为区小学体育学科带头人，并考上了宁波市第12届特级带徒学员，这些都离不开学校足球队对我的帮助。但我开始思考一个问题，我的足球梦，队员的足球梦已经实现，但孩子们的梦想才刚开始，学校的足球氛围才刚开始显现。是啊，我们足球社团课开设的初衷不就是让喜爱足球的孩子有一个接触足球、了解足球的平台吗？为什么要囿于技能而忽略了足球带来的快乐呢？学校倡导"慢教育"的办学理念，就是要让我们的课程符合学生的发展规律，让孩子能够在课程中收获快乐与成长，如果只专注于技能训练，那课程的价值又在哪里呢？在这样的反思下，体育组的老师们积极探索，开发了"快乐足球2.0"版本。在这一次的课程中，我们弱化了技能训练，增加了安全救护知识、足球文化、足球职业体验等模块，充分发挥足球课程多样化的育人功能。在现在的"快乐足球"中，学生不仅能够学习关于足球的技能，还能体验足球小裁判、小小解说员、足球小记者、球赛策划员等职业，全方位了解足球文化，体验足球乐趣。

为了让足球课程校本化更好更持续地实施，我们积极努力在校园中挖掘足球的文化和精神，形成具有本校特色的足球文化，逐步构建积极健康的足球氛围。学生们在生活和学习中发扬足球精神，积极进取、团结一致，健康发展，学有所长。比如在每个学期分别举办一次足球海报、绘画和征文比赛，这个比赛可以更好地吸引那些绘画、作文好但对足球不是特别熟悉的学生主动去学习足球相关知识，那些绘画、作文不好而懂足球的学生也能花心思去绘画或写作，相互促进。每年举行的校园足球节活动，每个孩子可以参加适合的项目，提升了学生的参与度。与兄弟学校的校级交流比赛，可以让孩子们现场感受到足球运动的魅力。同时，学校还成立了爸爸足球队，以足球沙龙座谈和参加校内和校外的足球友谊赛的形式促进家长与孩子的深入交流。通过三年多的实践证明，爸爸足球队的建立，有效增进了孩子和家长、家长和学校、学校和社会的和谐沟通。学校以足球为特色，为学生健康考虑，为学校知名度提高，为学校全面发展打开了一扇窗。我们所申报的精品课程"快乐足球"也获得了镇海区二等奖、宁波市精品课程评比三等奖的荣誉，课题"以社团活动为支撑的少年足球多维价值探求"获得了镇海区一等奖、宁波市三等奖的荣誉。

从足球队到足球社团，再到孩子们都喜欢的足球课，我们的课程开发走过了一条漫漫的长路，而我们还将在"慢教育"这一办学理念的指引下，继续走下去。

（镇海区实验小学　张汉良）

十三、有"版"有眼，与创意版画课程共成长

（一）大家一起来

版画，是一门融观察与表现、构思与想象、制版与印刷、综合与探索多领域学习于一体的艺术形式，在系列化的版画学习中，学生不仅可以了解版画的相关知识与技能，更重要的是能在体验与探究中增强动手能力，锻炼思维能力，习得创新精神，从而提高"创意实践"等美术学科的核心素养。版画课程也是小学美术学习过程中不可或缺的内容，无论是表现形式、制作方法抑或是绘画语言，版画都与其他画种有着明显的不同，因此在小学美术课堂中浸润版画元素，与孩子们一起，慢慢进入版画的世界，一同探索、共同成长便是我开展版画课程的初衷。

（二）大家一起慢慢来

我与版画结缘源于大学的专业必修课。它的那份创作过程的漫长性、创作结果的不确定性、创作方法的多变性，无不吸引着当时充满好奇又好玩的我。于是，因着这份喜爱，在大二的专业选择上我毫不犹豫地奔向了"版画"这个方向，而后便开始了我的版画之旅。当本科毕业来到镇海区实验小学任教，被问及可以做哪些与美术相关的课程尝试时，我毫不犹豫地说出了"版画"两个字。我深知版画有太多的宝藏可以让人挖掘，亦深信那帮懵懂好玩的儿童，一定也会如大一时的我那样，被版画所吸引。于是，我的版画课程之旅就此开始。

小学阶段的学生是好动又好奇的，他们对生活中的新鲜事物充满了强烈的求知欲与探索欲，并十分渴望通过自己的双手去感知、去了解、去创造。版画的创作过程分为构思、选材、画稿、转印、上色、印刷、调整、再印刷等多个繁杂的环节，不同的制作环节都充满了未知与不确定性，学生可以在制作中不断尝试，勇敢探索，收获所得。

因此，版画创作相对于小学阶段的学生而言既充满了吸引力又充满了挑战性，他们对版画的兴趣是深厚且浓郁的。刚开始开设这一课程时，我的想法就是让孩子们爱上版画。由于版画本身所具有的独特魅力，孩子们大多都热衷于此。但随着课程开展的深入，我逐渐发现了自己课程设计中的一些问题，如过分强调技能的学习，课程目标比较模糊，不能很好地结合不同年龄学生的特点等。

迷茫中，学校基于"慢教育"的课程开发改革给了我启发。无论是活动的举办，还是课程的开展，我们学校一直坚定地执行着"慢教育"的办学理念，希望孩子们能在无尽的尝试、试错、探索中，慢慢地寻找新知，缓缓地收获自我。于是，我不再将目光聚焦于学生最终的作品，开始尝试依托"慢"字开展实施课程，让学生在版画课程中自发地寻找媒材，一步步地解锁技法，缓缓地认识新的版种。至此，我开始理解，版画创作是一个缓慢且反复的过程，而在这缓慢与反复中，课程与办学理念相遇，学生与崭新的自我相遇。

（三）大家一起快乐地来

在经历了两年的版画课程探索之后，我收获了一些经验，也发现了一些问题。例如，如何才能始终保持学生对版画的好奇心，如何将版画的育人价值发挥极致，如何让版画更贴近学生的生活……这一系列的困惑，让我对版画课程进行了更深入的思考与尝试。

首先，创新课程内容，拉近学生与版画的距离。在版画课程内容的选择上，我以学生的身心发展水平与认知规律为依据，尊重其个性特征，努力发挥学生学习的主动性与探究性。为了探寻适用且有效的版画教学内容，我做了许多尝试：我从生活中发现课程内容，例如"窗之景"的主题创作，其主体就是学生身边最稀松平常的事物——植物盆栽；我从想象中拓展课程内容，例如在低段的纸版画课程中，我让纸版画的创作主题与孩童的想象力相碰撞，顿时课堂就变成了天马行空的乐园，"小小机器人"在他们的手中变成了无所不能的神奇存在；我从文化中渗透课程内容，例如"皮影戏人物"一课，便是我基于传统文化的探索与延伸……多变的课程内容在焕发课程活力的同时，也拉近了学生与版画的距离，让他们彼此越走越近。

其次，变化创作方式，保持学生对版画的兴趣。随着学生对版画的逐步深入与了解，到了中段，他们容易对熟悉的版种产生倦怠与审美疲劳，因此，我发展了更多的创作方式，让学生对版画保有持久的兴趣。例如，通过游戏、竞技、比赛等丰富的形式开展版画活动，让学生在学中乐，在乐中学；通过"生生合作""师生合作"等多种合作形式，让学生在获得有效的创作体验的同时，也提高了自己与他人合作的能力；通过分层、分段的探究式学习，让学生在不断的尝试中发展其想象力和创造力，创作出与众不同、稚拙动人的作品。

最后，跨越学科边界，给予学生更完整的成长。版画课程的学习更多侧重的是对美术能力的培养与训练，为了充分发挥其潜在的育人功能，亦为了拓宽学生的思维，我开始打破学科边界，将版画与各学科相联系。例如在"四季诗"一课，我尝试让版画与诗歌相联系，学生通过对四季的思考与感受，选择一季进行诗歌构思与叙写，而后根据诗歌文本，择取绘图元素，进行版画创作，最后再根据排版样式进行文本设计与编排。当版画与诗歌相遇，当美术与文学共融，当学科边界被打破，学生需要考虑的因素被增加，思维被拓展，能力被锻炼，成长亦在过程中变得更加完整与充实。

版画课程的开发与展开，让一个初涉三尺讲台的我，对课程有了更深的思考，对育人有了更深的体会，亦让我对专业的发展有了更大的热情。

有"版"有眼，深思课程；慢慢成长，笃定而行。在未来的日子里，我愿意继续且思且行，与学生一起，在版画的世界里，缓缓走、深深悟。

（镇海区实验小学　施嘉妍）

十四、"小助理"让我成长

"燕南，德育这块工作就由你负责。"一句话，拉开了我的小助理生涯。每个刚毕业的大学生总会对未来的工作充满期待，我也不例外。我想我会在一个美丽的校园里工作，我会遇见和善友爱的同事，我会迎接一群活泼可爱的孩子，我会在这所校园慢慢成长……很幸运，一切都如我所料，只是多了一些预料之外的"重任"。

一般而言，刚进一所学校的新老师他会承担本学科的教学任务，如果是语文老师，可能还要担任班主任，除此之外就是安安心心地钻研教学，做好自己的分内事。但我们实验小学比较特殊，作为一所全新的学校，总共只有 6 位老师。"麻雀虽小，五脏俱全。"人虽然不多，但各方面工作都得有人负责。一个校长，一个书记，剩下的 4 个老师分别承担办公室、教导处、德育处、教科室的职责，再加一个从其他学校借用来的总务主任，基本的人员算是配齐了。

刚接受任命时，我是一头雾水，只知道四项竞赛和德育有关，其他的一问三不知。好在第一年只是过渡，只要完成规定的任务就行，对于创建之类的工作并不强求，所以我的压力也不大。

但第一年需要建章立制，我接到的第一个任务就是制定学生素质评价方案。那可是素质评价方案啊，关系着所有学生的评优评奖，就这么交给我一个"小白"合适吗？我们的领导就是这么"心大"，和我交流了一下他的大概想法后，就让我全权负责了。于是我搜罗了其他学校的素质评价方案，然后将这些评价方案根据他的意思整合、修改，就这样磕磕碰碰拿出了一稿。在一个周五的教师例会上，全体老师对这个素质评价方案提出了修改意见，于是有了第二稿。这件事情出乎意料地顺利，只写了两稿就顺利通过，不禁让我觉得：嘿，我还是不错的嘛！有了自信心的加持，我又制定了学校的四项竞赛方案、升旗仪式流程等，领导看了后提出一些小的修改细节就开始实施了，一直沿用至今。实验小学为我的成长搭建了一个足够广阔的平台，能让我大胆地去尝试，去实践，而领导则会在背后给予支持。正是这一份信任，让我爱上了这份工作，也愿意为之付出。这一年这份小助理工作也让我的成长就此起步。

到了第二年，我们学校来了专门分管德育的副校长——顾校长，从此我的工作就有了"靠山"。第二年，我们学校正式成立了大队部，我也被任命为大队辅导员，开始了少先队工作。原本我以为第一年所接触的那些就是德育工作的大部分，没想到只是冰山一角。开学日、教师节、母亲节、元旦……只要有节日，就有德育处的活。除了搞活动，平时的四项竞赛、升旗仪式、文明礼仪教育、班主任培训也不能丢，再加上时不时的文明校园创建、安全校园申报、心理健康工作检查等等，怎一个忙字了得。作为班级的"首导"和语文老师，再加上大队辅导员的工作，我感觉自己犹如一个在表演"小球抛接"的魔术师，手上同时运行着五六个"球"。在这个阶段，我接触到了德育处方方面面的工作，对德育有了更深入的了解。在这一年，我的协调整合能力与办事效率也有了很大的提升。

第三年、第四年，学校规模进一步扩大，我仍旧担任大队辅导员。从第三年起，又来了一名德育主任，德育部门的力量更加庞大。在这两年的工作中，我逐渐熟悉了大队辅导员这份工作，也在这份工作中进一步成长。如果说第一年的工作是茫然的，第二年的工作是被动的，那第三年我就开始走向了主动。经过顾校长的指导，我对大队辅导员要做的事有了基本了解，比如开学前要制定升旗仪式方案，安排国旗下讲话人员,安排值周班级,进行值周人员训练,准备迎接新生的仪式,安排开学式,准备开学第一课,开学后第一周就是教师节,九月是文明礼仪月,十月的国庆节要布置实践作业……虽说德育工作千头万绪,但除去那些临时的通知或任务,其他的都有章可循。因此在第三年的工作中,我不再被动地临时接受任务,而是学着走在前面。那些能够提前撰写的方案我在暑假中先写好,给顾校长过目后开学就可以发布;那些需要共同商量的事情我也会先自己想个方案,到时候再拿出来讨论。当所有的事情有所规划时,我就不再像被任务赶着走的"鸭子",而是有了更多空余的时间去思考,去反思,提前规划这个习惯也给我日后的工作带来了许多裨益。在德育处,我学到的另一个词是创新。德育工作日日做,日日新。教导处的工作主要面向老师,德育处的工作主要面向学生,如何让学生爱上德育活动,这就是德育工作的艺术。顾校长很有创意,每次举行活动,她都会鼓励我们想想如何把活动做得更有实效,更受学生喜爱。在顾校长的指导下,我们曾经举行了"蚂蚁集市"活动,用可回收物、有害电池换小绿植,将垃圾分类的理念根植孩子们的心中;我们和庄市街道繁荣蔬果基地合作开发"四季课程",让这些城里的孩子零距离接触土地,体验蔬果种植;我们拍摄了"礼仪小视频",通过喜闻乐见的视频教学生正确的礼仪规范,比生硬的说教更受孩子们的欢迎。就是这一次次绞尽脑汁的活动设计让我知道,加点创意,会让普通的工作变得更加多彩。

本以为我将继续在大队辅导员的岗位上奋斗,没想到工作第五年,我来到了教科室,主要负责课题论文的管理与学校宣传工作。教科室是一个和德育处完全不同的部门,德育面向学生,教科室面向老师;德育需要有趣,教科室需要严谨。用了一个学期的时间,我基本熟悉了教科室的工作。虽然换了工作岗位,但是前几年在大队辅导员岗位上积累的经验依然有用。从第二学期开始,我进行了一些小小的改革。

我将一学年的论文进行整合，列成菜单式目录，供所有老师自主挑选，并用一年的时间打造自己的论文，因为我相信提前规划才不会手忙脚乱；我开始实施课题例会制度，每个月召开课题例会，上交阶段性成果，以免结题时抱佛脚；我把常规的读书活动做了小小的改进，以录音形式在学校公众号上推送，作为送给新生入学的独特礼物……我渐渐地熟悉了教科室的工作。

如今，已是我工作的第六年。作为最早一批进入学校的老师，我看着实验小学一步步走来，我也在它的陪伴下一步步成长。是实验小学给了我自由生长的舞台，是实验小学的领导给了我宽容的理解，是实验小学的老师给了我无私的帮助，这才有了今天的我。在未来的日子里，我愿与实验小学共担风雨，共享彩虹。

（镇海区实验小学　徐燕南）

十五、我与中层助理制的故事

2017 年 7 月，我在镇海区实验小学的第一个年头即将结束，不算忙碌，但也充实，就在这样平凡的日子里，我面临了一个选择。一日，办公室主任陈老师对我说："学校要开始试行中层助理制，你来给我做小助理吧！"当时我便应承下来，以为只是说说，可当事情成真的时候，我产生了很多困惑：校办是做什么的？我一个刚入职一年的教师，有能力胜任这份工作吗？作为科学教师，一周 18 节课，我能兼顾好助理这份工作吗……于是我怀着忐忑的心情和陈老师说出了自己的困惑，出乎意料的是，陈老师只给了我一个故事：

一个小和尚在放风筝，但因没有风，风筝飞不起来。这时候，小和尚的师伯过来教训他说："没有风，风筝终究飞不起来，一味地挥舞有什么用，世人不懂顺着东风趁势而起，却在毫无机遇的时候用力蛮干，往往一事无成，只能感动自己。"小和尚非常沮丧，这时师父过来和他说："怎么几句歪理，就把你说糊涂了？""师父，师伯说的不对吗？""他说的对，风筝没风是飞不起来的，所以没风的时候我们才要跑起来啊。"小和尚听了师父的话跑了起来，风筝自然飞了起来。是啊，等风来，不如追风去，等飞到一定的高度，真正的风也就来了。

后来，我成了小助理，"追风"之路就此开始了。

（一）责任

2018年9月，我接到了第一份任务，完成一份全校教师的通讯录。凭借着自己娴熟的 office 技术，我很快上交了文件，于是我也很快就被上了一课：①人名未对齐，两个字的名字中间应该空格，以便和三个字的人名对齐；②文档一页多一行，不够美观整齐；③教师的排列顺序没有按照行政岗位和班级调整。听完后我当场懵了，原来一份通讯录还有这么多门道啊！确实按我原来的排版，会给使用者造成巨大的困扰。后来，我又接到完成学校在编教师花名册的任务，这事很简单，在给定的表格里输入教师信息即可，但做起来真的不轻松，因为不能出错，一旦错了就有可能影响老师们的工资、职称评聘，甚至产生更严重的后果。紧接着，我又负责了实名制系统的维护，全国教师信息系统的输入等工作，这些工作都有一个共同点——不能错。

细细品味担任小助理初期的经历，我学会了一个词语——责任，看似冰冷的两个字，却太过深刻。我想，工作的第一要义也应该是责任，一个具有强烈责任感的人，才能做到事无巨细，踏踏实实。

（二）尊重

校办可以说是联系学校与教师的纽带，在日常工作中，免不了与教师们接触，陈老师教给了我两个字——尊重。

经常会有老师上交的表格错误百出，审核多了，返工多了，总会令人心烦，而此时若是出言不逊就容易和他人产生矛盾。起初，我认为这么简单的表格也错，这个老师对自己也太不负责了吧，后来发现，老师们一天的时间中，仅有那么几个课间去填写表格，面对繁重的工作压力，这样的情况下出错实属正常。在这种情况下，我们与其去指责他们，不如去尊重它们，站在他们的立场上多想一想，客客气气地指出错误，帮助他们完成表格，这才是最优解。

静静思索，我发现，做人，懂得尊重别人才是最高的修养。

（三）大局

每年暑假的末尾总面临着办公室的调换，我本想是一件非常简单的小事，但最后却发现，事情虽小却要着眼大局。当我将办公室座位表交上去之后，陈老师在"钉钉"上回复："你把这 A 和 B 放一起，让他们每天大眼瞪小眼吗（偷笑）？"看到之后我恍然大悟，A 和 B 两位老师之前有过一些小误会，见面时总会比较尴尬，他们的座位并排确实不合适。

我细细想来，随着学校的规模越来越大，教师人数越来越多，教师之间难免出现误会与尴尬，相互间的吐槽也必然存在，而在安排人和事的时候不考虑这些因素，就会事倍功半，影响大局。后来陈老师也说，学校的事就是由许许多多的小事组成的，我们必须要立足小事，着眼大局，才能帮助学校朝着更高更好的方向发展。

（四）细致

人事工作烦琐而又严谨，容不得半点马虎，在这份工作中，我深深领悟到了"细致"的重要性。

对于一个有 120 多名教师的学校来说，人事数据非常庞大，它包含姓名、年龄、职称等十多个细化项目，而且随着人员的变动，时常需要在各个平台进行数据更新与维护，如有错误，就会对老师的职称评定、工资发放等工作产生影响，可谓牵一发而动全身。因此，在校办工作中细致的工作作风是必不可少的，在一次次的工作中，我不断追求细致，也为此总结出了很多办法，这也使我在其他工作中逐渐降低错误率，快速成长。

"等风来，不如追风去。人生或许没有那么多能够借力的东风，但终有一天你会依靠自己的力量，飞向更高的天空。"我很幸运，找到了可以借力的东风，但如何乘"风"翱翔，仍需我努力去追寻，我的故事未完待续……

（镇海区实验小学　方正力）

图书在版编目（CIP）数据

慢慢做教育：一所学校教师队伍建设的思考与行动 /
韩亚斌著. -- 杭州：浙江大学出版社，2022.5
ISBN 978-7-308-22575-5

Ⅰ.①慢… Ⅱ.①韩… Ⅲ.①中小学—师资队伍建设
—研究 Ⅳ.①G635.12

中国版本图书馆CIP数据核字（2022）第072677号

慢慢做教育：一所学校教师队伍建设的思考与行动
韩亚斌　著

策划编辑	吴伟伟	
责任编辑	马一萍	
责任校对	陈逸行	
封面设计	米　兰	
出版发行	浙江大学出版社	
	（杭州天目山路148号　邮政编码：310007）	
	（网址：http://www.zjupress.com）	
排　　版	浙江时代出版服务有限公司	
印　　刷	杭州高腾印务有限公司	
开　　本	710mm×1000mm　1/16	
印　　张	18.25	
字　　数	240千	
版 印 次	2022年5月第1版　2022年5月第1次印刷	
书　　号	ISBN 978-7-308-22575-5	
定　　价	70.00元	